性別教育

Gender Education: Theory and Practice

柯淑敏◎著

自　序

隨著兩性關係範圍與知識的成長變化，本書要再改版了，第一版《兩性關係學》（2001年出版）目標是一本活潑的婚前兩性關係教科書，增訂版《兩性關係學》（2007年出版）是增加性別平權及替換各章節的案例和討論題目，本次第三版將書名更改為《性別教育》（2016年），期待更符合大學院校性別關係及性別教育課程的規劃與需求。

本書分為十二章，內容是涵蓋性別關係與性別教育的「知」（認知）、「情」（情感）、「意」（行為），章節的主題從愛情到自我瞭解，再到溝通，從性別平等到愛戀關係危機，再到分手，涵蓋青年學子18～25歲左右可能會遇到的性別關係相關議題。

內容則包括兩大面向：

第一大面向：正確知識與觀念的建立。共十二章，關於愛情歷程中的人我瞭解與性別相關理論和研究結果，以提升學生對愛情與性別的知識與觀念。

第二大面向：翻轉教室。分別為：(1)呼應各章節的相關議題討論；(2)課程主題活動；(3)案例討論；(4)心理相關量表，用來活潑教學的方式與深化老師與學生，以及學生同儕之間的互動，加深自我探索與人際瞭解。藉由團體動力提升性別關係的成熟態度，培養學生對愛情關係與性別問題的思考與解決的行動方法，每個案例有專家小語，對案例提供理論與實務結合的建議，相關量表則提供客觀的數據，協助學生瞭解自己與瞭解別人。

個人之力非常有限，很期待各位老師、同學、讀者的誠懇回饋，無論您使用本書的任何感受或想法，對我都是寶貴的，敬請多多賜

教，我很願意聆聽和接納。

　　這本書再改版拖了很多年，這次能完成改版，要非常感謝揚智文化出版公司同仁的包容，以及過去使用本書的老師和同學不吝在各種遇到我的場合，分享使用本書深覺實用和貼近生活的收穫和肯定，讓我改版的路上有能量陪伴，誠摯感謝！

柯淑敏　謹識

目　錄

性別教育

目　錄

第 1 章

性別教育導論

- 性別教育的重要性與範圍
- 性別教育相關概念

本章將對性別教育做概要性的介紹，包括性別教育的重要性與範圍，性別的相關名詞，以及性別平等與性別主流化的概念。

第一節　性別教育的重要性與範圍

一、性別教育的重要性

首先，從心理學理論看，性別關係在人生成長與心理發展上，有著不可磨滅的重要地位，有心理學家認為性別關係從小就開始，和父母之間的關係，就是性別關係的雛形，成年性別關係之好壞及模式，跟小時候與父母之間的關係好壞與模式有相當大程度的關聯性，其中最耳熟能詳的心理學家就是精神分析學派佛洛伊德（S. Freud），他視成人心理發展為早期潛意識衝突的再處理，成年後的性別關係為早期親子關係的再處理。換句話說，性別關係的模式與潛意識情緒會持續影響著個人的一生。

有心理學家以「心理社會互動觀」分析，認為性別關係是成年前期（約18～30歲）重要的人生心理發展任務，各個階段之間相互影響，成年前期受青年期自我肯定或自我否定的影響，成年前期也影響下一階段成年中期是否有創見和享受家的溫暖。此觀點的代表人物與理論是艾瑞克森（E. Erikson）的「心理社會發展八階段說」。

有心理學家，將人生分為春（兒童青少年期）、夏（成年期）、秋（中年期）、冬（老年期）四季，其中夏季（成年期）四個重要關鍵經驗是：(1)選擇一種職業；(2)建立親密關係；(3)加入公眾或社會團體；(4)找到一位與未來憧憬相關的年長導師。此觀點是李文森（D. Levinson）人生四季觀點（The Seasons of A Man's Life），他也將建立

良性親密關係列入成年期的關鍵經驗。

　　從現實生活中看，昏昏欲睡的課堂上來一段戀愛史分享或性別間的話題，馬上提振精神；演藝人員有八卦緋聞，馬上提高曝光率；政治人物有緋聞，影響其政治生涯。而處於成年早期的青年學子也常因不知如何應對或處理兩性關係事件而受挫、受創，甚至用結束自己或他人生命作為處理的方式，這都顯示性別關係牽動著生命的脈動。

　　從諮商輔導機構的求助問題的年度統計上看，「張老師」、「生命線」、「平安線」、「觀音線」、「宇宙光」、「協談中心」以及各大學的諮商輔導中心，感情問題一直在前二名，居高不下，顯示情感問題困擾的普遍性。

　　最後，從學習的角度來看，在人際疏離的現代社會中，學習如何和異性相處，學習對性別角色的覺察，學習扮演適當的性別角色，學習瞭解不同性別的心理特質，學習經營和諧圓滿的性別關係，更是必要且珍貴的學習。

　　綜合以上，性別關係是人一生發展的課題，從幼兒到老年，前期的性別經驗影響後期性別關係的模式，也為後期性別關係奠下基礎，因此若能對性別關係抱持開放、溝通、學習的態度，將為後期的性別關係埋下希望與幸福的種子。

二、性別教育的定義與範圍

　　簡要來說，在性別關係中，進行以平等為核心概念的教育，稱為性別教育。性別之間的互動關係，稱之為性別關係，包括男女之間、女女之間、男男之間。從巨觀社會文化面而言，性別關係是因文化的性別角色分工和社會期許建構而來，從微觀人際面而言，性別關係是由性別互動和個體的行為選擇而來。

　　性別關係是在生活世界中，經由互動和交互作用產生的價值觀念

和行為型態。性別關係建構的要素包括：性別、生活世界、交互作用及價值觀念。

性別關係的範圍主要包括性別間的交往與相處以及性別平權。主要內容敘述如下：

1. 性別的交往與相處：包括交友、約會、戀愛、愛情價值觀、兩性溝通、擇偶、性別角色、性發展、性態度、性行為、家庭角色、夫妻關係、親職等課題。
2. 性別平權：多元性別、資源分配與擁有、性騷擾、性侵害、家庭暴力、性別主流化、家務分工、生涯發展等課題。

本書以大學生為主要對象，故性別交往與相處會有較多篇幅的理論和解說，尤其是關於愛情會有較多的說明與介紹，性別平權是現代性別關係的重要議題，也有專章做主題討論。

性別平權是現代性別關係的重要議題

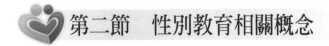 第二節 性別教育相關概念

　　探討性別關係前，先將性別關係的相關名詞和看起來相似的概念做簡要說明，認識名詞間的關係與異同，方能在討論時清楚使用概念，以下介紹相關名詞與概念。

一、性別的相關名詞

　　在論述關係時，看似相似的名詞實際上有不同意義與內涵，茲將常提到的相關概念，簡要說明如下，以便在閱讀討論時能有所區辨，並瞭解真正意涵。

(一)性

　　「性」（sex）是指男女兩性生理學上的差異。因第二十三對染色體XX與XY不同，造成男女生理發展上的不同，包括第一性徵和第二性徵。生理上的性別在授精的那一刹那已經決定。

(二)性別

　　「性別」（gender）是指心理學上的差異。過去誇大了男女在心理上的差異，現在則認為男女在心理上的共同性遠大於差異性，特別要提醒，心理差異是相對性的差異，而非絕對性差異。

(三)性別角色

　　「性別角色」（sex role）是指社會學上的差異。指生理男女兩性在社會結構中具有特別的權利與義務的特定位置，例如，在家庭結

構中有「先生」、「太太」、「父親」、「母親」、「兒子」、「女兒」、「公公」、「婆婆」、「媳婦」等。因為生理性別差異，而出現的社會角色的差異，每個進入某種角色的人就擁有並承擔社會文化所賦予該社會角色之權利和義務。

(四)性別認同

「性別認同」（gender identity）是指個人在心理上認同自己是男性或女性。性別認同會隨著人的認知能力發展而漸漸達成，透過認知發展及社會化的過程，瞭解自己的生理性別，也體會與性別有關的行為，最後在心理上認同自己是男性或女性。

(五)性別角色認同

「性別角色認同」（gender role identity）是指個體的行為表現與社會大眾對男性化和女性化界定的相關程度。例如，某個社會文化認為女性應化妝並穿著打扮才能出門，而某位女性出門前必定花時間化妝並穿上搭配情境合宜的服裝才敢出門，那麼這位女性對性別角色的認同度是很高的。再如，傳統的華人社會婦女包辦所有家事任勞任怨，亦是對傳統女人角色高度認同的表現。不過，性別角色既是社會所賦予，當然也會因社會趨勢及價值觀的改變而讓性別角色所承擔的權利和義務改變，例如，現在社會趨勢多雙薪家庭，男女下班後一起分擔家務，一起帶小孩成為常態。

二、性別關係相關概念

日常生活常看到「性教育」、「兩性教育」、「性別教育」及「性別平等／性別平權」、「性別平等教育」、「性別主流化」，究竟這些概念之間有何差別呢？分別說明如下：

(一)性教育

「性教育」（sex education）由男女生殖器官出發，是探討由生理性別或生物性別（sex）衍生的性生埋、性疾病、性心理及婚姻家庭與生育等的相關議題。其學術基礎是在性醫學。不過，性醫學在社會科學和性別研究的衝擊下，已經不再是純粹的生物科學，「性教育」的生物論色彩也大爲降低。

(二)兩性教育

「兩性教育」（sexual education）強調男女兩性如何扮演好各自的角色，著眼於兩性的心理與行爲，如何交往、相處、溝通、婚姻關係等問題。核心能力包含「兩性的自我瞭解」、「兩性的人我關係」、「兩性的自我突破」，目標在彼此瞭解並建立和諧、尊重、平等的兩性關係。學術基礎是心理學，在跨學科領域交流及反映多元價值觀之下，兩性教育這個詞逐漸改爲性別教育。

(三)性別教育

「性別教育」（gender education）較強調性別角色乃由於社會所建構，因此省思性別角色的適切性，分析性別角色形成的歷程與機制，目標是促進男女在社會上的機會均等，在平等互助的原則下，共同建立和諧的多元社會，便是性別教育的主要內涵。其學術基礎是在性別研究。

(四)性別平等／性別平權

「性別平等／性別平權」（gender equality）即性別平等權利，主張確保男女在教育、就業、保健、家庭、政治、法律、社會、經濟等各方面享有平等權利。爲提升我國之性別人權標準，落實性別平等，

「消除對婦女一切形式歧視公約施行法」（CEDAW）經立法院民國100年5月20日三讀通過，總統6月8日公布，自民國101年1月1日起施行，是我國推動性別平等的重要里程碑。

(五)性別平等教育

「性別平等教育」（gender equality education）之目的不僅僅是追求男女之間的平等，也開始重視社會上「性少數者」的平等權益。透過教育的過程，引導學生破除性別歧視、偏見與刻板化印象，接納性少數者擁有與異性戀者相同的機會與權益，也努力從法令、制度、環境友善等方面，促進多元性別價值的接納、尊重和發展。

(六)性別主流化

「性別主流化」（gender mainstreaming）是1997年2月聯合國經濟及社會理事會確定定義：所謂社會性別主流化是指在各個領域和各個層面上評估所有有計畫的行動（包括立法、政策、方案）對男女雙方的不同涵義。作為一種策略方法，它使男女雙方的關注和經驗成為設計、實施、監督和評判政治、經濟和社會領域所有政策方案的有機組成部分，從而使男女雙方受益均等，不再有不平等發生。性別納入主流的最終目標是實現性別平等。

相關概念發展至今，有「長江後浪推前浪」與「不唯我獨尊與相互尊重」的趨勢。現在的「性教育」已經不單純只談生理性別，而是經由充分瞭解和覺察，經由社會文化所塑造出對男女在「性」方面正負影響，瞭解性心理與性社會，從而發展出尊重自己也尊重別人的互動關係，並且對象是包含主流的異性戀者及性少數者；「兩性教育／性別教育」除了促進兩性在心理上、溝通上的互相瞭解，也對性別歧視進行剖析，包含瞭解社會如何建構男女兩性間的行為，破除性別刻板印象及迷思，釐清性別間的情誼與吸引力、除了重視男女之間的平等，也

開始重視性少數者的平等權益。將性別平權的概念融入性教育、兩性教育、性別教育知識系統中，也將性別平權概念融入立法、政策、方案，相互激盪，讓知識系統更豐富，同時落實到制度面，使人與人之間更相互尊重獨特性，進一步促進平權社會的發展。

❤ **本章重點**

1.性別關係的重要性

2.性別關係定義

3.性別關係範圍

4.性（sex）

5.性別（gender）

6.性別角色（sex role）

7.性別認同（gender identity）

8.性別角色認同（gender role identity）

9.性教育（sex education）

10.性別教育（gender education）

11.性別平等／性別平權（gender equality）

12.性別平等教育（gender equality education）

13.性別主流化（gender mainstreaming）

Note

第 **2** 章

性別關係理論

- 性別關係與人生發展
- 性別差異

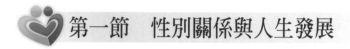

本章首先介紹心理學家對性別關係與人生發展的看法，其次介紹性別之間的絕對差異和相對性差異。

第一節　性別關係與人生發展

發展心理學家在探討人生發展時，對性別關係在人生所占的地位和影響力都相當地關注。以下介紹五位心理學家對性別關係與人生發展的看法。

一、佛洛伊德的精神分析觀

佛洛伊德（Sigmund Freud, 1856-1939）以「性心理」為主軸，將人生發展分成五個階段（**表2-1**），其中兩性期相當長，自青春期之後皆為兩性期，大約占人生三分之二以上的時間。

表2-1　佛洛伊德性心理發展五階段

階段	年齡	性力需求部位	性力的滿足方式
口腔期 （oral stage）	一歲左右	口部	刺激口腔及周邊位置
肛門期 （anal stage）	二至三歲	肛門	控制肛門的肌肉，收縮、排放排泄物的刺激感
戀母戀父期 （oedipal stage）	四至六歲	生殖器	撫弄、摩擦生殖器
潛伏期 （latent stage）	七歲至青春期	潛意識	性力在潛伏中，不再對自己的身體或父母親感到興趣，而擴展至關切周遭事物上
兩性期／性器期 （genital stage）	青春期以後	年齡相似的異性	性交

資料來源：S. Freud（1963）。

　　佛洛伊德的精神分析理論（Psychoanalysis）中，「性」是一種生存及延續生命的本能，也是生命的原動力，他用這樣的觀點來看人的發展過程。兩性期是性慾成熟期，相對於前一階段的潛伏期，兩性期是性衝動的再甦醒，不過對象已轉向家人以外的異性關係上，也是社會所贊同的兩性關係對象上。同時，由於性生理的成熟，性衝動會更強。兩性期也開始擺脫對父母或主要照顧者的依賴，慢慢與異性建立成熟的關係。

　　此外，佛洛伊德視成人發展為早期潛意識衝突的再處理，成年後的兩性關係為早期親子關係的再處理。也就是說，小時候的親子關係若不佳，兩性期是一個重新喚起衝突模式的危機，也是一個學習再處理衝突模式的轉機。

二、榮格的分析心理學

　　榮格（Carl G. Jung, 1875-1961）曾和佛洛伊德有一段光輝的友誼，但後來榮格主張潛意識大部分是與個人經驗及性本能無關的「集體潛意識」，兩人因而分道揚鑣。

　　榮格是分析心理學（Analytical Psychology）之父。對於兩性之間的關係，提出阿尼瑪（anima）和阿尼姆斯（animus），也稱異性的原型，即男女兩性意象，阿尼瑪指男性心靈中的女性意象，阿尼姆斯指女性心靈中的男性意象。這意象的基本功能就是引導人們去選擇一個浪漫夥伴並建立一定的關係。阿尼瑪使男性具有陰柔氣質，並提供男性與異性交往的模式；同樣阿尼姆斯使女性具有陽剛氣質，提供女性與異性交往的模式。榮格認為男女之所以相互吸引，是兩個人把他們的女性意象和男性意象投射到戀人身上，並且相互適應。

　　隨著時代變化與東西種族文化交流，阿尼瑪和阿尼姆斯的意象與內涵也不斷地變化，都幫助我們更能去理解異性心理的複雜性。

三、阿德勒的個體心理學

阿德勒（Alfred Adler, 1870-1937）建立個體心理學（Individual Psychology），他認為唯有在社會脈絡之下，個體才能成為個體，重視社會因素與個人的交互作用，關注個體的心理層面，理解社會因素的重要性。個體心理學立足於關懷人類福祉，目標在於促進人們的社會適應，主張社會興趣是心理健康的指標，強調人與人的平等與合作。

核心概念是「社會興趣」（social interest）與「人生風格」（life style），「社會興趣」是指對社會的關注、對人的關懷、對社會互動保持興趣，「人生風格」是指一個人如何思考、感覺和行動，累積下來，就形成他個人的人生風格。

阿德勒認為對社會關注，具備良好的社會適應能力，是準備迎接愛情和婚姻首要之務，談婚姻關係時說，幸福的關係在於合作，美滿婚姻關係之中沒有征服者的立足之地，以平等為基礎，我們都要拿出高度的同理心，才能圓滿解決愛情和婚姻的問題。家庭是透過伴侶之間的愛建立，因此，伴侶之間的愛也必須要具備社會興趣。阿德勒說，社會興趣放在愛情婚姻關係中，是雙方站在對等的立場，為彼此貢獻的態度。在當時的學說中能提出平等的重要性，可見其前瞻性。

四、艾瑞克森的心理社會發展觀

艾瑞克森（Erik H. Erikson, 1902-1994）的心理社會發展論（Psychosocial Developmental Theory），以心理與社會互動的觀點，將人生發展分成八個階段，認為生命的每個階段都有特殊的危機和任務需要解決和完成。其中第六階段成年期前期的社會心理重要發展任務是建立「親密與團結」關係，任務未完成則有「孤獨或孤立」的心理

危機，人際關係焦點是「友誼、性、競爭、合作」，社會心理形式是「失去自我」和「從別人眼中發現自我」，最後好的發展結果是有「親和與愛」的能力（**表2-2**）。

　　在成年前期重要的人生發展任務是面對親密與孤獨的課題，在個人達到親密關係之前必須先擁有認同感（identity），認同感是人生發展的第五階段要完成的。不過，後續也有研究發現，在兩性互動產生親密關係的過程中，也會不斷地衝擊到青年期的社會心理任務「自我認同」。換句話說，各階段發展任務之間會相互作用和彼此影響。

　　在經營兩性關係時，會更看見自己的自我認同，而自我認同也影響兩性關係的互動樣貌。所以，當我們在愛別人的同時，也不斷地認識真正的自己。

表2-2　艾瑞克森心理社會發展八階段說明

階段（大約年齡）	社會心理危機	重要的人際關係焦點	社會心理形式	有利的發展結果
1.出生～一歲	信任或不信任	母親或母親的替代者	獲得、回報	驅力和希望
2.二歲	自動自發或害羞和懷疑	父母	放手、抓握	自制和意志力
3.三歲～五歲	積極性或罪惡感	家庭	認真、敷衍	方向和目的
4.六歲～青春期開始	勤勉或自卑	鄰居、學校	競爭、合作	方法和能力
5.青年期	自我認同或自我否認；認同的擴大	同儕團體和圈外人；領導的模仿對象	肯定或否定自我、享受自我	奉獻和忠貞
6.成年期前期	親密、團結或孤立	友誼、性、競爭、合作等的良伴	失去自我和從別人眼中發現自我	親和與愛
7.成年期中期	有創作能力或自憐	分工和享受家的溫暖	創建、照顧	生產和照顧
8.成年期後期	統合或失望者	「人類」；氣味相投者	享受成功；面對失敗	自制和智慧

資料來源：E. Erikson (1968).

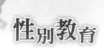

五、李文森的人生發展四季觀

李文森（Daniel J. Levinson, 1920-1994）1978年以測驗和深度訪談的方式，指出人生可分為春夏秋冬四季，並提出四季各不同的「關鍵性經驗」。李文森和他的同事共五個人作橫斷式研究，以發展的觀點來看男性的成人發展，他用測驗和深度晤談法訪談了四十位35～45歲的男性，有關個人的過去和現在，然後指出關鍵的經驗，並將人生分為春夏秋冬四季（**圖2-1**）。

成年早期（夏季）有四個人生關鍵的經驗，就是人生夏季四大夢想：

1.建立一個夢並將它放在生命的適當位置，加入公眾或社會團體。

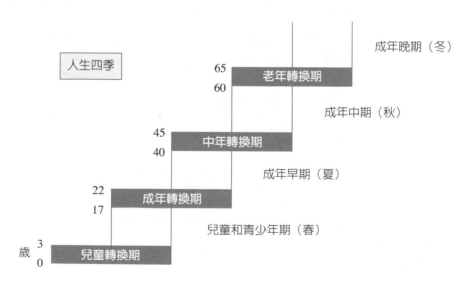

圖2-1　李文森人生四季發展階段

資料來源：取材自D. Levinson (1978: 20).

2.找到一位與未來憧憬相關的年長導師，和他形成良師益友的關係。

3.建立終身的職業或事業。

4.建立愛的親密關係。

同時，成人發展是一個自我與社會世界相互滲透的過程，一個人的生命結構是自我和社會所形成，自我和社會不是分開的實體，「生命」的重要特質是自我和世界的相互滲透，「愛」的親密關係則是自我與外在重要他人的相互滲透。

 第二節　性別差異

男女大不同嗎？還是大同小異？以下從四方面來探討這個問題：(1)生理差異與心理差異；(2)先天遺傳與後天社會文化差異；(3)交往過程的性別差異；(4)溝通表達的性別差異。

一、生理差異與心理差異

目前研究結果，認為兩性在生理上有絕對差異和相對差異；但兩性在心理和行為上都是相對差異，不是絕對差異。**表2-3**列出了男女在生理和心理的差異，可以清楚地看出：(1)男女生理上的相對差異多過生理上的絕對差異；(2)生理上的差異又多過心理上的差異。換句話說，男女之間只有少數生理上的絕對差異，其他在生理和心理上多是相對性的差異。

此外，女性生存機率在胚胎期、出生期或各年齡層存活率都比男性高。邁入老齡化的社會，將近一半高齡婦女的晚年是無偶的狀態，

表2-3 男女在生理和心理上的差異

	男	女
一、生理上的絕對差異		
基因	XY染色體	XX染色體
器官	睪丸、輸精管、陰莖	卵巢、輸卵管、陰道、陰蒂
第二性徵	乳房平坦、喉結突出	乳房膨大
内分泌	男性荷爾蒙	女性荷爾蒙
二、生理上的相對差異		
身高	平均身高較高	平均身高較矮
體重	平均體重較重	平均體重較輕
肌肉力量	平均肌力較大	平均肌力較小
出生率	平均較高	平均較低
各年齡層存活率	平均較低	平均較高
壽命	平均較短	平均較長
三、心理上的相對差異		
語言能力	平均較差	平均較佳
空間能力	平均較佳	平均較差
行為	粗心、好動、攻擊	細心、文靜、柔順
價值觀	重視社會成就與地位	重視情感聯繫與家庭

資料來源：柯淑敏（2000）。

要如何安排晚年生活，是一個全民要關心的課題，無論從社會福利制度努力，還是從個人家庭生活調整，或是由生涯規劃納入重點，都是有必要的。

二、先天遺傳與後天社會文化差異

精神疾病的流行病學調查顯示，被診斷焦慮與憂鬱的女性比男性多，而酒癮、藥癮與人格問題者，男性比女性多。與先天因素或家庭遺傳因素較有關的精神疾病，如智能障礙、自閉症、過動症等，是男

性罹患率較女性高。國內身心障礙者統計，男性與女性精神障礙者的總人數相差不多，這與世界各地嚴重精神疾病盛行率幾乎沒有明顯性別差異的現象一致。

　　就壓力而言，男性和女性的壓力差不多，只是壓力事件不同，女性的壓力多來自暴力事件、人際關係，而男性的壓力多來自競爭和成就。女性多採傾訴方式疏導壓力，男性多採自我消化方式抒解壓力。

　　有研究發現，男童多將成功歸因是自己能力好，將失敗歸因是運氣不佳，女童則多將成功歸因於運氣好，將失敗歸因於能力不夠。推測其原因，可能是周邊大人對於男孩女孩失敗時給的回饋不同，日積月累所影響。因此，無論生理上的男性或女性，應鼓勵每個人能自覺的善用天賦，開發自我和自我實現，不應拘泥於性別。

　　人際關係中，男性與女性所呈現的特質並不相同，男性尋求實際的幫助和行動，較多工作取向、目的取向的話題，少個人性的話題。女性尋求心理的親密和關心，所以較多人際取向、個人性的話題。女性覺得兩個人在一起要多說說話，說彼此的生活和感受，男性則覺得做事比較實際。

　　社會化的過程，也讓男性和女性在關係中擔任不同的角色，男性多是主導者、決定者，女性多是照顧者與傾聽者，不同社會角色背後藏著性別平權的問題。

三、交往過程的性別差異

　　人際交友過程中，男女似乎呈現三項心理、行為的差異：

(一)對於性與愛的先後順序差異

　　男生：社交→體膚→情感→婚姻，即「先性而後愛」。
　　女生：社交→情感→體膚→婚姻，即「先愛而後性」。

男生「先性後愛」對於體膚親密與性的需求比女性快，當意識到有這樣的差別時，提出來溝通是有必要的，例如：感情到什麼階段可以有怎樣的身體接觸？如果某一方覺得不適宜時，怎樣的表達方式不會傷害彼此？可以有怎樣的方式控制和舒緩自己的性衝動？等等問題的溝通。

(二)決策歷程差異

多數的男生是自動自主做決定，表現自己是個有定見的男人，多數的女生則會先商量再決定，先聽聽別人的意見再說，即使自己心裡已經有答案，還是會以疑問句詢問對方的意見。例如，如何安排星期天的活動，男生說：「星期天我帶妳去海水浴場玩。」用肯定的語氣及肯定句型表達決策的歷程。女生則會說：「星期天我們去海水浴場玩，好不好？」用詢問的語氣與問句表達自己的意見並和對方商量。

(三)溝通目的差異

有句話說：「女人渴望的禮物是瞭解，而男人送給她的卻是建議。」這句話很能說出男女溝通目的的不同。女生說出困擾或心裡的問題，有時只是希望對方能知道她目前的心情有多難過，問題或困擾並不一定要獲得馬上的處理或解決，甚至並不想去處理問題，只想說出來讓心裡好過而已。對方認真聽她說話的過程，已經讓她心裡好過許多；而男生通常會想要具體解決問題，絞盡腦汁給許多建議，卻沒有接住女生失落或難過的情緒，搞得女生生氣了，而男生還莫名其妙，甚至認為她不可理喻，跟她說道理、給她建議卻還生氣，兩人就吵起架來了。

其實，每個人都是獨一無二的個體，要共同經營感情，得多尊重彼此的獨立性和獨特性，多瞭解彼此的相對性差異，溝通是拉近彼此關係的不二利器。

四、溝通表達的性別差異

溝通，是希望減少彼此之間的不瞭解，但不瞭解彼此溝通方式差異的溝通卻帶來更多誤解。瞭解男女語言表達方式的不同，以及男女對非語言訊息敏感度和解讀能力的差異，是開始進行兩性溝通前的重要準備功課。

孫蒨如（1997）對男女溝通表達方式的差異有清楚的說明，茲摘述整理如下：

(一)語言細微程度

女性對人事物進行敘述時，通常內容較為詳盡，並且會注意到細節。這種差異常成為兩性溝通時衝突的來源，男性認為女性太瑣碎，枝枝節節抓不住重點，而女性認為男性太草率，粗枝大葉，思考不夠周延。

(二)形容詞多寡程度

女性在表達她們的看法或陳述事情時，會加入較多的形容詞，男性較少使用形容詞，通常使用較決定性的、絕對性的方式表達及強調其看法。這種差異，使男性的表達較簡單、理性，女性的表達較感性。

(三)語句型態差異

女性多採用試探性（包含附加問句、不確定開始語、祈使句三種）語句型態。加上附加問句，例如：「這樣做比較好，對不對？」、「這樣不擇手段是不好的，對不對？」；加上不確定開始語，例如：「或許……」、「我不知道這樣講對不對……」；加

男女溝通表達的方式大不相同

上祈使句，例如：「如果不是太麻煩，你……」、「如果你不介意……」。男性的表達通常較為果斷，沒有這些試探性語句。這樣的差異，顯示女性的細心和禮貌，以及鼓勵他人發表想法，進行意見交流的意味，但也會讓人覺得她對自己所表達的意見並不確定也沒有信心，容易將話當成耳邊風，忽略話的重要性。反之，男性果斷的溝通方式，顯得很有力量也很有主見，但女性卻常常覺得這種說話方式不夠禮貌，忽略他人感受，因此會有不愉快的情緒反應。

(四)語言表達策略差異

女性在社會化過程中被教導要禮讓他人，要與他人和諧相處，不應多做要求，使得女性不習慣直接爭取自己想要的東西，而多半以迂迴的方式去獲取。相對的，在成長過程中，男性一直被訓練著要面對競爭，要努力爭取自己想要的東西。反映在兩性的語言表達策略中，例如：「我表現得很差勁」，從男性的口中說出來時，很可能只是單純地陳述一件當時他認為的事實，而從女性的口中說出來時，她則很

可能是希望對方反駁她的說法，給予她安慰與讚美。

(五)女性解讀非語言訊息優於男性

非語言訊息包括眼光接觸、臉部表情、肢體語言和聲音線索四種。Rosenthal等人（1976）發展一套非語言訊息敏感度測量的錄影帶來探討個人在這方面語言能力的差異。研究結果顯示，女性解讀非語言訊息優於男性。女性比男性更能清楚地辨識和瞭解他人所送出的各種複雜的非語言訊息。這種差異，可能造成這樣的對話：

「我覺得你好像有心事。」

「沒有。」

「明明就有，你看你悶不吭聲，又愁眉苦臉，一副心事重重的樣子。」

『沒有就沒有！』

男性當時可能真的心情不好，但他想掩飾，不想被知道、被說破。就暫時不要再問了。

(六)女性較易使用非語言管道表達個人情緒感受

女性對有些事情的看法並未訴諸言詞，但她的非語言行為早已充分表達個人的意思了，而此時男性沒有回應或無法瞭解，此情況，讓雙方都感到挫折與不被對方理解。

兩性溝通表達時存有的這些差異，心理學家試圖以社會角色（social role）的觀點來解釋。因為在社會角色期待的影響下，女性多為照顧者或配合者，發展出言詞委婉，很能察言觀色，一方面又藉非語言訊息充分表達訊息，希望對方能瞭解；男性多居主導、開創的地位，發展出來的溝通方式是較直來直往的，因此他們較難體會女性溝通時特有的曲折迂迴，兩性相處時的溝通問題也就層出不窮，甚至造

成建立關係過程中的挫折和無力感，所以接納性別間溝通差異背後可能的社會角色因素，理解更多不同溝通型態背後都有想溝通的心，會更容易在差異之下仍進行順暢的溝通。

本章重點

1. 佛洛伊德的性心理發展五階段
2. 榮格的阿尼瑪（anima）和阿尼姆斯（animus）
3. 阿德勒的社會興趣（social interest）與人生風格（life style）
4. 艾瑞克森心理社會發展八階段
5. 李文森人生四季發展階段
6. 性別的生理差異與心理差異
7. 性別的先天遺傳與後天社會文化差異
8. 交往過程的性別差異
9. 溝通表達的性別差異

第 3 章

愛情理論

- 愛與愛情
- 愛情理論

本章要從心理學的角度談愛和愛情。主要內容包括愛和喜歡，心理學的愛情理論，愛情的發展階段和過程，在學理的引導下理解愛情，對愛情除了浪漫感受外，有理性思考的依據。

 第一節　愛與愛情

一、愛

「我們都是因為愛而出生」，著名的英國首相和作家班傑明・迪斯雷利（Benjamin Disraeli, 1804-1881）如是說。

「愛」不單只是男女間的情愛，愛包括了情人之愛、夫妻之愛、親子之愛、手足之愛、朋友之愛、上帝神佛之愛。

心理學家威廉・舒茲（William Schutz, 1925-2002）1958年提出基本人際關係趨向（Fundamental Interpersonal Relations Orientation, FIRO），指出人類有三種基本的人際需求：愛（affection）、歸屬（inclusion）和控制（control）。他認為人對這三項都有表達（expressed）和需求（wanted）兩個向度。其中「愛」居第一位，人與人之間有親愛感受，是人類第一個最基本的人際需求。

心理學家佛洛姆（Erich Fromm, 1900-1980）在《愛的藝術》（*The Art of Loving*）一書中，認為「愛」是人與人之間的創造力，「愛」具有四項特質：

1.奉獻（labor）：一個人願意為其所愛的人工作並付出所有。

2.責任（responsibility）：一個人不斷地考慮自己的行為可能對對方產生怎樣的後果，當所愛的人有了困難時，願意立即去幫助

他們。

3.尊重（respect）：一個人要抑制自己利用他人的衝動，避免害人
利己。

4.瞭解（understanding）：一個人嘗試推己及人，設身處地爲對方
著想。

「愛」在我們的生活中被需求、被渴望、被行動，卻也常被誤
用，例如有人在性行爲前告訴對方「愛我，就要給我」，或是強迫
你依照他的話去做，說「我這是爲你好」，著實違背了愛的意義。
「愛」需同時具備以上四項特質，只要求對方奉獻，卻不尊重對方的
意願，也沒爲對方設身處地著想。再例如，有父母在子女夜歸後，一
進門就大聲責罵，雖然充分傳達了焦慮和擔心，卻忽略要先去瞭解原
因及子女的內心世界，責罵反而把子女從身邊推得更遠，無法讓子女
感受到父母的「愛」和覺得「被愛」。「愛」是簡單的一個字，要善
用，別誤用，對愛有更深的理解與實踐，是我們一生努力體會、學習
和最基本的需求。

二、愛情

人類對複雜且多樣貌的事物喜歡用隱喻（metaphor）或象徵來表
達，因此，有人說「愛情」是「琴、棋、書、畫、詩、酒、花」，有
人說「愛情」是「酸、甜、苦、辣」，有人說「愛情」是「霧裡看
花」，你呢？你會用什麼隱喻來象徵愛情呢？

愛情，從開天闢地，西方有亞當與夏娃，東方有「盤古開天、
女媧補天」，就在生活裡展開。愛情在生活和詩、詞、歌、賦、戲、
曲、畫、小說，常是主題，中外亦然。

我們看中國，最早記錄先民歌唱的書《詩經》，開始的第一篇就

描寫著一位周朝的公子去訪求他心目中美女的經過：

> 關關雎鳩，在河之洲。窈窕淑女，君子好逑。
> 參差荇菜，左右流之。窈窕淑女，寤寐求之。
> 求之不得，寤寐思服。悠哉悠哉，輾轉反側。
> 參差荇菜，左右采之。窈窕淑女，琴瑟友之。
> 參差荇菜，左右芼之。窈窕淑女，鐘鼓樂之。

這篇三千多年前描寫男女戀愛的情況，現在看來還栩栩如生，就像周遭正在發生的戀情一樣，牽動人心裡深深的渴望和期待。唐朝王維的〈相思〉：「紅豆生南國，春來發幾枝？願君多採擷，此物最相思。」唐朝李商隱的〈無題〉：「春蠶到死絲方盡，蠟炬成灰淚始乾。」南宋元好問的〈摸魚兒〉：「問世間，情是何物，直教生死相許。」這些話傳頌至今已是百年千年，大家仍朗朗上口，感受到這些話背後的情深意切。

我們看西方，德國詩人約翰‧沃爾夫岡‧馮‧歌德（Johann Wolfgang von Goethe, 1749-1832）說：「這世界要是沒有愛情，它在我們心中還會有什麼意義！這就如一盞沒有亮光的走馬燈。」美國詩人愛默生（Ralph Waldo Emerson, 1803-1882）對愛情曾經這樣詮釋：「兩性之間的愛是一種魔力最大的符咒，任何巫術魔法都不得不對它讓步。」、「愛情就是一個人的自我價值在別人身上的反映。」諾貝爾文學獎愛爾蘭劇作家蕭伯納（George Bernard Shaw, 1856-1950）說：「愛上一個人不需要靠努力，需要靠『際遇』，是上天的安排，但是『持續地愛一個人』就要靠『努力』，在愛情的經營中，順暢運轉的要素就是溝通、體諒、包容與自制（面臨誘惑有所自制）。」

簡單「愛情」兩個字，不同的人心裡有不同的嚮往與渴望。對愛情有不盡相同嚮往與渴望的兩個人，如何一起走愛情這條路？這同時也暗示了愛情過程的複雜度。從文學詩詞小說的闡述、體悟、抒發，

讓我們在詩詞小說中得到情感上的被同理、支持、陪伴，如果有學理的研究，就能讓我們更有理性思考的依據。因此下一節要介紹愛情的理論與研究，這樣，當愛情失意時，較能以建設性的態度和積極正向思考的方式來面對，當愛情得意時，也較能用心來珍惜與積極經營。

第二節　愛情理論

儘管人間有愛情的歷史很長，但你如果問關於愛情的研究有多久，可能會很訝異，因為在心理學學術領域裡談愛情是近一百年的事情，先介紹一下這百年來的研究變化，魯賓（Zick Rubin, 1944- ）是研究愛情的祖師爺，他從1970年開始累積有關「愛」和「親密關係」的研究，例如，探討愛的木質、愛和喜歡的差別及測量等。在魯賓之前，有一位心理學家Heider（1958）簡單的說：「愛是強烈的喜歡」，意味著愛和喜歡兩者之間只有「量」而無「質」的差別，但許多心理學家並不認為如此。後續有李約翰（John A. Lee, 1891-1982）（1977）調查及訪問大學生之後，運用顏色的概念來比喻愛情，即所謂的「三原愛」（primary love），三原愛調和成六種常見的愛情類型。艾倫‧畢絲區德（Ellen Berscheid）與伊蓮‧華斯特（Elaine Walster）（1978、1985）提出「愛情二類別論」，將愛情分為「激情之愛」與「友誼之愛」。最後有史登伯格（Robert J. Sternberg, 1949- ）（1986）提出「愛的三角形理論」（Triangular Theory of Love），親密、激情與承諾構成正三角形。愛情理論發展至此，已較為完備。以下分別介紹魯賓、李約翰、畢絲區德與華斯特、史登伯格等心理學家對愛情所做的研究和結果。

一、愛與喜歡的研究

魯賓曾經設計一種紙筆測驗，來測量所謂的愛情（love），可說是研究愛情的初步，此測驗已普遍爲人所接受，認爲是有效的問卷。愛情量表與喜歡量表都各包含三個成分，愛情的三個成分是：關懷（caring）、依附（attachment）、親密（intimacy）；喜歡的三個成分是：對對方有利的評價（admiration）、尊重（respect）、覺得與對方相似（similarity）。

魯賓發現，兩人若是在愛情量表上得分高，則兩人相互注視的時間較長，次數較多，也表示他們正在戀愛和將來會結婚，並且測量的六個月後他們仍然在一起。國內李美枝（1983）也曾以這兩套量表進行多項研究，發現國內大學生也有類似魯賓的研究結果（丁興祥等，1988）。

二、愛情三原色

李約翰（1977）調查訪問自認已經進入愛情穩定狀態的大學生，經分析後，認爲愛情有「三原愛」，即「情慾／肉體愛」（eros）、「遊戲愛」（ludus）和「伴侶愛」（storge）。這三個字的英文來自希臘文和拉丁文，「肉體愛」主要是指肉體、身材、外貌等生理的強烈吸引力；「遊戲愛」主要是指無法滿足和專一於某一伴侶，喜歡刺激多變化的玩耍式愛情；「伴侶愛」是指透過長期的相處陪伴，創造出穩定、自在、舒服、互相支持的關係。這「三原愛」有如顏色中的三原色（primary color），可以調成不同類型的愛，其中較常見的六種愛情類型如**表3-1**。他的理論後來發展出愛情風貌量表（love styles scaling）。

表3-1　李約翰較常見的六種愛情類型

常見的愛情類型	特性
情慾之愛	是一種建立在美麗的外表，重視羅曼蒂克與激情的愛情。
遊戲之愛	是一種以獲得異性青睞為目的的愛情，視愛情是一種挑戰與遊戲，通常當事人會刻意的避免情感投入。
友誼之愛	是一種細水長流、慢慢發展的愛情，有時當事人是在不知不覺中發展愛情關係。
神經之愛	是一種以占有、滿足個人需求的愛情，通常會造成雙方的壓力與束縛。
現實之愛	是一種有條件的愛情，以現實利益為發展愛情的第一考量。
利他之愛	是一種犧牲、奉獻、不求回報的愛情。

資料來源：John Lee (1988).

三、愛情二類別論

畢絲區德與華斯特（1985）的研究分析指出，愛情包括「激情之愛」（passionate love）和「友誼之愛」（companionate love）。

「激情之愛」是非常羅曼蒂克和強烈，激情中的人有高度的歡樂和悲傷，情緒變化大。激情之愛是耗神的，有頻繁的性接觸，對方是生活的重心，所有的心思和經歷都放在那個人身上，激情的愛是令人興奮的，但是激情的愛很少持續著。

反之，「友誼之愛」可能較持久，那份愛通常以不同的方式顯示出來，比較不強烈，比較平靜和緩，他們的性接觸雖沒有激情愛的多與強烈，但他們十分滿足於他們的性接觸。信任通常是這類友誼之愛的基礎，友誼之愛的愛侶也比較忠誠於他們的承諾（Hendrick & Hendrick, 2000）。

四、愛的三角形理論

史登伯格的愛情理論是目前對愛情研究得最完整的理論，因為他區分出愛情的三向度（情感、動機與認知）和三元素（親密、激情與承諾）的特性，對愛情的分析兼具「量」與「質」，較之前的理論只做愛情的分類或只偏重親密因素的愛情研究來得完整。

史登伯格是耶魯大學的心理學教授，從高中起他冷眼旁觀同學的生活以後，體悟出了他一生研究生涯的方向：「腦和性是人生中真正重要的兩件大事。」他前半生研究「腦」，提出了智力三元論，認為智力包含經驗智力、內容智力和前後關聯性智力。他說後半生要研究「性」，提出了「愛情三角形理論」。他研究的過程中採用魯賓的愛與喜歡量表，也配合使用李文傑（George Levinger）制訂的人際參與量表來探究「愛」。

藉著分析各類關係和重新檢定，史登伯格發展出「愛的三角形理論」，認為「愛」有三個基本元素，各屬於三個不同的向度：

1. 親密（intimacy）：一種親近、連結的、心與心交流的感情經驗，屬於情感向度。
2. 激情（passion）：混著浪漫、外表吸引力和性驅力的動力，屬於動機向度。
3. 承諾（commitment/decision）：包括短期的決定去愛一個人和長期的承諾去維持愛的關係，屬於認知向度。

這三個基本元素有不同的特性，承諾的穩定性高，激情的穩定性低；但激情的短期效果強，而承諾和親密則較具長期的效果。

因此我們可以理解，戀情剛開始時，有浪漫的氣氛、經過特別修飾的外表和青春期的賀爾蒙分泌的作用，激情因素讓在初戀中的人如

癡如醉，然而維持一份細水長流歷久彌新的愛情，情侶之間卻需在情感向度的親密因素和認知向度的承諾或決定因素上多花時間培養和相互分享討論。

　　這三向度三元素形成史登伯格「愛的三角形理論」，也同時可以闡明愛的種種面貌，改變三角形的任一邊將造成形狀互異的三角形或不同類型的愛，如**圖3-1**。在各種愛的關係中，親密是核心元素，其他兩元素則視特定關係而定，例如在男女之間的愛情，激情的程度就高，而在親子之間的親情，激情的成分就低。另外，這三個向度的相對強弱，可組合成八種不同類型的愛情，如**表3-2**及**圖3-2**。

愛的三個元素均等分配，形成完全的愛

一個關係中的承諾、親
密、激情愈多，三角形
則愈大，愛也愈多

承諾

親密

愛的
三角形
理論

激情

圖3-1　史登伯格「愛的三角形理論」

資料來源：Robert J. Sternberg (1986).

表3-2　愛情的八種面貌說明

向度 元素 完整之愛	情感向度 親密元素	動機向度 激情元素	認知向度 承諾元素
完整之愛	高	高	高
空愛	低	低	高
喜歡	高	低	低
迷戀	低	高	低
友誼之愛	高	低	高
浪漫之愛	高	高	低
荒唐之愛	低	高	高
無愛	低	低	低

資料來源：Robert J. Sternberg (1986).

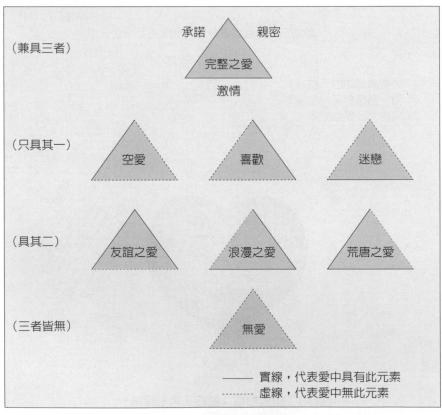

圖3-2　愛情的八種面貌

資料來源：Robert J. Sternberg (1986).

五、成功的愛情發展路徑

　　史登伯格（1986）對愛情成功發展的路徑有一個清楚的圖形描繪，如**圖3-3**愛情成功的發展路徑，他認為以時間向度來看，在愛情初期，激情因素發揮很大的作用，這激情包括剛開始見面的臉紅心跳、牽手、擁抱、接吻和性的需求等等。但隨著時間加長，親密感必須不斷地加強，心與心的交流不斷在進展和深入，到後期承諾的出現，讓關係進入穩定的狀況。在不同的時期每個因素的強度及所占的比例有所差別，但親密是核心元素，它影響著愛情的品質。史登伯格（1986）同時也分析隨著時間的進展這三個基本元素在關係中的變化與危機或是失敗，如**圖3-4**三元素在愛情關係中的變化與危機。

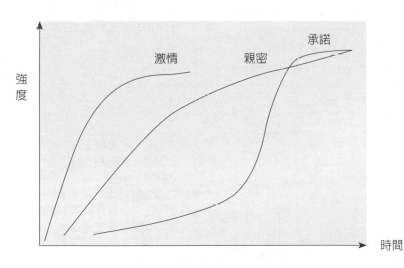

圖3-3　愛情成功發展的路徑

資料來源：Robert J. Sternberg (1986).

性別教育

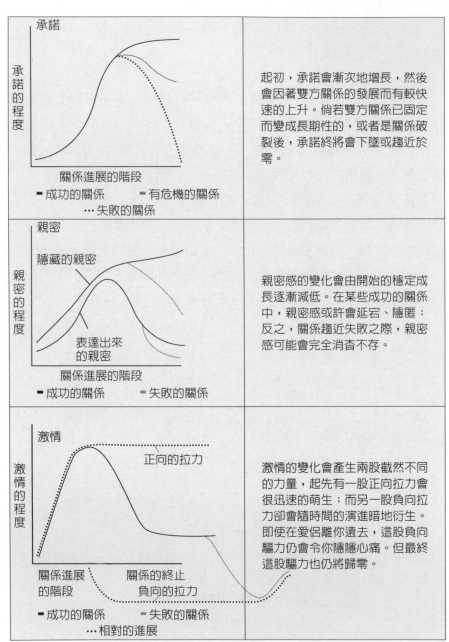

起初，承諾會漸次地增長，然後會因著雙方關係的發展而有較快速的上升。倘若雙方關係已固定而變成長期性的，或者是關係破裂後，承諾終將會下墜或趨近於零。

親密感的變化會由開始的穩定成長逐漸減低。在某些成功的關係中，親密感或許會延宕、隱匿；反之，關係趨近失敗之際，親密感可能會完全消杳不存。

激情的變化會產生兩股截然不同的力量，起先有一股正向拉力會很迅速的萌生；而另一股負向拉力卻會隨時間的演進暗地衍生。即使在愛侶離你遠去，這股負向驅力仍會令你隱隱心痛。但最終這股驅力也仍將歸零。

圖3-4 三元素在愛情關係中的變化與危機

資料來源：Robert J. Sternberg (1986).

　　從以上「愛情成功發展的路徑」和「三元素在愛情關係中的變化與危機」，讓我們意識到要擁有一個甜蜜的愛情並不是那麼容易，不但要素得齊全，愛情的路上還充滿危機；在現實生活中情侶間的衝突或分手並不罕見，有的情侶「愈吵愈好」，有的「一直吵架，後來就分手了」，有的情侶「看他們蠻好的，可是後來聽說有第三者，就分手了」，「他們吵了又和好，和好了又吵，越吵越凶，結果拿刀相向」。「危機」會不會是「轉機」呢？端視這「危」可不可「轉」，戀中的人們要有心理建設，接受「戀中藏變」，「變才是正常」、「唯一不變的道理就是會變」的事實，並以積極的態度面對問題和戀情發展，或許才是邁向成功愛情可以做的事。

六、愛，是一個故事

　　史登伯格提出愛情三角理論之後，在1990年代中期看待愛的方式轉向到「故事」觀點，從結合各種愛情實際案例著手，他說《愛是一個故事》（*Love is a Story: A New Theory of Relationships*）（1999）的觀點尚未到完整理論的最終論述，但期待「故事觀點」不是像他之前的三角理論是成功地將愛分類，而是有更多變化、發展的歷程觀。茲整理史登伯格《愛是一個故事》觀點的幾個重要概念與研究結果如下：

1. 每個人心中都有一個「『愛』的故事」，我們都容易與「『愛』的故事」與我們相同或類似的人墜入愛河，同時與那些故事中自我角色和我們互補的人維持住愛的關係。
2. 愛情故事的元素不只是激情、親密和承諾，還包括了生活習慣、經濟條件和處事態度，以及過往認為破壞浪漫氣氛的現實因素。

3.每個故事本身都有三個要素：

(1)情節：可能「會」或「要」發生哪些事情。

(2)主題：我們的愛情故事有什麼意義，可彰顯的主題是什麼？是「犧牲」、「復原」、「合作」、「戰爭」？

(3)人物：除了兩個主角，其他人（過去的男女朋友、家人、閨密、死黨、網友、親戚、師長、同事）是否涉入故事及其程度。

4.故事有五大類二十六型，包括：

(1)不對稱的故事：師生故事、犧牲故事、獨裁故事、警察故事、色情故事、恐怖故事。

(2)物品故事：外星科幻、蒐集品、藝術品、家屋、復原求生、宗教救贖、輸贏遊戲。

(3)合作故事：旅程故事、編織故事、花園故事、事業故事、耽溺故事。

(4)敘事故事：童話故事、歷史故事、科學故事、食譜故事。

(5)類型故事：戰爭故事、劇場故事、幽默故事、神秘故事。

5.愛情的啟動是對愛情有相似故事想法的人或愛情故事偏好一致的兩個人，越容易成為情侶。

6.關係幸不幸福與是否持續在於他們對「我們倆的愛情故事」的想法是否與他們實際關係中的樣子相接近。例如，當兩人都認為「愛情故事」就是「越吵越瞭解，越吵越好」的過程，共有「爭吵使關係更活絡，不吵架是死的關係，爭吵使關係更健康」的戰爭故事，兩人愛情關係會持續。情侶心中的故事偏好越歧異，他們在關係中越不快樂。當愛情故事看法分歧到無法溝通，就會分手。

7.二十六型故事中，有四型顯示性別差異：藝術品、蒐集品、色情故事，男性認同這三則故事較多；女性則認同旅程故事較

多。總平均值上則恐怖故事最不受認同，花園故事最受認同，也就是說多數人認同愛情關係像花園，要花時間、精力，一起灌溉、照顧，以茁壯成長，你才能得到好關係。

8.史登伯格《愛是一個故事》的觀點，點出「變化、發展」觀，愛情會隨著時間起伏、變化、發展，點出「主題、意義」觀，理解在關係中要什麼會覺得有意義，領悟做什麼對關係有意義，來使關係幸福。

心理量表──愛與喜歡量表

「喜歡」與「愛情」你分辨得出來嗎？不管你是否戀愛，試著依照自己的情況或想法勾選下列符合自己目前戀愛狀況或對戀愛憧憬的項目。（可複選）

☐1.他情緒低落的時候，我覺得很重要的職責就是使他快樂起來。

☐2.在所有的事件上我都可以信賴他。

☐3.我覺得要忽略他的過失是一件很容易的事情。

☐4.我願意為他做所有的事情。

☐5.對他，有一點占有慾。

☐6.若不能和他在一起，我覺得非常的不幸。

☐7.我孤寂時，首先想到的就是要去找他。

☐8.他幸福與否是我很關心的事。

☐9.我願意寬恕他所做的任何事。

☐10.我覺得他得到幸福是我的責任。

☐11.當和他在一起時，我發現我什麼事都不做，只是用眼睛看著他。

☐12.若我也能讓他百分之百的信賴，我覺得十分快樂。

☐13.沒有他，我覺得難以生活下去。

☐14.當和他在一起時，我發覺好像二人都想做相同的事情。

☐15.我認為他非常好。

☐16.我願意推薦他去做為人所尊敬的事。

☐17.以我看來，他特別成熟。

☐18.我對他有高度的信心。

☐19.我覺得什麼人和他相處，大部分都有很好的印象。

☐20.我覺得他和我很相似。

☐21.我願意在班上或團體中，做什麼事都投他一票。

☐22.我覺得他是許多人中，容易讓別人尊敬的一個。

☐23.我認為他是十二萬分聰明的。

☐24.我覺得他在我所有認識的人中，是非常討人喜歡的。

☐25.他是我很想學的那種人。

☐26.我覺得他非常容易贏得別人的好感。

結果分析：

你的勾選項目若集中在1～13項者，表示你對他的感情以「愛情」成分居多，而若多集中在14～26項者，表示你對他的感情以「喜歡」成分居多。

資料來源：譯自Rubin, Z. (1973). *Liking and Loving: An Invitation to Social Psychology*, p.216. New York: Holt.

小組分享：

　　跟小組成員分享你曾經在喜歡他或愛他的疑惑不定中擺盪的經驗，當時是如何找到答案或如何度過的。

本章重點

1.威廉‧舒茲（William Schutz）的人類三種基本人際需求

2.佛洛姆（Erich Fromm）認為「愛」的四項特質

3.魯賓（Zick Rubin）研究認為愛情的三個成分與喜歡的三個成分

4.愛情顏色理論

5.愛情二類別論

6.愛的三角形理論

7.愛是一個故事三要素

8.愛情二十六型故事的性別差異

Note

第4章

愛情自我瞭解

- 愛情迷思與觀測
- 愛情風格類型

　　我們要談進入愛情之前所需的自我瞭解。走入愛情或在愛情之中，要瞭解自己和面對自己的幾個層面，包括瞭解自己對愛情的想法是否有一些迷思（myth），即似是而非的錯誤想法，或值得再深入思考的；也提供一個愛情觀測儀，當你懷疑自己是不是在戀愛時，作為思考的參考。最後提供依據心理學家李約翰「愛情顏色論」（Color Theory of Love）發展出來的愛情風貌量表，協助瞭解自己的愛情類型，自己是較期待有怎樣特性的愛情。

第一節　愛情迷思與觀測

一、愛情迷思

　　對於愛情，我們有時候會有一些存在內心卻不自覺的非理性信念想法，反應在說話、情緒或行為上，請你先看看下面五個敘述句：

　　1.如果沒有觸電的感覺就不是愛情。
　　2.世界上有一個完全適合我的人與我共譜戀曲。
　　3.愛，就是什麼都不必說，對方會瞭解的。
　　4.愛的力量可以克服一切。
　　5.愛，就是你濃我濃，鎮日廝守。

　　對於上面五個敘述句，你相信的程度有多少呢？課堂活動3-2進行之後，希望已經進展更成熟、更周到、細緻的層次。
　　透過以上五題分享和討論，你或許已發現你會遇到怎樣的愛情樣貌是很難預測，也發現愛情的多元和複雜度。經過上面的過程，相信你對愛情有更彈性巨觀的想法，不再執著認為愛情是如何如何，如果

不是如何就不是愛情。這種執著於一定是要如何才是愛情的想法，我們稱之為迷思。

上述的五個句子，如果成長為更多元、彈性和巨觀的信念想法，可以改成：

1. 有觸電的感覺是激情式愛情的開始，有另一種愛情，是從陪伴和友誼開始。
2. 世界上不會有一個完全適合我的人，但會有相對適合的人與我共譜戀曲。
3. 愛，有時什麼都不必說，有時要費心溝通，對方才會瞭解的。
4. 愛的力量可以克服許多困難，但仍有其極限。
5. 愛，是你濃我濃，但也需要自主時間和空間。

除了上述對於愛情信念想法上的迷思，在戀愛的過程中，也會有一些相處上的迷思，陳述如下，可作為自我瞭解時的提醒。

1. 我必須在各方面都很有成就，你才會愛我。
2. 你如果跟我要好，就不能跟別的同學或朋友要好，否則不忠。
3. 男女朋友之間不應該有秘密沒向對方說。
4. 男女朋友應該做什麼事都一起行動。
5. 若是拒絕你（男女朋友）的請求，那我就會失去你，對不起你。
6. 如果你愛我，你應該知道我的想法、感受和需求，並且想辦法滿足我，否則你根本不在乎我。
7. 如果你在乎我，你會記得我告訴過你的話，你會記得特別的日子及時光，如果你忘了，那表示你不認為我重要，你不愛我。
8. 如果你愛我，你會常常要我陪著你。如果你想獨處，這表示你不需要我陪你，所以你不夠愛我。
9. 如果讓你知道我真正的樣子，那你一定不會喜歡我。

10.如果我讓你親近我，你會發現我的秘密、恐懼及究竟我有多差勁。於是你將不會愛我，所以我必須跟你保持距離。

11.男女朋友應該所有的想法、行為都一樣。如果我們的意見不合，那一定是你或我錯了。

12.男人不應該……，女人不應該……

二、愛情觀測

「我開始在戀愛了嗎？」當我們對一個人有好感，常常想見面，可是感受又不那麼明確，會問自己：「我是不是已經陷入情網？我在談戀愛了嗎？」可是有時自己也搞不清楚，到底只是喜歡他還是愛他？這可能是許許多多在愛情路上正要起步走的人，共同的困擾與疑惑，也是許許多多過來人共有的經驗。一起來看看您是否有以下這些情況，來作為是否墜入愛河的參考。

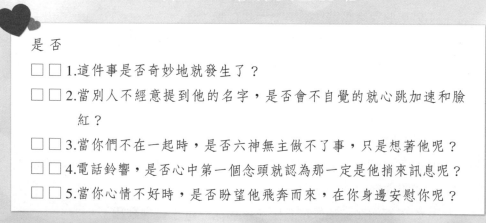

愛情觀測──我開始在戀愛了嗎？

是 否

□ □ 1.這件事是否奇妙地就發生了？

□ □ 2.當別人不經意提到他的名字，是否會不自覺的就心跳加速和臉紅？

□ □ 3.當你們不在一起時，是否六神無主做不了事，只是想著他呢？

□ □ 4.電話鈴響，是否心中第一個念頭就認為那一定是他捎來訊息呢？

□ □ 5.當你心情不好時，是否盼望他飛奔而來，在你身邊安慰你呢？

□ □ 6.如果有人為他認真做一件事時,是否會感到吃味呢?

□ □ 7.與他共處時,是否大部分時間都看著他?

□ □ 8.他是否可算是你心目中最完美的人呢?

□ □ 9.在他面前是否會急著表現最好的一面呢?

□ □ 10.和他在一起,是否會覺得其他人是多餘的呢?

如果你的答案大部分是「是」,那麼,你可能真的在愛情的路上起步走了。

資料來源:參考自嶺東商專主編(1995)。《愛的路上起步走》。教育部訓委會辦行。

一般而言,戀愛中的人在行為訊息上會出現幾個現象,你也可以想想你是否有下面的情況,來自我回答「我是不是已經在戀愛了?」:

1.眼部的接觸頻繁:我們都見過電影中戀人彼此凝視的雙眼,這是最明顯的行為指標。眼神接觸是一種情感的交流。

2.身體上的接近:喜歡依著對方,靠著對方,縮小彼此身體的距離。尤其相處時,兩人身體距離永遠在一個手臂長之內。

3.喜歡打扮自己:特別是和戀人見面的時候,因為有心理學家說的「初始效應」和「文飾效果」。

4.聲音變好聽:聲音變得比較有元氣、有情感、溫柔,尤其是和他講電話的時候,因為講電話時,「聲音」的質地抑揚頓挫是語言之外的重要「非語言訊息」。

5.接觸更頻繁:包括時間上和空間上,時間上更常見面或見面時

間加長，及空間上更常在同一空間或身體的接觸更多。

6.穿著相似：包括穿著的風格相似或衣服的顏色挑選相近，甚至有時會相同。

7.開始有排他性：開始排斥別人進入兩人相處的空間和時間。

8.「雞尾酒會效應」：形容在雞尾酒會上有那麼多人、那麼多聲音，各項訊息穿插流動的時間和場所，但對方的名字以及相關訊息，卻仍特別會引起你的注意或者聽得特別清楚。

 第二節　愛情風格類型

　　愛情對不同的人有不同的意義，每個人在愛情關係中所重視的層面或特性也不相同，想要經營一段滿意的愛情關係，不單只是要求對方付出或自己不斷地付出，還需要瞭解彼此的愛情型態，知己知彼，才能享受愛情，在愛情的關係中成長與學習。愛情風貌量表，是根據加拿大的社會心理學家李約翰的「愛情顏色論」六種不同愛情風格類型發展出來的，可以幫助你瞭解自己的愛情類型及自己在愛情中所重視的層面與特性。

　　愛情風貌量表計分的結果，可能有人是兩個主型，或三個主型，或更多主型；有人皆是副型；有人是一個主型，四個副型；每個人的主型數目和副型數目各不相同，各自有各自的樣子，這就是現在的你。只要把握住一個解釋的原則——「主型」表示這個特質明顯，對你而言在愛情中很重要，副型表示其次，雖具此特質但不是很強烈。如果都是副型，表示對愛情的期待或看法還未成型或定型，還在發展當中，或者你的個性特質較保守，讓你在勾選時多集中在中間選項。

　　分數之間只有自我比較的意義，沒有和他人比較的意義。以下分別解釋每一個類型的主要特性，前三個是李約翰的三原愛，後三個是

三原愛調和出來的愛情類型。

一、浪漫／情慾愛（eros，希臘文）

這類型的人期待愛情中有許多浪漫的事情發生，容易被外表的吸引力所吸引，重視外貌、身材、肉體等生理吸引力（physical attraction），容易發生一見鍾情的戀情，碰到與心目中理想形象相符的人會狂熱的追求或陷入。他們需要擁有對方，知道對方所有的事。

二、伴侶／友誼愛（storge，希臘文）

喜歡細水長流的愛情，感情慢慢經營，相信感情是要經過長時間的交往而產生。重視長期的情誼，穩定、自在、陪伴、支持與分工。與這樣的人談戀愛，或許過程中較少什麼轟轟烈烈的事發生，但卻像水一般地耐人品味。

三、遊戲／見人愛（ludus，拉丁文）

很多人會讓你心動，你想盡情享受愛情，但又避免涉入太深，把愛情視作一連串的挑戰。他們經常不與某一對象做長期性的計畫或約定，藉此增加神秘感或吸引力。當情人不在身邊時，他可能會很快愛上其他人。喜歡和不同的人交往，希望擁有自在的戀愛，同時也希望對方有相同的想法。當新鮮感消失時，會想要尋求新的戀情。

四、現實╱理性愛（pragma，希臘字）（＝遊戲愛＋伴侶愛）

在進入愛情之前，會比較理性的考量一些現實的條件和實際的情況，例如：學歷、身高、家庭背景等，列出條件加以評選。在愛情的過程中，也比較會分析彼此的愛情關係。

五、神經╱瘋狂愛（mania）（＝浪漫愛＋遊戲愛）

比較神經質，會因為對方的一句話、一個表情而反覆思量或心神不寧，一直會想知道到底對方是什麼意思？嚴重的還會出現失眠、沒胃口或心痛等症狀。對方有一點冷淡，便會擔心是不是自己哪裡做錯了？而對方小小的溫暖或熱情，便會讓他非常的快樂。他們強烈的需要被關注和被愛，也因此常扮演悲劇性的角色。這背後的糾結常是因為神經愛者缺乏自信、不夠自我肯定，有時雖已表示不喜歡對方，但仍無法與對方成功的分手。

六、利他╱奉獻愛（agape）（＝浪漫愛＋伴侶愛）

他們總是為對方著想，不自私，無怨無悔的為對方奉獻而不求回報，把對方的幸福快樂看得比自己的快樂幸福還重要，希望對方一切都好，如果對方遭遇什麼困難，他們一定會盡其所能來協助對方度過難關。因為他們深信愛是付出不是占有，愛是奉獻不是要求。

以上的六種愛情風格類型的特性，你覺得像你嗎？一個人可能同時擁有兩個以上的特質，就組合起來看，例如一個人可能同時是伴侶愛和現實愛，這樣的人在進入愛情之前會先做理性的評估和考量，進

入愛情之後希望愛情細水長流並用心經營愛情關係。

愛情類型可能因對象的不同及互動關係而改變，也會因年齡的增長而改變，因為愛情類型代表著不同的態度，態度並不是天生的，而是學習來的，自然會因為對象的不同、年齡的增長、外在環境的變化而呈現多樣的面貌，它是一個動態與具發展性的學習過程。

瞭解愛情類型，可以讓我們更瞭解自己也更懂得對方的心，甚至在兩性溝通的時候也更能彼此體諒和包容，讓彼此更接近自己也接近對方的心靈深處。不妨邀請你的情侶一起做這份愛情風貌量表，並互相分享心中想法，增進彼此瞭解的深度與廣度。

心理量表──愛情風貌量表

本量表將協助你分辨自己愛情所屬類型。

說明：以下有30個敘述句，請依你過去或現在的戀愛經驗，勾選出與你情況相符的答案。若是你無戀愛的經驗，請勾選出你認為自己可能會如此的答案。

總：總是如此　　常：常常如此　　少：很少如此　　不：幾乎從不如此

總 常 少 不

□ □ □ □ 1.隨著長期的相處，愛便自然而然的發生了。

□ □ □ □ 2.當你第一次見到情人時，他外在的形態便強烈的吸引住你。

□ □ □ □ 3.你會妒忌且想占有對方，常不明究理的生氣。

□ □ □ □ 4.只要他喜歡，再大的委屈辛苦，你也願意承受。

□ □ □ □ 5.條件越相近的兩人，婚後獲得幸福的程度會越高。

□ □ □ □ 6.你喜歡戀愛，但不喜歡被約束。

□ □ □ □ 7.你覺得彼此要有足夠的瞭解和信賴，才能愛得長久。

□ □ □ □ 8.愛是一種強烈而無法控制的情緒。

□ □ □ □ 9.當你一陷入情網，便渴望天天見到對方。

□ □ □ □ 10.你相信真誠的、不求回報的付出，一定會感動對方。

□ □ □ □ 11.生活是很實際的，所以沒有麵包的愛情，不會令人感到
　　　　　　　快樂。

□ □ □ □ 12.當情人不在身邊時，會很快愛上周圍的某個對象。

□ □ □ □ 13.你能與情人坦誠討論自己的心裡感受。

□ □ □ □ 14.你會為他的一言一行，神魂顛倒，如痴如醉。

□ □ □ □ 15.你很想控制愛情關係的發展，但總是失敗。

□ □ □ □ 16.只要他覺得幸福快樂，就算離我而去，我也可以接受。

□ □ □ □ 17.你會與所愛的人一起討論未來，計劃未來。

□ □ □ □ 18.真愛不太容易發生，過於專情，常會伴隨著傷害。

□ □ □ □ 19.就算跟情人分手，我仍然可以維持朋友的關係。

□ □ □ □ 20.我覺得愛情是生活中最重要的一部分。

□ □ □ □ 21.常常需要他對我表示更多的愛與肯定。

□ □ □ □ 22.在戀愛時，你會準備奉獻出自己的全部。

□ □ □ □ 23.你會分析彼此的愛情關係，並在心中衡量它的分量。

□ □ □ □ 24.當愛情新鮮感消失，覺得無聊時，便要尋求新的刺激。

□ □ □ □ 25.當兩人意見不同時，也能彼此支持、尊重對方發展自我
　　　　　　　的權利。

□ □ □ □ 26.與情人身體、感官上的接觸，對你十分重要。

☐☐☐☐27.我無法想像沒有他的日子該怎麼過。

☐☐☐☐28.當我戀愛時，我不會介意對方的所作所為，反正我就是
　　　　愛他。

☐☐☐☐29.戀愛或結婚的目的，應該是為了成就個人更大的幸福。

☐☐☐☐30.你可以自如的控制與對方見面、接觸的次數。

計分：

總是如此4分，常常如此3分，很少如此2分，幾乎從不如此1分。

把各題的分數，依下列組合加起來即可。

題目1＋7＋13＋19＋25＝伴侶愛（友誼愛）

題目2＋8＋14＋20＋26＝浪漫愛（情慾愛）

題目3＋9＋15＋21＋27＝神經愛（瘋狂愛）

題目4＋10＋16＋22＋28＝利他愛（奉獻愛）

題目5＋11＋17＋23＋29＝現實愛（理性愛）

題目6＋12＋18＋24＋30＝遊戲愛（見人愛）

分數落在最高分20分～最低分5分之間。

主型：16～20分。副型：11～15分。不具此類型傾向：10分
（含）以下。

本章重點

1.愛情迷思

2.愛情觀測

3.浪漫／情慾愛

4.伴侶／友誼愛

5.遊戲／見人愛

6.神經／瘋狂愛

7.現實／理性愛

8.利他／奉獻愛

第5章

性別印象與性別友誼

- 性別印象
- 性別友誼

　　本章主要探討兩個主題：（1）性別印象：包括刻板印象（stereotypes）、性別刻板印象（gender stereotypes）、性別角色行為（gender role behavior）、性別吸引力及剛柔並濟的健康人格特質；(2)性別友誼：包括男性間的友誼、女性間的友誼、異性間的友誼，三者之間的不同特性，以促進性別間的理解、接納與溝通。

第一節　性別印象

　　對人事物有固定、簡化的看法，雖然快速卻也粗糙，因為忽略了個別差異。對性別的固定、簡化看法，也犯了相同的錯誤，忽略了人的個別差異可能更大於性別差異。中國傳統文化對男性與女性「應該」具備怎樣的特質，有其價值觀的認定，認為男人應該要「陽剛」，女人應該要「陰柔」；男生應該要具備勇敢、主動、獨立、具競爭性等陽剛特質，女生應該要具備溫柔、體貼、善解人意、有愛心或者「婦德、婦容、婦功」等陰柔特質。各種的「應該」，雖然提供了一個指標要求，卻也帶來了限制和壓抑。

一、刻板印象

　　已成固定形式的，僵化、簡化的對人事物概括性看法，稱之「刻板印象」。「刻板印象」存在生活各層面，大約有十種。除了性別刻板印象，還有性傾向刻板印象、種族刻板印象、宗教刻板印象、政治刻板印象、世代刻板印象、職業刻板印象、興趣刻板印象、地區刻板印象、社會經濟地位刻板印象。

(一)性別刻板印象

對男女性有固定、僵化的想法和要求，例如：男生應該要堅強、勇敢、有力、高大、強壯，女生應該要溫柔、體貼、善解人意、會照顧人、文靜、順從。

(二)性傾向刻板印象

對不同性傾向的人有僵化想法或偏見。例如：男同志中當「弟」的人都很娘、女同志的「T」打扮都很男性化、雙性戀的人性關係都很混亂。

(三)種族刻板印象

對種族有僵化、固定的想法或偏見。例如：白人都很有錢、黑人運動都很強、日本人都很愛吃生魚片、原住民都很會唱歌跳舞、客家人都很吝嗇很節儉。

(四)宗教刻板印象

對不同宗教信仰的人有僵化、簡化的概括想法。例如：基督徒都很積極、佛教徒都很慈悲、印度教徒都很清苦、回教徒都很保守。

(五)政治刻板印象

把政黨簡單劃分或掛上各種固定的標籤。例如：民進黨的人都有狼性、國民黨的人都是懶性、信心希望聯盟的人都是基督徒都反對多元成家、新時代力量的人都支持廢除死刑。

(六)世代刻板印象

把不同年齡世代的人貼上一個概括、僵化、簡化的標籤。例如：老人都很頑固、青少年都很叛逆、小孩都很天真、七年級生是草莓

族、八年級生是水蜜桃族。

(七)職業刻板印象

對職業有固定、僵化的看法和認定。例如：營造業都花天酒地、律師都伶牙俐嘴、老師都很保守、會計師都錙銖必較、業務員講話都天花亂墜、軍人都很嚴肅、警察都很凶。

(八)興趣刻板印象

對喜好某興趣的人有僵化、簡化的既定想法和看法。例如：喜歡音樂的人都很有氣質、喜歡角色扮演（cosplay）的人都不滿生活現狀、養寵物的人都很有愛心、喜歡卡通的人都很幼稚、喜歡運動的人都很開朗。

(九)地區刻板印象

例如：台北人都很有錢、南部人都很熱情、台南人都很愛吃甜、四川人都很愛吃辣、大陸人都很強勢。

(十)社會經濟地位刻板印象

對社會地位高低或經濟能力高低的人，有固定僵化的看法。例如：大學教授都道德高尚、法官都公正清廉、農民都很純樸、有錢人都很勢利眼、窮人都很畏縮。

「刻板印象」無法反映出個別差異，也會讓人產生錯誤的行為預期，例如，班上有個原住民的同學，才藝表演時就請他表演唱歌跳舞，讓他很尷尬，他不會唱歌，也不會跳舞，他是扯鈴高手。用刻板印象去與人接觸，不但關起真正認識、瞭解個人特色的機會之門，有時甚至一開始就先有了誤解或負面觀感，阻礙了人際良性互動。

反之，也有人擅巧利用人們的刻板印象，營造自己的假象，博得

利益，也是要小心覺察和因應。例如，說自己是國立大學畢業，沒交過女朋友，一直在竹科上班，營造自己是優秀純情宅男的形象。

二、性別刻板印象

　　對男性女性要具有怎樣的特質，有固定、僵化的想法和要求，稱之「性別刻板印象」。在傳統以男性為主的父權社會文化下，男性表現陽剛的行為獲得讚賞，女性在表現陰柔的行為上獲得讚賞，要求男性要勇敢、獨立、理性、果斷、堅毅、主動，要求女性要溫柔、整潔、文靜、被動、同情、依賴、委婉，久而久之逐漸形成男性就是要陽剛，女性就是要陰柔的性別刻板印象。性別刻板印象的期待和要求，隱含對男性或女性的評價指標，也壓抑和限制個人的獨特性發展。

　　人們也常只因為性別，而有不同的評價和判斷。有一個有趣的實驗，是給受試者一篇描述外科醫師開刀過程的文章，留下結尾請受試者寫，結果當受試者拿到的文章上外科醫師的名字是寫Virgil（男生名）時，受試者寫下的結尾都較正面的表示手術順利完成，而當受試者拿到的文章上外科醫師的名字是寫Virgy（女生名）時，受試者的結尾則有較多經歷緊急或小差錯的描述。

　　受試者所看的文章唯一的差別只在醫師的名字，Virgil是男生的名字，而Virgy是女生的名字，實驗者所操弄的變項只是隱含性別意義的名字而已。實驗假設：「性別刻板印象中，認為女性比較不善於應付重要緊急的事件」。可見性別刻板印象是如何如影隨形、彰而不顯地融入在日常的判斷與生活中。

　　陽剛特質，屬「工作取向」（task orientation）的特性；陰柔特質，屬「關係取向」（relationship orientation）的特性，在日常生活中，陽剛與陰柔特質是相輔相成、相得益彰的。例如：一個主管，一

方面要完成工作目標，另一方面也需要與部屬建立良好的工作關係；先生或太太一方面有家庭的責任要擔負，另一方面也要彼此扶持與關愛，才會覺得辛勞有意義；在情感的世界裡，最重要的感受是被愛與愛人，愛情是關係的建立、維持和經營，感情是需要人際關係取向特質來表達關愛、經營關係，感情也需要工作取向特質來計劃和執行未來目標。只發展單一取向特性，會在人際關係與工作事業上遇到較大瓶頸與挫折。

三、性別角色行為

「性別角色行為」和「性別刻板印象」在概念上相互關聯，「性別刻板印象」是因性別而對對方的特質和行為，有一個固定的、僵化的看法和要求。例如：他是男生，所以應該比較不會玩心機（特質）；她是女生，所以應該要會撒嬌（行為）。

「性別角色行為」是某一種性別就是要擔任某一種角色，而某一種角色就必須表現出某些行為、做某些事。例如：男生就是要當爸爸，當爸爸的人就要會修水電，就要成為家庭主要經濟來源，就要事業有成。女生就要是當媽媽，當媽媽的女生就要會做好吃的菜，會俐落處理家務，很會照顧小孩。再如：在愛戀追求的過程中，男生就是要擔任主動者的角色，既是主動者就要主動邀約、主動付錢、主動自願送女孩回宿舍；而女性就是要被追，設定為被動者的角色，所以等著被邀約、等男生安排約會去哪裡、等男生開口和她說話、等男生要她的電話號碼、等男生什麼時候對她主動表示好感。

刻板的性別角色，除了家庭角色，還包括職業角色，例如：醫生是男性，護士是女性；駕駛員是男性，服務員是女性；大學教授是男性，小學老師是女性；飛行員是男性，空服員是女性。

傳統文化的性別主張和觀念是如何具體而微的呈現在男性和女性

的行為表現上呢？性別角色行為是如何來的？

　　傳統父權社會「男性」要擔負養家的角色「主外」，所以他必須外出工作，必須表現出有擔當、有主控權，「女性」則照顧家人生活起居擔任「主內」的角色，所以她要做所有家務，要照顧家人。

　　這些刻板性別角色行為有沒有彈性調整的必要，實在值得我們進一步深思和討論。性別角色行為是如何來的？到目前為止，心理學家認為是學來的，有三種學習理論可以說明，茲整理如下：

(一)增強理論（reinforcement）

　　當小孩偶然無意間表現出成人認可的角色行為時，即給小孩鼓勵或讚美，此後小孩為贏得讚美，將會繼續表現這種行為。男孩把狗嚇走，保護妹妹，獲得父母讚賞，此後他會繼續表現出保護的行為。女孩在戶外追趕跑跳碰，滿身汗回家被罵，就會削減她從事戶外活動的動機和行為。

(二)模仿理論（modeling）

　　也就是看到別人怎麼做，自己也跟著怎麼做，女孩通常學習媽媽或故事的女主角，男孩通常學習爸爸或故事中的男主角。

(三)認知發展理論（cognitive-development）

　　這是一種原則學習的理論，當女孩看到媽媽總是在照顧家人，而她在照顧弟妹時，也得到家人的稱讚，於是她很可能得到一個結論是乖女孩是會照顧別人的。如果這結論在日後的生活經驗中得到支持，很可能就形成了她的一種信念或價值：「會照顧人的才是好女孩」。

四、性別吸引力

　　個人身上具有吸引別人靠近的內外在性別特質，稱之「性別吸引力」（gender attraction），有別於生理身體上表現第二性徵，激發別人性慾或性幻想的「性吸引力」（sexual attraction）。

　　怎樣的人具有性別吸引力？在愛情的關係中，怎樣的男生和怎樣的女生會較吸引人？綜合相關研究及著者累積在大學兩性關係課堂、愛情關係工作坊、團體輔導與技術課堂的調查結果，發現隨著時代變遷，大學生認為具吸引力的男性和女性的內外特質也有所變化，茲整理如下：

　　1990年代的男性吸引人內外特質有粗獷、剛強、冒險、獨立、有主見、競爭、豪放、穩健、雄心、幹練、主動、領袖、支配。女性吸引人特質有溫暖、整潔、孝順、純潔、細心、伶俐、動人、文靜、親切、美麗、溫柔、端莊、依賴、天真、害羞、善感。

　　2000年代，男性吸引人特質有溫柔體貼、穩重、聰敏、負責、努力、幽默風趣、領導力、帥帥的、整潔的、不大男人主義、會做家事、有生活情趣、健康的、誠實的。女性吸引人特質有溫柔體貼、善解人意、聰敏、有思想、活潑可愛、積極、美麗、獨立、不大女人主義、會做家事、生活情趣、健康。值得注意的是，溫柔體貼同時出現在男性與女性吸引人特質的第一名，而聰敏、會做家事、生活情趣、健康同時出現男女兩個性別，整潔出現在男性，獨立出現在女性，兩性都強調不大男人或大女人主義，性別平等意識開始覺醒。

　　2010年代，男性吸引人特質有善解人意、願意冒險、果決、有耐心、身高、有自己的空間、誠懇、幽默、貼心、會照顧人、守信、不宅、創造力、有品味、溝通力、生活有紀律、樂觀、懂得規劃未來。女性吸引人的特質有善解人意、包容、乾淨、EQ高少地雷、正、溝

通力、責任、誠實、會愛自己、落落大方、活潑、社交處事能力、專情、別太黏。

　　吸引人的性別特質描述詞及形容詞，反映了時代、文化，社會及個人對於性別印象和性別角色行為的想法、信念和態度，值得高興的是，現在的大學生對於性別特質已經有較彈性，而且突破性別刻板印象的態度和看法越來越多。

　　「關係取向」重視關係的經營，是需要柔性特質的發揮，「工作取向」重視工作成效結果，是陽剛特質所專長的，當雙方關係取向特質和工作取向特質都發展成熟，不但讓對方感受到被溫柔體貼地對待和被愛，也讓彼此放下社會傳統期許的沉重包袱，共同分擔、面對愛情歷程中的挑戰和解決問題，產生生命共同體感受，也能讓愛情品質更成熟。

五、剛柔並濟

　　堅持「男女有別」觀念的人，誤認為一個人若具備陽剛的男性化特質，就不能也具備陰柔的女性化特質，誤以為陽剛和陰柔是一元兩極化，互相衝突的人格屬性，不可兼得，那就男生選擇陽剛，女性選擇陰柔吧！

　　後來為數不少的研究顯示，陽剛和陰柔是分屬多元向度的特質，這兩種屬性是可能出現在同一個人身上的。也有學者發現，理性女權運動者所主張的新女性，其人格特徵竟與心理健康者及優秀的領導風格者不謀而合，即所謂剛柔並濟的雙性化者（李美枝，1991）。

　　心理學三巨頭（佛洛伊德、阿德勒、榮格）之一的瑞士心理學家榮格認為，人格中有四種重要的原型（archetypes）：

　　1.面具（persona）：是呈現給他人看的人格。

2.陰影（shadow）：是人格中黑暗、動物性本能、邪惡的一面，有時甚至連自己都無法察覺。

3.陰質（anima）：男性人格中的女性特質，使男人顯露出溫暖、關懷和同情心。

4.陽質（animus）：女性人格中的男性特質，使女性理性和邏輯。

每一個人的人格都包括了面具、陰影、陽質和陰質，這也意謂榮格早就認同男女性人格都是剛柔並濟，只是在不同情境產生不同行為。

從人格研究、人格理論和性別研究，都支持一個人可以同時兼具陽剛特質和陰性特質，擁有剛柔並濟特質的人不但是心理健康者，也是優秀的領導者，更有利於兩性的成功交往。

傳統的成長與社會化歷程，讓女性揚柔抑剛，讓男人揚剛抑柔，這兩種都是有所缺憾的人格組型。從心理學的觀點解釋，揚柔抑剛及揚剛抑柔現象，是因為社會化過程把男人訓練得情緒壓力往心裡放，以表現出自己的「強」，不善於表現或善用關係向度的特質，使男人過多的情緒與工作壓力無法直接說出來抒壓，改用抽菸、喝酒等方式替代；傳統對於女人的期待較低，讓女人容易在失敗時接受自己的「弱」，但這樣的社會期待也讓女人「害怕成功」，害怕搶了男人的風頭。因此突破傳統性別角色的框框與限制，讓兩性可以更自然的同時培養陽剛和陰柔特質，做一個「人」，對兩性而言皆為「鬆綁」的可喜之事。

要掙脫傳統的束縛枷鎖，是相當具挑戰性且長期的，不過兩性在社會地位、經濟能力、教育程度等客觀條件已逐漸相同，以及教育過程也強調對性別價值的重新省思，使性別平權觀念逐漸普及，也逐漸改變性別刻板印象和性別角色行為，這些都有利於兩性往剛柔並濟的

人格特質邁進。

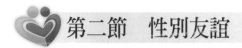
第二節　性別友誼

　　友誼的特性也有性別差異，男性的友誼多數是「肩並肩」（side by side），培養感情的方法是一起做事，一起運動。但男性彼此間不易分享親密話題或不習慣分享內心話，通常將心理的脆弱和壓力等感受，跟親近的女性說，形成所謂的紅粉知己，只是分寸之間的拿捏也成為一種考驗。

　　女性的友誼是「面對面」（face to face），培養感情的方法是面對面的講講話，關心彼此的生活和感受，分享內心的感受和生活事件，內心壓力較有出口，見面不講話是不友善的訊息，因此情緒很容易受人際關係的影響。

　　社會化的過程中，人對於親密關係的內涵會有不同的認知想法與行為表現方式，男性認為親密是在一起幫忙做事或幫忙解決問題，女性認為親密是要在一起分享、溝通。兩性關係常因男女在追求親密性上的差異而受挫。

一、成人的友情

　　日本知名心理學者，也曾任日本文化廳廳長的河合隼雄，著有《大人的友情》（2008，中文版）一書，書中提到「各種人際關係（夫妻、親子、手足、師生）的背後，其實友情都在發揮效用」。友情是各式各樣的人際關係背後之共同元素，還說，在婚姻關係中，友情的重要性甚至大過愛情，他比喻夫妻關係是戰友。

　　茲摘錄河合隼雄先生對友誼的幾個重要看法如下：

1.人渴望友情：人會感到孤獨和渴望交朋友的心理是人之天性。

2.友情不同於「有利的人際關係」：因為友情多了信賴、真誠和體貼心。

3.友情的元素：深深的信賴關係，正是友誼不可或缺的元素。

4.友情的禁忌：友誼最怕的是嫉妒心，會落入共患難容易，共富貴難的結局。

5.支持友情的東西：太過工於算計的人，只計算得失，會沒有朋友，他認為「彼此認同，真誠」是友誼第一支柱，例如青梅竹馬的朋友，相互承認對方的存在和世間評價、利害沒有關係。第二支柱是「體貼心」，隨著關係加深，逐漸開始看清對方心中的陰影部分，為了維持友情關係需要有體貼心才行。共有心情之後，分擔情感上的痛苦，才來思考該怎麼辦。這兩個支柱也是照亮友情前途的兩顆星。

6.「一心同體」與適當距離：「一心同體」的意思是共有心情之後，分擔情感上的痛苦。但提醒「一心同體」在某些時刻，而不是要所有時刻。並以阿拉伯格言「心情在一起，但住的帳棚要分開」來巧喻朋友間的親密與距離。

7.忘年之交：忘年之交是前後輩彼此瞭解心性、脾氣，成為知己。

8.異性間的友情：異性間的友誼與心靈深度有關，當心靈加深時，可以不透過身體而保持心靈關係的深交。異性間的友情不同於精神上的外遇，因為前者沒有情慾、物慾、占有慾。

9.面對自己的陰影（shadow）：友誼要提升或更深刻，他強調人格的統整。鼓勵人要發覺自己的陰影（存於內心深層，是個人過去所沒有活用的人格的部分），並瞭解、接納與活用它。例如：認真的人很難欣賞會玩耍的人，是因為「玩耍」挑戰到認真的人的心理陰影面，內心深處認為玩耍是不好的、是負面

的。他鼓勵認眞的人要去瞭解玩耍、接納玩耍和活用玩耍。

最後，他從榮格心理學的角度提到，仔細吟味喜歡的時候和討厭的時候，伴隨「知道自己」的過程，應該可以加深與朋友的關係。

當一個人趨於統整時，比較能對外在世界有完整的瞭解認識，能接納事情的多樣性。才不會因爲自己理解層次的侷限，而對友情或人際關係有錯誤的期待和判斷。一般人傾向於用有限的自我經驗，來看待人我關係，友情發生困難往往是友情挑戰到內心深處的影子，或無法接納友情的苦澀面。他教我們以心靈的深度和人格的統整性來認識友情。

二、友誼的要素

Davis（1985）認爲友誼是以喜歡爲基礎，提出友誼的基本要素有八：

1.愉悅：雖會有意見不同，但多數相處的氣氛是愉悅的。
2.接納：接納彼此爲獨立個體，無須改造對方或改造自己。
3.信任：信任彼此所言所行，沒有欺騙不實。
4.尊重：尊重彼此的決定及生活方式。
5.互助：當對方有需要時，會想要幫忙他、支持他，替他解決問
　　題。
6.分享：分享彼此的較深經驗及感受，而這些有時是無法跟別人
　　說的。
7.瞭解：能瞭解對方爲人所言所行，不致誤會或不明瞭。
8.眞誠：自然坦誠相待，無須矯情、文飾、隱藏或戴面具。

Davis（1985）認爲愛情的要素不同於友誼的要素，提出愛情的要

素有五：

1.魅惑心理：彼此想要運用自己的魅力或特質，吸引對方的注意，而且自己本身也陷於對方的吸引中。

2.占有心理：彼此有承諾，不希望且不允許第三者加入。

3.性需求心理：戀愛進入成熟，彼此會產生對對方的性需求。

4.將自己珍貴物品給予對方：將自己認為最珍貴的物品給對方，必要時甚至可以自我犧牲，使對方快樂滿足。

5.做對方的擁護者：給對方支持、鼓勵，並以對方的成就為榮。

三、男性友誼

男人的友誼是「肩並肩」，一起去打球，一起去打拚事業。性別角色專家Joseph Pleck（1975）認為男性的關係可能是社交關係（social relationships），未必是親密關係（intimacy relationships）。

研究顯示，男性之間的友誼比較沒有所謂的「高度自我表露」（high self disclosure）。Wood與Inman（1993）指出，男人是「以實際的幫助、互相的協助和作伴來表示關心」。男人間的交談內容，通常在主題性，如政治、工作和事件，男性最常談論的和談得最深的主題是運動，其次年輕男性最常談論的主題是性（Aries & Johnson, 1983）。很少男人談論關係性和個人性的話題。從這些資料發現，男人間的友誼有樂趣和忠誠，但少有理想的親密性。

為什麼男人間的親密度是低的呢？是什麼阻礙男性間表達高度親密呢？性別刻板印象中要求男性要具競爭性、討厭感情的脆弱與傾訴、同性相斥和缺乏角色典範為其原因（Lewis, 1978）（曾端真、曾玲珉譯，1996）。

為何男人的隱私和心裡話寧可找紅粉知己分享而不說給同性知

道？郭麗安教授認為以下四個原因或許可以解釋：

1. 競爭情結：男性從小在社會化的過程中，吸納了這個社會所賦予男性的角色期待，獨立、超越、勇敢。隱私、心裡話、脆弱讓同為男性朋友知道，恐怕會失去勇敢的形象及失去競爭力，而女性因不是競爭對手，沒有威脅感，較容易向對方傾吐。

2. 恐同性戀情結：擔心身為一個男性若與同性走得太近，或表現得過於親密，會被別人認為是同性戀者。結果便是「男人由於懼怕被標示為同性戀者，而阻礙了自己與同性間親密友誼的發展」。

3. 鄙視脆弱與坦白兩種特質：因為脆弱容易被視為「娘娘腔」，坦白容易被視為「無知的天真」，同時認為脆弱與天真是屬於「女性特質」，要做個頂天立地的男子漢是不宜有這樣脆弱和天真的表現和情緒的。而這樣男性間缺乏情緒表達的關係也難發展出推心置腹的親密感了。

4. 缺乏角色範例：多數的男性回憶兒時與父親相處的情形時表示，他們不記得在兒童時期，他們的父親是否擁抱過他們，或在一起親密地分享心事。缺乏角色範例，讓男性對同性間親密沒有學習模仿的對象和不知如何表現或不習慣表現出親密行動和話語。

四、女性友誼

女性的友誼是「面對面」，要面對面的講講話，才算表達了彼此的關心和情誼，見面不講話是不友善的訊息。女性特質讓女性高度親密的能力比男性強，女性交談的主題涵蓋主題性、關係性，如友誼本身，也涵蓋個人性，如自己的感覺想法，尤其以關係性和個人性的交

談內容為主,因此女性友誼發展比男性快且深。

　　相對於男性對女性的「紅粉知己」講心事,女性比較常對同性的「閨密」講心事,而且是互相講心事,互相才是閨密,如果只有其中一個人講心事,另一個人都不講,那麼感情會逐漸變淡,「都只有我在講,她都不講」成了女性友誼交情變淡的主因。

　　從人際的角度看,女性是較男性富足的,但因女性太在乎別人,因此對所有人際關係並非都滿意,也會導致過度相互依賴的關係(曾端眞、曾玲珉譯,1996)。

五、友誼的性別差異

　　茲將文獻中對性別間友誼的差異,整理如下:

1. 男人的友誼是「肩並肩」,女人的友誼是「面對面」。
2. 女性比男性更善於自我表露(self disclosure),男性較女性不常自我揭露及較少有親密的說話內容。
3. 女性較男性更常和朋友有情感上的行為,男性在初期及維持親密友誼會有較大的困難,女性較男性更常和她們的朋友分享較多的親密與信任,更多的非正式個人的溝通(Hays, 1989)。
4. 女性有較親密的同性友誼,女性對自己的同性友誼在品質、親密度和樂趣上有較高的評價。男性的友誼通常是建立在共享的活動中,如球賽、玩牌,而女性的友誼是建立在情感的分享及支持。
5. 中年男子較中年女子擁有較多數量的朋友,但女性擁有較多親密朋友(Fischer & Oliker, 1983)。

　　這些友誼的性別差異是社會化的結果,當社會對男女性別角色的要求不是那麼刻板、僵化,男人與女人都可以表現眞正自己的陽剛與

陰柔特質，男人與女人也都可以突破性別刻板印象，塑造多元的新男性與新女性，做真正自己，那麼這些差異就可能會改寫。

六、友伴關係的發展

　　發展心理學的角度看，個體隨著年齡的成長，在不同階段會發展出不同的友伴關係（黃惠惠，1998）：

1. 無性期：大約是4、5歲以前。他們雖口裡能說「我是女生，他是男生」，但並不真切瞭解男女的意義，玩耍的時候對性別並無特殊的選擇。
2. 同性群友期：大約6～11歲左右，約是小學生的年齡。對性別已有清楚的意識，喜歡男生一國，女生一國，分壘對抗或玩各自屬於自己性別的遊戲。
3. 同性密友期：大約12～17歲左右，約是國中到高中的年齡。喜歡在同性友伴中找到幾位志同道合的朋友成為閨密或死黨，他們彼此瞭解較深，常常相互傾訴，分享與支持，也常一起行動，情感也較深厚。
4. 異性群友期：大約17～22歲，約是高中到大學生的年齡。異性間常有群體聯誼、郊遊、烤肉等活動。
5. 異性密友期：大約20歲左右以後。異性朋友中特別處得來或特別相互吸引的就形成異性密友，進入戀愛階段。

七、異性交友四部曲

　　有人將「異性群友期」到「異性密友期」，更詳細地分成四階段，並用不同的舞來比喻（吳秀碧主講，1993）：

1. 土風舞期～大團體約會期：男生和女生之間的來往是團體與團體的互動，例如：甲校的甲班和乙校的乙班一起去烤肉。這個時期要學習的是男、女交往的禮儀，相互瞭解男、女的想法和看法。

2. 方塊舞期～小團體約會期：一小群男生和一小群女生一起出去玩，閨密們和死黨們一起去郊遊、烤肉、跳舞、看電影、聽演唱會。這個時期要學習更進一步的男女社交和友誼關係的溝通與相處技巧。

3. 宮廷舞期～不固定約會期：像宮廷舞一樣，乍看之下好像一對一，不過是要交換舞伴的，並沒有和特定的某一異性穩定交往，也有人稱此時期為「逛櫥窗期」，還在逛一逛，看一看哪些是中意的，還沒有決定要買哪一個。這個時期也是較渾沌或模糊的階段，可給彼此更多的機會互相瞭解，誠懇相處。

4. 華爾滋舞期～固定約會期：已進入穩定的一對一固定交往時期，可以先別急著進入這階段，前面的舞曲跳熟了，學會了，有準備了才進入這時期，因為它是雙人舞，相互的體貼瞭解和尊重是需要學習的，也才可以避免不必要的痛苦與困擾。

　　同性友誼和異性友誼都是成長過程中，除了家人之外，逐漸建立的親近性人際關係。學習人與人之間差異性的瞭解，對差異性的尊重，也學習當關係逐漸靠近時，需要的人我界線（boundary）。

　　性別關係的經營，需要瞭解對多數女性來說，「親密」是分享訊息、感情、秘密和想法，想盡辦法幫她的忙之外，也能有自我表露的分享，因為對多數女性來說，面對面的講話、分享與溝通是親密的表現。女性則需要瞭解——對多數男性來說，「親密」的定義是實際的幫助、互相協助和作伴，他幫妳洗車、安裝電腦是以行動來表示親密，對男性來說，陪妳一起去某個地方、為妳做某件事情或一起去參

與某個活動，已經是親密的具體表現了，當他無法說出什麼親密的話語時，也別太為難他。

　　最重要的是，雙方以對方是獨立的個體來瞭解對方，粗略的兩性溝通親密的特性只是參考，重視和尊重彼此的差異，細心觀察和不斷地溝通表達彼此的方式和需求，性別關係的經營就更有方向和方法。

你有性別刻板印象嗎？

　　以下有關於男性與女性的描述，請依序寫下你個人對於各項描述之贊同或不贊同。「A」表示你對此項描述贊同的程度大於不贊同；「D」表示你對此項描述的不同意程度大於同意程度。另外在左邊的空格中，僅依個人意見做評定，右邊的空格，請依你周遭之多數同性友伴的意見為評定依據。

一、有關男性的描述

　　＿＿＿a.男人是經由成就來肯定自己的。

　　＿＿＿b.男人天生具有攻擊性。

　　＿＿＿c.男人有優越感的需求。

　　＿＿＿d.男人應比女人具有較多的社交自由。

　　＿＿＿e.男人應該時常表現其勇氣和強壯的一面。

　　＿＿＿f.男人應該要保護女人。

　　＿＿＿g.男人基本上會關心世界的活動。

　　＿＿＿h.男人應該使女人感覺到她的重要性。

　　＿＿＿i.男人應該是較為理性的，而非情緒性的。

＿＿j.男人有競爭力的基本需求。

二、有關女性的描述

＿＿a.女人天生具有生小孩及照顧小孩的需求。

＿＿b.女人應該要比男人較不活潑。

＿＿c.女人經由付出與對他人的照顧來肯定自己。

＿＿d.女人應該視家庭為其首要的工作。

＿＿e.女人應該使男人覺得他很重要。

＿＿f.女人不應該有自己的事業，如果其事業危及家庭的話。

＿＿ g.女人應該終其一生對男人忠實。

＿＿h.女人很容易受到傷害。

＿＿i.女人天生是比較情緒化，而非邏輯的。

＿＿j.女人不應該太有自己的主張，也不應該具攻擊性。

　　現在請比較你與其他同學的答案，有關男性與女性的描述，是否有很多不同的地方？接著，你們可以討論你們對於性別角色的態度，有多少程度是受外在環境的影響。然而，以上關於男女兩性的印象，其描述皆是迷思的觀念。

三、男女兩性的差異

＿＿a.女人比男人更容易被說服。

＿＿b.女人對具有壓力的情境，要比男人更情緒化。

＿＿c.女人比男人更為被動。

＿＿d.女人對「人」較有興趣，而男人對「事物」較有興趣。

＿＿e.女人比男人更依賴人際關係。

___ ___ f.女人對他人感受的察覺，要比男人更為敏銳。

___ ___ g.女人對非語言訊息的瞭解，要比男人更正確。

___ ___ h.女人對性的興趣不及男人。

___ ___ i.女人較具孕育和養育的能力。

　　　　j.女人傾向較不具攻擊性。

　　以上是普遍的性別刻板印象，惠頓（Weiten, 1986）發現，有些研究結果支持「c」、「f」、「g」和「j」的描述，但不支持「a」、「b」、「d」、「e」、「h」及「i」的說法。惠頓（Weiten）說明，「性別角色刻板化印象」（sex role stereotypes）可能導致錯誤的社會知覺，事實上，男女之間的同質性大於異質性。

資料來源：Corey, G. & Corey, M. S. (1990). *I Never Knew I Had a Choice* (4th ed.), pp.198-199. CA.: Brooks/Cole Publishing Company.引自黃天中著，《生涯與生活》，頁256。

本章重點

1. 刻板印象（stereotypes）

2. 性別刻板印象（gender stereotypes）

3. 性別角色行為（gender role behavior）

4. 性別吸引力（gender attraction）

5. 性吸引力（sexual attraction）

6. 關係取向（relationship orientation）

7. 工作取向（task orientation）

8. 原型（archetypes）

9. 面具（persona）

10. 陰影（shadow）

11. 陽質（animus）

12. 陰質（anima）

13. 剛柔並濟人格

14. 「一心同體」與適當距離

15. 友誼的要素

16. 友誼的性別差異

17. 肩並肩（side by side）的友誼

18. 面對面（face to face）的友誼

19. 友伴關係的發展

20. 異性交友四部曲

第 **6** 章

愛戀追求

- 愛情交往的基本概念
- 愛戀初期疑惑

本章將談兩性交往的基本觀念，包括接近性、熟悉性、個人吸引力、相似性與互補性、月暈效應與初始效應、第一印象、人際關係的發展階段和特性，以及愛戀交往初期的各種疑惑，讓心動的感覺化為合宜的行動時，有參考依據。

第一節　愛情交往的基本概念

「我為他心動，但卻不知如何行動」，「為什麼別人男女朋友一個一個地換，愛情一回過了又一回；而我尋尋覓覓卻難找到一個愛我的人，和我愛的人？」為什麼尋尋覓覓找不到？原因會因個別的情況而有不同。

首先，影響原因包括機會、個人內外在特質、表達技巧、合宜言談舉止及雙方的相似性與互補性等。其次，人際認知的心理現象，如月暈效應（Halo Effect）和初始效應（Primacy Effect）也會對關係的發展產生影響。最後，關係的每個階段都有機會往更深的階段發展，或退回先前較弱的階段或停留在某階段，當我們學著敏感於每個階段的特殊訊息，將有助於推進關係或維持關係。

一、人際吸引的要素

整理心理學家的研究，影響人相互吸引成為朋友的因素，有下列四項：

(一)接近性（proximity）

所謂接近性，是指時間和空間的接近性。和他在相同的時間出現在同一空間裡，比如，同一年在相同的學校或社團；某一個夏天剛好

參加同一個營隊；你去同學家剛好他妹妹也帶同學回家，然後你們一起吃飯聊天。時空接近性是第一個條件，創造認識的機會，所謂「近水樓台先得月」就是時空的接近性，創造了先發制人的優勢機會。

(二)熟悉性（familiarity）

所謂熟悉度是指曝光率，除了時空的接近性之外，還要有互動，在彼此面前曝光、留下印象，所謂「一回生，二回熟」就是熟悉度、曝光效果（mere exposure effect）。接近性和熟悉度都屬於情境因素，它們創造了尋覓與被尋覓的優勢機會。

(三)個人吸引力（personal attractiveness）

包括生理吸引力（physical attractiveness）和人格特質吸引力（trait attractiveness）。初次個人的吸引力多來自第一印象（first impression），而第一印象的形成有一個很重要的因素是生理的吸引力，亞里斯多德說：「美麗比一封介紹信更具有推薦力」，因此讓自己看起來舒服、順眼是人際吸引的第一課。其次，是令人愉悅的人格特質，特質是從態度、行為和言談間展現，基本禮貌、對人尊重和言之有物是最重要的。第三，是有能力但也不是很完美，這會讓人有機會欣賞到你的優點，但也不會覺得你太完美，你也和我一樣是平常人的可親近感。

(四)相似性與互補性（similarity and complementary）

相似性是指兩個人態度（想法、情緒、行為）與價值觀相似，對人事物會有共鳴，對人生什麼是重要的看法相似。互補性是指兩個人特質互補，滿足相互的需求。例如：一個人較成熟穩重，另一個人較活潑開朗，一個擅長數字，一個擅長文字，兩人互相欣賞彼此的個性、優點，覺得對方這樣的特質能讓彼此更好，圓滿彼此。

　　因此，多創造時間和空間的接近性，多增加曝光率，提升個人內外特質吸引力，樂於分享興趣與快樂，找到與自己態度、價值觀相似的人，欣賞對方的個性、優勢能力，是開始愛戀關係的好方法。

二、月暈效應與初始效應

　　「月暈效應」（Halo Effect）也稱「光環效應」，意思是當某個人有某個正面特質，我們往往也會推斷他也擁有其他正面的特質。例如：某人長得好看，我們往往也認為他似乎比較聰明、比較能幹、生活比較快樂。再如：一個功課名列前茅的學生，我們往往也認為他聰明、品行良好、有禮貌等等。Kenneth等人（2016）的研究發現，外表越有吸引力的人，愈容易被認為更好、更堅強、更外向、溫柔、有趣、泰然自若、社會化、性感。更有回應、更容易使約會變得刺激以及有更好的人格特質。

　　性別交往的大團體約會階段，被要最多聯絡方式或得到最多邀約的人多數是漂亮、可愛、帥、有型的人。根據月暈效應，具外表吸引力的人，會有讓人覺得他的其他方面應該也不錯的直覺推論。

　　另外，也有所謂「反月暈效應」（re-halo effect），即你知道某人擁有一些負面的特質，我們會推斷他也有其他負面的特性。例如一個講話小聲的人，我們會覺得他膽小，做事沒魄力，也沒能力擔當重任。

　　每個人可能都有這樣類似的經驗，一個不具外表吸引力的人，你會因逐漸發現他的優點而喜歡他；一個你本來覺得不錯的人，後來才發現他不如你原本認為的那麼好。因此，認識月暈效應在人際關係上所發生的正／負向作用，提醒我們需要適度修飾外表，也提醒我們對人的真實面，不要那麼快做定論，並保留更多彼此深入認識的彈性空間。

「初始效應」意思是說，我們有順著對一個人最初的印象來解釋新訊息的趨勢。典型的研究是Solomon Asch（1946）看了一群學生列的一連串形容詞，發現「順序」的效果是很重要的，一個人被描述為「聰明的、勤奮的、任性的、吹毛求疵的、固執的和忌妒心強的」，是比被描述為「忌妒心強的、固執的、吹毛求疵的、任性的、勤奮的和聰明的」較使人有正面評價（沈慧聲譯，1998）。

其實，形容詞完全相同，只是次序完全顛倒，前者是正向形容詞放前面，後者是負向形容詞放前面而已。這也說明為什麼「第一印象」的好壞會影響後續人際交往的意願和互動了。Solomon的實驗讓我們驚覺到初始效應的作用和對一個人有客觀評價的考驗，也讓我們意識到人際關係中初始效應，往往會讓我們曲解或忽略後來的不一致訊息。

總而言之，覺察到「光壞效應」或「月暈效應」、「初始效應」或「第一印象」的運作，提高我們「知人、識人」考驗的能力。

三、人際關係特性

愛情是親密關係的一種，親密關係又是屬人際關係的一種，因此兩性交往的過程中，我們也有必要對人際關係的特性有所瞭解和認識。茲根據陳皎眉教授（2004）一般人際關係所具備的六特性，闡述內涵如下：

(一)變（ever changing）

人際關係的第一個特性就是不斷地在改變，不管是變得更好或變得更壞，但是不會始終不變。親子關係會隨兒女成長過程不斷地變化，父母會說兒女長大了，不像以前願意和父母一起出去，現在寧可自己在家；朋友關係會因為時空或事件改變，以前連上廁所都要一起

去的朋友，會因為讀不同的學校，沒多久就失去聯絡。

(二)人際關係的發展階段（interpersonal stages）

人際關係有其發展的階段（J. A. DeVito, 1993），關係的發展可能由深回到淺，也可能由淺到深，可能到某階段就結束，也可能在某階段待很久，浮浮沉沉來來回回。

(三)溝通（communication）

人際關係是經由良性有效的溝通來建立和維持的，無論是語言或非語言的溝通都是非常重要的，然而，溝通是一件不容易的事，否則「無法溝通」不會名列分手原因排行榜的前三名。也因為溝通不容易，本書將有兩個專章談溝通。

(四)多向度（multi-dimensional）

包含不同類型與層面。類型是指針對不同群體或對象，例如：愛，可以是父母之愛、兄弟之愛、上帝之愛、異性之愛等不同類型對象。層面是指和人的情感、身體或智能等不同層面發生比較深的關聯。例如：紅顏知己是情感上的關聯，一夜春宵是身體上的關聯，學術之交是智能上的關聯。當然，一般人際關係，並不會如此截然劃分清楚，而是某些層面較重要，某些層面較少。

(五)複雜（complex）

每個人都是獨特的個體，有其特殊的經驗、思想、能力、需求、害怕、慾望等，而這些都會影響他如何與他人互動。兩個獨特不同的個體，互相影響，彼此又各自不斷在改變，這種關係自然就非常複雜了。

(六)深度與廣度（depth and breadth）

這深度與廣度是指人際交談時所涉及的主題多寡（廣度）和個人涉入的深淺（深度）。人際關係的初期廣度較窄，深度較淺，當兩人的關係逐漸發展之後，彼此談論的主題會增加，而且談得比較深入，往往可以觸及個人內在的感受、價值觀、態度、陰影面等。

四、人際關係發展階段

人無法離群索居，自出生甚至更早的胚胎時期，我們已經開始了人與人之間的人際關係。各種關係（親子關係、手足關係、同學關係、朋友關係、伴侶關係、婚姻關係、親族關係、同事關係、長官部屬關係、合夥關係）對不同的人有不同的功能，一般我們期待在人際關係中減少孤獨的感覺，獲得激勵，增進自我瞭解和自尊，以及增加快樂的感覺。

一般而言，關係發展有六個時期，各期都有退出關係、往更深階段或是往更弱階段，以及回到先前階段的機會與可能。茲依Joseph A. DeVito（沈慧聲譯，1998）人際關係發展六個階段（relationships stages）的架構，說明在愛戀人際關係的發展（**圖6-1**）。

(一)接觸（contact）

先透過感官，如看、聽、聞，覺知到對方的存在，獲得一個生理上的概念，如性別、年齡、身高、體重、皮膚、身材、聲音、散發氣息等。其次，從覺知的各種訊息，初步判斷是否進入短暫互動，談一些表面、客觀，例如：寒暄問好、天氣。在談話幾分鐘甚至幾秒鐘，評估對方是怎樣的人，進行分類，就會決定是否要更深入關係。此階段有如兩性交往中的大團體約會期。

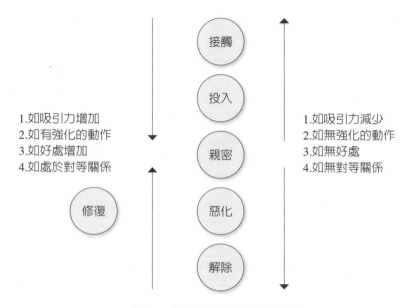

圖6-1　關係的主要發展六階段

資料來源：Joseph A. DeVito, Joseph著，沈慧聲譯（1998），頁345。

(二)投入（involvement）

　　試著對別人有更多瞭解，探索對方更多訊息，嘗試問一些問題，也會開始揭露自己，以試驗接觸期初的看法是否正確或要修正，當正向想法與感受越多，一種相互連結的感覺會產生，會繼續互動，加深投入。要注意的是投入的最初階段，人們可能會有試探的行為，來瞭解對方對這段關係的感受或重視程度，可能的策略有：

1.直接：直接問對方的感覺。

2.忍耐：讓對方遭受不好的行為，如果對方忍受，表示他對這段關係是認真的。

3.間接暗示：例如開玩笑說，要共享未來。

4.公開表現：帶對方出席聚會，介紹對方是朋友。

5.分離：如果對方打電話來，就表示他對這段關係有意思繼續。

6.第三人：問共同的朋友，打聽對方的感覺和意向。

7.假三角關係：說某甲對他有意思，看對方反應如何。因為想確定，所以試探是自然的，但適可而止是必須的。此階段有如兩性交往中的追求階段。

(三)親密（intimacy）

投入深，就進入親密階段，可能是親密的朋友、愛人或配偶。親密階段通常可分為三個小階段：

1.個人許諾階段：個人內心決定投入更多時間和努力來維持關係。

2.人際許諾階段：兩人都有個人承諾並彼此互相許諾，往親密朋友或結婚的方向邁進。

3.社會約束階段：許諾是由大家來認定，可能是家人認定或社會人際認定或法律認定，甚至透過正式的儀式。你和你的另一半被視為一個單位，可定義的一對。

親密發展過程，會激發某些人的安全感焦慮或專屬焦慮，不想要親密關係，對害怕親密關係的人而言，關係上的親密是極大的冒險，不會輕易進入。這階段是經營親密關係的階段，雙方透過個人、人際和社會的過程互相承諾。但「害怕親密關係」的人會在這階段逃離，覺得和人親密是危險的，害怕和別人變親密自己會受傷，發現自己很難相信別人，認為親密關係有很大風險，為了怕受傷，寧可不要親密關係，常戀愛途中逃走。

(四)惡化（deterioration）

特徵是關係人之間的連結變弱，或突發事件。

1.關係惡化的第一步，通常是「個人內在的不滿」，開始覺得這

段關係不如原先那麼重要，且對和對方的未來持否定的態度。

2.如果不滿持續增加，就進入惡化的第二步「人際間的惡化」，會逐漸撤離，在一起時會出現尷尬不語、少自我揭露、少身體接觸及缺少心理親近感的情況，愈來愈想獨處。衝突會增加，且愈來愈難解決，修復越來越困難。

(五)修復（repair）

有兩個步驟：

1.修好的第一步是「個人的內在修復」（intrapersonal repair），即你開始分析哪裡出錯，並思考如何解決你們關係中的困難，如改變你的行為、調整你對另一方的期待。你也會評估現有關係的好處及關係結束後的好處。

2.如果決定修復，會進入第二步「人際修復」（interpersonal repair），和對方討論，協商新共識和新行為，討論關係中的問題、希望可以改善的事情，以及願意做的事和希望對方做的事。方式可以是自己解決你們的問題，或向家人朋友尋求建議，或進行專業的諮商。

(六)解除（dissolution）

可以是關係惡化未經修復或修復失敗。特徵是切斷人與人之間的關係。有三步驟：個人內在分離（intrapersonal separation）、人際分離（interpersonal separation）及社會公眾分離（social separation）。

1.解除階段通常是由個人內在分離開始，心理上開始分離，不會再去溝通。

2.接著人際分離，此時你可能搬進單身公寓，而且開始脫離以彼此為中心的生活。

3.如果人際分離可以被自己接受，同時如果原本的關係沒有修好，就進入「社會公眾分離」的階段，開始將自己視爲個體，而非和另一人是一對或被視爲一個單位，而且尋求建立一個全新的且不一樣的生活，不論是獨自一人或和別人在一起。

有些人在人際、社會、物理空間上分離，但心理上未分離，還活在已解除的關係中，他們常流連以往約會的地方、重讀過去的情書、想像所有美好的時光，無法抽身。

五、情感發展的階段

當兩人要發展一段戀情或走戀愛的這條路，眞實的過程很少是「白雪公主與白馬王子」一見傾心，從此過著幸福快樂的日了，眞實的戀情多數會有爭執、痛苦、沮喪和灰心，因人的特質、心理成熟發展階段而有不同的故事情節與發展。一般而言，戀情大約會經過下面五個階段：

(一)萌芽期

愛苗會不會遇到合適的土壤而發芽？大約有幾個讓愛苗類似於陽光、空氣、水之於植物發芽的因素，那就是創造見面或接觸的機會、外顯特質（如外貌）及內蘊特質（如個性）的相互吸引。這階段常因不知如何跨出第一步或不知對方是否喜歡自己而困擾，不過請告訴自己：「誠心邀請是我的權利，體認對方也有拒絕的權利。自然是最高原則，邀約不成情義在。」

(二)發展期

這棵愛苗發芽之後會不會長大？當過了「情人眼裡出西施或情人

面前裝西施」的印象整飾時期之後,加深彼此的瞭解,投入感情的同時,也保持理智認清對方,在甜言蜜語之外,也多觀察多注意對方的行為品行。

(三)質疑期

當雙方都相當熟悉,知道對方的長處與優點,也發現對方的短處與缺點,再想想自己的優缺點長短處,可能會問「他是不是我最適合的人?以後會不會遇到比他更適合我的人?」如果能緩一緩,給彼此更多時間思考及誠懇面對可能存在的問題說出來溝通,烏雲可能會散去,如果疑惑一直無法釋除或各自放在心裡,可能阻礙感情的發展。

(四)適應期

當接受了優缺點,釋除了疑惑,為求感情健康發展,雙方需誠心調整與學習,這對彼此都是挑戰,也是在感情中學習成熟與成長的機會,這階段真誠的溝通更不可少。

(五)承諾期

當雙方適應良好,也逐漸建立起良好的溝通模式和習慣,雖然仍會有摩擦出現,但已進入較穩實的階段,雙方對自己和彼此更具信心也更能接納,而願彼此承諾,各種人生計畫中也將對方考慮進來,共組家庭的可能性增高(修改自黃惠惠,1998)。

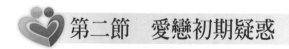
戀愛這條路上的難題需要雙方一起攜手克服

第二節　愛戀初期疑惑

一、主動或被動

　　在傳統的兩性交往模式中，男生主動追求，女生被追求。這種固定的模式，讓男生完全承擔「非得我主動不可」的壓力，「如果我不主動，這段戀情永遠不知道會不會成功？可是我主動，也不一定會成功」，有等著被宣判的無奈心情。相對的，女生只能等著被追，不管對對方有無好感，男生不主動來表明心跡，一切就「沒有開始就結束」。用性別平權的角度看，這是不平衡的，為何只有男生可以主動

追求，為何只有女生可以享受被追求；用性別角色看，這樣的角色行為模式太固定，男生只能擔任追求者角色，女生只能擔任被追求者角色，失去彈性。

在性別平權的時代，兩性同時都享有追求和被追求的權利，「人」的權利不應該因為「性別」而被剝奪。個人有完全的決定權，他有決定要追求或被追求的權利，而不是被性別規範住，只能使用其中一種權利。人在感情上的主體性是很重要的，女性完全可以像男性一樣的追求、投入、維繫和離開感情，女性可以在感情的所有面向上有更高的自我、主體性，相同的，男性也有被追求的權利，也不用單方承受主動追求所帶來的壓力。

二、男追女隔層山，女追男隔層紗？

有人用「男追女隔層山，女追男隔層紗」來形容男生追女生，有如移動一座山般的困難，而女生追男生有如突破一面輕紗般的容易。男生追女生真的如此困難？女生追男生是不是真的比較容易呢？社會文化鼓勵男生採取主動，鼓勵女生要多多矜持，會使得男生追女生的困難度增加。反之，女生主動追求男生，有時要承擔比男生主動追求女生的情況多出一些風險，這多出來的風險多寡或有無，第一要看這位男性被追求者有無「送上門的，不吃白不吃」的心態，第二要看當時社會對女性主權的尊重和壓抑程度，這兩點也是讓女性猶豫是否要主動時所背負的包袱。另外，在鼓勵男追女的傳統固定交往模式中，女生追男生要有更多的勇氣和預期的勝算才會採取行動，所以比起來成功的機率就比較高。

三、兔子不吃窩邊草，好馬不吃回頭草？

　　要不要追同班同學或辦公室的同事，主要的困擾來源是周遭人的關注，有時會造成壓力，如果分手，可能還得天天見面，添增分手後調適的困難度。但是，因為怕有壓力或擔心以後分手又常常見面會尷尬，而放棄可能的機會緣份，不也很可惜嗎？反過來想，雙方共同的努力和加上旁人的鼓勵，或許還會使戀情更加穩固。

　　總而言之，如果你喜歡對方，對方也對你有好感，雙方有心理準備和討論共同的應對之道，認清這種情況可能的好處和壞處之後，就勇敢地去面對和經營彼此內心真摯的情感吧！

　　至於要不要和過去的情人重敘舊情呢？不管當初是主動提分手的人，還是被動分手的人，雙方都得更理性的三思而後行，給自己也給對方更長的時間去思考清楚，思考哪些問題呢？

1. 你們分手有多久了？如果還不超過半年到一年，請再冷靜一陣子，你可能只是不習慣沒有人陪的日子，你可能只是受不了別人知道你沒有男女朋友的事實，而不是你們的問題已經清楚地解決或消除了。

2. 雙方目前有沒有固定的情人，如果有，這樣情況會更複雜，捲入的人更多，受傷的人也將更多，新舊問題攪成一團，煩都來不及了，如何能感受到愛情的美好和珍貴？

3. 當初分手的原因是什麼？現在那個原因已經消除了嗎？現在對當初分手的原因或芥蒂還在意嗎？如果原因未消除，還要在一起嗎？如果還在意當初的原因，還要在一起嗎？

4. 復合的目的是什麼？動機是什麼？你想和他恢復以前的關係是因為寂寞、空虛、需要「性」，或是更體會到雙方彼此相愛？

或已經思考出或已經解決當初分手的原因？

5.真正面對過去所存在的問題，不要因為要重新開始，而假設過去那些問題不存在，因為你要面對的是相同的人，勇敢的正視所有過去存在的問題，才是明智之舉，也才是現實。

6.如果你現在覺得你們當初分手的原因不是問題，而回想起以前也都是甜蜜的事和感覺比較多，這時候把甜蜜的感覺打一點折扣吧！請記得心理學家的提醒：「回憶，往往都比較脫離現實和美好」。

7.如果前面六個問題你已經有了肯定的答案，當初阻礙的原因也已經獲得圓滿的解決，雙方個性也因為年歲和世事經歷而變得更圓融，雙方都有意願再共同努力，那麼，復合再續前緣是一件值得祝福的事情。

8.如果前面六個問題的答案是負向的，不願意再續前緣，一定要自己對心裡的自己說清楚之所以不宜復合和重新來過的理由，讓自己心裡有穩定踏實的感覺，並且要以清楚堅定的態度和語氣告訴對方，自己沒有復合的意願。

四、身高不是問題，年齡不是問題？

「他有點矮，跟我走在一起，兩個人差不多高，我都不能穿高跟鞋」，一般人有男生要比女生高的謬思，身高只是對方外表的其中之一而已，想想是要和他這個人交往，還是要跟他的身高交往？外表，是我們建立印象的第一個來源，但不是全部，有其他特質更吸引你嗎？對一個人的愛和喜歡，除了外表的吸引力，有很重要的吸引力是來自對方的內蘊特質，愛情不是建立在身高上面的。

人通常都會注意「生理年齡」的大小，一般人認為男生要比女生大一些或一樣，如果女生年紀比男生大，最好不要大太多的觀念；其

實，更要注意的是「心理年齡」的成熟度，彼此心裡之間是否搭配得宜，「生理年齡」只是提供一個考慮「心理成熟度」的參考而已。

總而言之，身高、年齡之外，更重要的是「人格特質」與「心理成熟度」。

五、「金魚缸策略」適不適當？

金魚缸裡要養很多魚，還是養一隻魚呢？同時和多人交往要不要緊？可不可以同時交多個男女朋友？其實依階段而定。一般而言，在不固定約會期，彼此都尚未給承諾或認定彼此是男女朋友時，同時和幾位異性朋友保持來往是自然和正常的，但是，如果已經是固定約會期或給過承諾，則不宜同時有多位男女朋友。這樣對自己和對方都比較尊重和沒有心理負擔。若同時有多個給過承諾的男女朋友，得先捫心自問：「自己有沒有能耐可以安頓好每一個男女朋友，時間安排得很妥當，不會穿幫，讓他們不彼此發現，或知道以後還會相安無事，不吃醋，不吵架？」很難，對吧？許多人的醋罈子一翻，不酸死人也可以淹死人。許許多多的社會新聞事件，同時有多個固定約會的女朋友，如果東窗事發，再聰明、再帥、再漂亮、再可愛，都還是要面對難處理的情緒事件。

總而言之，同時與多人交往互動，不固定約會期，可以；固定約會期，不宜。

六、追不成，要不要打招呼？

有人覺得當不成男女朋友，還是可以做好朋友或普通朋友，沒有必要就避不見面或不說話，其實，如果可以做到變成普通朋友或好朋友，那是不錯，也是很難得的事情。但是，如果對方不願意或很難做

到，那也不用勉強，因為當初某一方就是想當男女朋友，而不是想當好朋友或普通朋友，現在情況已與當初願望相違，放不下或做不來朋友間的互動是自然的事情，尊重對方會有尷尬感受和內心存在的遺憾是很重要的。或許其中一方心裡會有怪怪的感覺，尤其原本是朋友、同學或同社團等，彼此常有互相交集的生活圈時，會覺得因為當不成男女朋友就形同陌路有點奇怪，或許可以把感受找個適當的機會讓對方知道，並清楚表達想法，但最後仍要尊重對方的決定，或給彼此一段調適期。

七、情人面前要不要裝西施？

在剛開始約會的時間，男生會刻意讓自己表現出許多傳統刻板印象中的男性特質，如主動邀約、追求、付錢、找話題、多說話，讓自己有男人氣概；女生也刻意稍加打扮，讓自己有女人味。交往初期，稍作自我印象整飾，讓對方留下好印象是自然不過的事情。只不過別太背離原本自己的個性，如果自己是個活潑中性的女性，就別一定得讓自己有多文靜害羞；如果自己是個斯文的男性，也沒必要得強裝粗獷。自然的自己，加上人際間相處的禮儀即可。

愛情是常常久久經營的事情，長期偽裝或扭曲自己，那就不是自己在談戀愛，也享受不到愛情中「真我交會」的親密與光亮，多麼可惜。因此，在情人面前適當的整飾自己是不錯的，但是千萬別扭曲自己、太過配合對方或符合傳統性別刻板印象的要求，在共識下經營情感品質才是重要的。

八、不宜快速談感情的對象

對一個人心動，但是當對方在以下三種狀況下時，專家會建議稍加延後，不宜快速和對方談感情：

(一)此人剛結束一段感情

陪伴一位情場失意的朋友是非常重要和珍貴的情誼，但不宜快速和對方進入一對一的感情階段，一段感情的結束，需要有時間整理、回顧、緬懷與沉澱。到底要距離上一段感情多久時間才適當呢？其實，沒有一定的標準，時間的長短會因這個人情緒抒解的能力，行為態度的成熟度，及對感情投入的程度而有不同。如果依據分手的恢復期來看，人約至少隔三個月至半年。

(二)此人正處於頹喪的狀況

人在潦倒頹喪時刻和平時是不一樣的。人在頹喪的時刻，心理是比較脆弱，容易被感動，情緒可能彼此混淆，分辨不清是感激、感動還是愛。反之，面對頹喪時的朋友，也會有要多付出、多關心、多忍讓的心情。因此，等雙方都回復到正常的生活軌道和秩序時，對彼此有更多的認識，再來決定是否談感情是比較適宜的。

(三)此人帶給你壓力

比如：和他說話老是在回答他一連串的問題，沒有發表自己看法的互動機會；或自己在他面前根本無法自信自在地說話；或看到他就全身的肌肉開始緊繃，坐姿和站姿都僵硬；或你覺得他很有氣勢，而這樣的氣勢讓你退縮，都較不宜快速進入感情階段。因為兩性互動關係重要的是尊重和平等，如果他帶給你壓力，那麼處於關係中弱勢的

你，常無法有「主體性」和被壓抑。或許可以等觀察一段時間之後，如果和對方在一起已經比較自在和能表達自己的意見看法，可以相互尊重時，再談感情比較合宜一些。

九、如何邀請？

初次的交談印象還不錯，希望能和對方有進一步相互瞭解和交往的機會是非常自然的人際互動歷程，所以邀請也是一件自然的事情。

男女交往的邀請，首先，在心態上，不要設定我一定要和對方成為男女朋友，而是主動創造有更多相處和彼此瞭解的機會而已。其次，邀請的方式可以運用更多種現代多元通訊方式，當然也可以當面邀請，或者多個方式搭配。最後，在邀請的技巧上，有七點原則：

1.誠懇的語氣。
2.提供多個活動內容和時間的選擇。
3.把活動內容說得生動、吸引人一些。
4.讓對方作決定，尊重對方的選擇。
5.傳達自己想和對方一起去的強烈希望。
6.重複約定的時間、地點和活動。
7.強調對方能答應，自己很高興。

十、如何拒絕？

有許多時候我們很難說「不」，不好意思說「不」，擔心拒絕會傷害對方，但是，如果答應得不心甘情願，去得很勉強，不是很投入，這樣的約會，不見得會愉快。對邀請的人而言，何嘗不是另一種傷害。

因此委婉的拒絕，讓對方知道你是拒絕他的邀請，你沒有要和他出去而已，不是拒絕他整個人，不是他整個人沒有價值。如何拒絕又不傷害對方呢？以下五點，可作爲參考：

1.感謝對方的邀請。

2.溫和而堅定地說明自己沒有意願。

3.讚美對方邀請過程中的優點。

4.說明自己可以接受對方當朋友的程度。

5.說明自己可以接受的互動方式。

另外，如果還相信拒絕是所謂女性的矜持或眞的有其他事，那麼，要留一些彈性空間和後路給對方，讓對方有再次邀請的機會和希望。例如：

1.感謝對方的邀請。

2.告訴對方你這次不行，但什麼時候會比較有空。

3.讚美對方的優點，表達自己對這些優點的欣賞。

4.分享自己有興趣的活動和事物。

5.順著對方的話題聊一下天，說一些自己的看法和感受。

6.對拒絕對方表示抱歉，或許下次有機會。

十一、如何表白？

要向一個人說「我愛你」，或向一個人說「我希望你可以當我的女／男朋友」或「我們當男女朋友好不好」，對許多人來說，是很不容易說出口的，或在心裡揣摩好久也還拿捏不準到底什麼時候說、怎麼說比較好。

(一)表白時機

一般來說，不宜在認識不久就提出這樣的邀請，會嚇到對方或讓對方感到唐突，「你對我瞭解有多少？怎麼就說這種話。」同時也會給人造成自己是冒失、衝動、急躁、不成熟的印象。因此，一般比較建議相處一段時間之後，對彼此有一些瞭解，兩人彼此互動的經驗感受也都不錯，比較有理由說服自己「你為什麼喜歡他」，不是只是外表的吸引力或一時衝動作祟。

(二)表白情境及方式

可以約出來在安靜、氣氛不錯的地方說，也可以用精挑細選的卡片來傳達，也可以放一首表達情意的歌曲創造氣氛之後告訴他，也可以在兩人都熟悉的團體中當眾表達；情境是要選擇兩人私下場合，還是當眾表達，方式是要用說的還是用寫的，可評估自己和對方的個性，以及自己較擅長口語還是文字的表達方式來做適合的決定。

(三)心態

要有「我有權提出我的邀請，對方也有權作屬於他的決定」的健康心態，傾聽自己心中的聲音，也尊重對方的決定。個人的價值不會因為被拒絕而消失，對方也不會因為拒絕你而有罪。反之亦然。

十二、如何克服第一次約會的不自在？

第一次的約會是很讓人緊張、期待和興奮的，見面的一剎那，欣喜對方的出現卻又伴隨著不自在，「不知道該先說些什麼，或做什麼表情才比較好？」其實，微笑是最好的見面禮；而且也沒有「應該」說什麼的標準對話，如果有「標準對話」，每個人的約會就都一樣，

你的約會也沒什麼特別和趣味了。因此，放輕鬆，是最好的策略，平常心是最佳的應對之道。可參考怎樣開始交談的八點建議，並加入目前你們約會情境裡看到的、聽到的事物風景，分享訊息和感受。不要擔心沉默，約會是兩個人的事情，沒有誰要負責一直說話的道理，留一些說話機會給對方，也留一些時間一起看看風景，聽聽風聲，聞聞花香，感受陽光的溫度，放鬆自己。

本章重點

1.人際吸引的要素

2.月暈效應與初始效應

3.人際關係發展階段

4.人際關係特性

5.不宜快速談感情的對象

6.如何邀請

7.如何拒絕

8.如何表白

9.如何克服第一次約會的不自在

Note

第 7 章

感情經營

- 尊重差異
- 溝通

本章要談感情經營的兩大心法：「尊重差異」和「溝通」。感情，不是想要就可以順利，經營感情如同栽種植物、養育各種生命，是需要很多先備知識和心理建設。培養與經營感情，要先尊重彼此的差異，並培養有效能的溝通力，感情才得以成長。

尊重差異，包括尊重個別差異和性別差異，雖然有一些關於愛情中性別差異的研究結果，但仍提醒，人與人之間心理層面的個別差異並不亞於性別差異，以性別差異為參考，作為瞭解彼此的參照，但不可作為唯一答案或絕對的分類。尊重差異介紹五方面的差異：(1)愛情中的性別差異；(2)溝通方式差異；(3)親密質與量差異；(4)人際需求差異；(5)衝突反應差異，並分別給予運用在情感經營上的建議。

溝通則介紹三個基本容易學的理論：(1)Irwin Altman與Dalmas Taylor的社會滲透理論，強調人際關係隨著親近度，須強化話題溝通的廣度與深度；(2)艾力克・伯恩（Eric Berne）的交流分析理論，強調瞭解人我的人格結構三成分（父母、成人、兒童）及湯瑪斯・哈里斯（Thomas A. Harris）提出四種不同心理地位（life position），來瞭解溝通中的人我狀態；(3)維琴尼亞・薩提爾（Virginia Satir）的五種溝通型態，覺察自己慣用的溝通型態，進而學習一致型的溝通。每個理論之後，也提出運用這些理論在情感經營上的建議。

第一節　尊重差異

本節介紹愛情中性別差異與故事類型差異、溝通方式差異、表達親密的類型與程度差異、人際三種基本需求差異及人際衝突反應差異。

一、愛情中的性別差異

在我們的文化中，男女在愛情中的確有一些差異，在詩、小說、電視劇中，對男女墜入愛河、被愛與結束戀愛關係過程，不管在情緒、想法、行為上，都被描寫和被刻劃得有很大性別差異和個別差異。

整理過去學者對大學生的愛情研究，也累積以下四點愛情中的性別差異：

1. 男性的異性愛強過同性愛：男性對同性好朋友的付出會低於對異性密友的付出，女性對同性與異性密友的重視程度相同。
2. 愛情類型不同：男性在注重外表和性愛的浪漫愛及注重娛樂的遊戲愛得分較高，女性在神經愛、現實愛和友誼愛的得分較高，至於奉獻愛則無差異。
3. 女性初戀的年齡通常較男生早：異性交友談戀愛有男大女小的觀念，而有此結果。
4. 大學男生比大學女生更相信一見鍾情，並深信愛情是克服障礙的基礎（Sprecher & Metts, 1989；沈慧聲譯，1998）。

史登伯格（1999）在《愛是一個故事》一書中，提及他們發展「愛是一個故事」的測驗，用以測量二十六種故事所表徵出的愛情觀，例如：「關係在一人怕另一人時很有趣」（恐怖故事）、「我喜歡同時與幾個不同的人約會，一人符合一項要求」（蒐集品故事）、「我的人生樂趣之一就是欣賞伴侶的肉體美」（藝術品故事）、「我與在性生活上不愛冒險的伴侶在一起，絕無法感到快樂」（情色故事）、「我認為在一個良好的關係裡，伴侶會一起成長、一起改變」（旅行故事）、「經濟在關係中居關鍵重要性」（事業故事）。

　　他們找六十名大學生，男女各半，年齡從17～22歲，所有研究對象必須至少有一次戀愛親密關係的經驗。來研究男女愛情實際關係及理想關係故事的類型，故事也表徵出不同的愛情觀，結果發現二十六型故事中，有四型的愛情故事顯示性別差異：

1. 在目前實際關係上，男性認同以下三種：藝術品、蒐集品、色情故事。
2. 在目前實際關係上，女性則認同旅行故事較多。
3. 理想的愛情故事，男性也對藝術品、蒐集品、色情故事評分較高。
4. 理想的愛情故事，女性則對事業故事評分最高。

　　兩個研究結果似乎有相互呼應，大學階段的男生，對於愛情的憧憬和喜好，偏向外表、性愛、浪漫、娛樂；大學階段的女生，對於愛情的憧憬與喜好，偏向一起陪伴、成長、顧及現實。雖然顯示了性別差異，但不可忽略也有人與人之間的個別差異，同時也會隨著時代而演變，目前雖尚無縱貫的跨世代研究結果，但在逐漸鼓勵男女突破性別角色刻板印象與行為，努力實踐性別平權，以上現象可能會有所改變和突破。

　　以上愛情類型與愛情故事的差異，運用在感情經營上，可以有以下步驟：

1. 做第4章愛情風貌量表，彼此分享結果，目的是為了瞭解，不只是為了分類而已。
2. 分享自己所理想期待的愛情故事，能兼顧彼此期待的故事元素（成長、浪漫、外表、現實）。
3. 發現共同的元素，作為安排約會活動的基礎方向，不同的，則溝通出替代方式或協調出頻率與時間比重。

4.瞭解是為了接納和調整，不是要批評對錯，掌握正確的心態。

二、溝通方式差異

溝通方式包括語言的細微程度、語句型態和表達的策略。不同的人在語言的細微程度、語句型態和表達的策略上是不相同的。較女性化或關係傾向、情感取向的人，溝通時喜歡講過程，鉅細靡遺，最後才講到結果。較男性化或任務取向、工作取向的人，喜歡直接講結論和結果，想趕快有下一步的做法。喜歡講過程的人，覺得要講過程，才會有感受、情緒和全貌，直接講結果的人，不喜歡囉嗦，覺得講過程很浪費時間，重要的是，接下來要怎麼做。不同類型，在意的重點不同。

不同溝通方式的養成，也和人在社會化過程中，個人所扮演的角色有相當大程度的關聯性，關係取向、情感取向角色的人，傾向講過程。工作取向、任務取向角色的人，傾向講結論和結果。成長過程，身邊重要他人（父母長輩）是關係取向，小孩也較容易成為關係取向，身邊重要他人是工作任務取向，要求孩子講事情講重點、講結果，不論男女長大後，也較會是工作任務取向的溝通表達方式。

溝通差異，運用在情感經營上，可以有以下步驟：

1.將溝通差異納入自我瞭解以及解讀對方溝通表達的理解架構中。

2.如果很想聽過程，可以誠懇地邀請對方，多描述過程中的起伏變化，可以幫助你瞭解。

3.如果只想知道結果，也可以溫和誠懇地告訴對方，你想趕快知道結果，以擬定下一步做法。

4.理解自己原始的溝通方式，也願意因為對方的需求，調整溝通

方式，是愛的表現，可以避免不耐、不悅的情緒，覺得被彼此接納。

三、親密質與量差異

不同的人對親密的方式不同，也可以說「質」不同。史登伯格的愛情三角理論指出，「親密」是影響愛情關係品質的核心要素，當沒有親密的感受，核心要素會變得脆弱，愛情搖搖欲墜，衝突也容易發生。然而，對親密的感受，也因人而異，以下說明不同的「愛的語言」感官類型：

1. 有人是「聽覺型」，要「聽」到對方「說」，才覺得被愛。喜歡「聽」到，聽到，心裡才覺得有確定感，自己也喜歡以口語的方式，重複表達愛對方。

2. 有人是「視覺型」，要「看」到對方「做」一些實際具體的行動，才覺得被愛，才覺得愛實實在在存在。自己也傾向以實際具體做行動、行為、事情，表達對對方的愛，也覺得這樣才是最真實。

3. 有人是「觸覺、嗅覺型」，要透過身體的接觸、味道、擁抱、靠近，才覺得被愛。「看得到，摸不到並不實際」，所以自己也常以肢體接觸的方式表達愛，這樣的人有時太直接的身體接觸，會讓不同類型的人感到不自在。

這些「愛的語言」類型主要不是用來把人表達愛做分類，而是用來瞭解、分享，來瞭解自己和對方，進而分享、溝通。愛的語言類型，也只是比重的不同，不是單一、絕對的分類。想一想自己和伴侶「當他做什麼或說什麼的時候，你最感到他愛你？」並告訴對方。自己表達愛和需要的方式是哪一類型，讓對方知道自己的類型，也瞭解

對方的類型，在感情經營不同階段，彼此可以送出和接收愛與被愛的感覺。

同時，要提醒的是——不同的人，即便愛的語言類型相同，但對愛的需求「量」也不盡相同。人對愛或親密的需求，一樣的量，有人覺得夠了，有人覺得不足。安全感較不足的人，需要較多的親密量，才會覺得有安全感，例如，有人要聽好多好多我愛你，或要說好多好多我愛你，才覺得表達了自己的感受，有人一段時間說一次就夠了。而獨立性高的人，需要較多自我空間和時間，太親密、太黏反而會有窒息感，但不表示他不需要被愛，要在「量」上做個別差異的調整。

親密質與量差異，運用在情感經營上，可以有以下步驟：

1. 瞭解自己親密需求的「質」與「量」，是什麼類型，需求高低。
2. 與對方分享，在愛情不同階段，自己期待和需要愛的語言質與量，不斷地持續溝通並討論有怎樣的替代方式，或某程度妥協，但不失去自我，達成平衡或共識。
3. 溝通過程，要有誠意，不能一昧要對方達成自己的要求，也說出自己願意貼近對方的愛的需求的調整做法。
4. 站在我們要一起努力經營感情的基本信念上來溝通，而不是我來說我的期待，對方如果不願意，那我們就分手，作為談判或分手手段是不健康的心態。

四、人際需求差異

威廉‧舒茲（1966）提出人際需求理論（Interpersonal Needs Theory），認為人在人際關係上有「愛」、「歸屬」與「控制」三個基本需求。柯淑敏（2000）將此理論延伸到親密關係的運用，以量尺

化的概念（1分表示需求度很低，2分是中下程度，3分則居中，4分是中上程度，5分表示需求度很高），描述如下：

(一)愛（affection）

個人表達愛與接受愛的慾望。對愛的渴望需求過強者，爲了得到更多的愛，會是過度人際關係化；反之，是缺乏人際關係。5分的人，熱切地想和每個人建立親密關係，把別人全部當密友，對於剛見面認識的人，立刻信任他，同時希望別人也以相同方式，把自己也當密友。1分的人，會避免親密關係，很少對人表示強烈情感，並且避免對他人表示感情。

(二)歸屬（inclusion）

希望存在並屬於團體的慾望。過強者，是過度社交化；反之，是缺乏社交化。5分的人，經常需要同伴，當必須獨處時，會覺得更緊張，假如有聚會，一定會出席，假如沒聚會，他會舉辦聚會。1分的人，通常希望獨處，偶爾會尋求同伴，接受邀請時，也能享受和別人在一起的快樂，但他不需要許多社會互動來獲得滿足。

(三)控制（control）

希望成功地影響周遭人事的慾望。需求強者是獨裁者，需求適中者是民主者，需求弱者是逃避者。5分的人，喜歡且覺得自己必須負責，自己需要時時駕馭別人，否則會焦慮不安，所以想要掌控每個決定的機會。1分的人，不想管任何事，極端順從，不喜歡做決定或接受責任。

人際基本需求的三面向，建議可分開來看，因爲愛的需求高的人，不一定歸屬需求也高，控制影響慾也強。例如：有人是愛的需求高（4分），歸屬需求中低（2分），控制需求中低（2分），對這樣的

人，依據他的視覺、聽覺或觸覺類型，多做一些讓他覺得被愛的語言或具體行動，偶爾安排較親近的朋友聚會，給他較多獨立空間，事情儘量不要叫他馬上做決定，可以給他一些建議即可。或者，有人愛的需求5分，歸屬需求1分，控制需求4分，那麼就需要常有兩人相處時間營造親密感，但不需要常有朋友聚會，事情儘量都讓他知道進展，以及讓他參與最後決定，就很重要。

人際需求理論運用在感情經營上，可以有以下步驟：

1. 理解被愛、歸屬和控制感，人人都需要，但有個別差異性，以0～5分，劃出自己覺得自己在這三種需求分數的高低，彼此瞭解。

2. 分享自己為什麼三種需求要畫在幾分的原因、理由，例如並沒有很熱切想要和每個人建立親密關係，親密朋友兩個就夠了，所以給2分。

3. 瞭解和尊重雙方人際需求三面向的需求高低，討論適度的兩人相處、歸屬活動和獨處時間的比重分配，彼此溝通，找到平衡方式，找出適宜的相處之道。例如，偶爾允許其中一個人際需求高的人，出門參加聚會，另一個人可以留在宿舍做自己興趣的事情。

五、衝突反應差異

人際衝突在日常生活中難以避免，而且愈親密的人在心理上或生活上相互依賴程度也高，衝突和吵架就很需要接受、面對和處理。

Rusbult等人（1982）利用群聚分析（cluster analysis）區分出兩個向度，一個是建設性與破壞性，另一個是主動與被動，這兩個向度切割出四種不同的反應模式，分別是：(1)破壞性主動的離開（exit）；

(2)建設性主動的表達（voice）；(3)建設性被動的忠誠（loyalty）；(4)
破壞性被動的忽略（neglect）（**圖7-1**）。

　　這四種反應方式中，又以建設性主動的表達最能有效維持關係。
破壞性主動的離開傷害關係最深，個體採用此一因應方式時，只關注
到自己受到的傷害、自己的委曲、對關係感到失望，並相信對方是難
以改變的。

　　Rusbult與Zembrodt（1983）認為衝突有時可以增加親密依附，但
有時並沒有能力主動將衝突轉向較為建設性的方向時，會轉變為被動
的等待希望關係變好，但又常常事與願違。雖然，在某些情況下可以
使用被動的反應，但卻也常常無助於事。有時不使用正向的反應，對
關係已經默默進行著傷害，尤其在對方已經採取負向惡劣的持續行動
時，例如持續的威脅、辱罵、暴力，衝突不斷，那麼或許應該決定離
開這個關係。

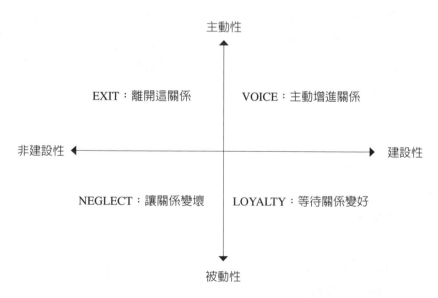

圖7-1　面對衝突的四種基本反應

資料來源：Rusbult, Zembrodt & Gunn (1982; 1987)，引自Brehm (1992: 310).

　　一段親密關係的結束，會帶來一些創傷性的經驗，但並不是每一個人都會因為失去親近的伴侶而一蹶不振，甚至有人調適得更好。例如，有暴力或虐待關係，可能是身體、精神或性，或無法改變的惡習，那麼真的是應該離開。

　　華人文化面對衝突時，是較注重人際和社會觀感的「社會取向」，認為同時關注雙方的需求是較好的衝突處理方式。社會取向包含四種次級取向：家族取向、關係取向、權威取向及他人取向。就是處理衝突與解決衝突時，會考慮和尊重家族、關係、權威和他人看法。筆者整理學者研究華人面對衝突的四種模式，如圖**7-2**所示。首先會「協調」，兼顧雙方需求是最大目標，其次會選擇以對方為重、犧牲自己、順應他人的「忍讓」，或表面平靜卻隱含強大殺傷力的「逃避」，最後是「抗爭」爭取或維護己方的利益或立場。

　　黃囉莉（1998）、李敏龍與楊國樞（1998，2005）也曾分析華人在面對人際衝突時，傾向選擇以沒有衝突及爭議的方式來解決，他們透過對一些俗語、諺語與格言的分析，均指出「忍」或「忍讓」是華人文化中化解衝突一項重要的法寶（利翠珊、蕭英玲，2008）。

　　同時受東西方思想文化影響的現代人，面對人際衝突時是如何思考的？吳和懋（2002）的論文研究發現，當人際衝突的關係越親近，如親子關係，強調履行照顧義務的「關係取向勸說」便越為合理。隨

	自己利益高	自己利益低
他人利益高	協調	忍讓
他人利益低	抗爭	逃避

圖7-2　華人面對衝突的四種模式

著人際關係的疏遠，如陌生人之間，彼此並無明顯的照顧義務，重視個人價值的「理性情緒取向勸說」，則顯示出較高的合理性。

有學者提醒，決定兩人關係好壞、發生衝突後是否能修復、問題是否能好好解決，並不是誰贏得了真理，而是溝通中能真正做到傾聽、關懷與接納（Pasupathi, Carstensen, Levenson, & Gottman, 1999; Saavedra, Chapman, & Rogge, 2010；張思嘉，2001；劉惠琴，1993）。同理心，真心聽對方講話，已將衝突化解一半（Fincham, Paleari, & Regalia, 2002; Paleari, Regalia, & Fincham, 2005），因為人「說」一件事情的時候，是想讓對方「聽見」。事情被聽見和感受被理解，即便結果不盡如己意，也不致發生不可收拾的衝突。

衝突反應運用在愛情的成長上，可以有以下五步驟：

1.先瞭解自己和對方原始面衝突的反應及差異，衝突反應可能和成長過程的學習與模仿有關，但可以因為覺察而做改變。

2.理解不同衝突反應的利弊，主動一點表達關心或被動等對方氣消，都算建設性，別尚未進展溝通就斷然離開，也不宜在衝突時又繼續挑釁和戳對方痛處。

3.學習更健康、更建設性的面對衝突，在高漲情緒下，可能先暫停，冷靜為宜，再做溝通，東西方理論都鼓勵好好說出來，可增進關係，也可協調。協調、忍讓、抗爭與逃避，是彈性運用，別永遠忍讓、逃避或一昧抗爭。

4.考慮關係親疏要顧及的角色義務，對長輩親人可能要忍讓多一些，但不是一直忍讓，適度的底線也要畫出來，創造一些好氣氛之後，雙方情緒好的時刻做協調。

5.面對立場觀點衝突時，要溝通，先傾聽，再以同理心態度處理。如此，衝突即便不能完全化解，也能得到彼此的理解。

發生衝突後是否能修復影響著未來關係之好壞

第二節　溝通

　　不恰當的溝通，使人感到無助和孤獨，歪曲或單向的溝通，會導致嚴重的關係衝突，溝通的失敗，會使關係結束，吸收溝通理論與原則技巧，有助於鳥瞰和檢視溝通的層面與彼此關係，學習尊重個別差異的溝通態度與技巧。

　　以下介紹溝通的定義與三個實用的溝通理論：(1)社會滲透理論；(2)交流分析理論；(3)溝通型態理論，並提出這三個理論在情感經營中的應用。

一、溝通的定義

　　Verderber與Verderber（1995）對「溝通」有言簡意賅的定義和說

明。他們認為，所謂溝通是指「有意義的互動歷程」（曾端真、曾玲珉譯，1996）。在此定義中，包含三個重要的概念：

1. 歷程（process）：溝通是一種歷程，它是在一段時間中，有目的地進行一系列行為。
2. 有意義（meaning）：意義是指溝通行為的內容、意圖及其被賦予的重要性。(1)內容（context）是指所傳遞出來的訊息，即要溝通「什麼」（what）；(2)意圖（intention）是指說話者顯現該行為的理由，亦即「為什麼」（why）要溝通；(3)重要性（significance）是指溝通的價值，亦即溝通有「多麼重要」。
3. 互動（interaction）：互動的意思是雙方在溝通歷程中，彼此對於當時以及溝通之後形成的意義，均負有責任。

換句話說，溝通是雙方的事，溝通不是閒聊，溝通有其目的、意義、過程與結果，雙方必須認知溝通在情感經營的重要性與價值，並且對溝通結果都負責任。

二、社會滲透理論

Altman與Taylor（1973）提出社會滲透理論（Social Penetration Theory），這理論一方面解釋關係發展的過程，二方面說明自我表露在發展友誼等親密關係上的作用（Taylor & Altman, 1987）。他們認為人際交往主要有兩個維度：一是交往的廣度，即交往或者交換的範圍；二是交往的深度，即親密水平。關係發展的過程是由較窄範圍的表層交往，向較廣範圍的深度密切交往發展。

滲透（penetration）過程，是一種有方向及漸進的關係，「方向」指的是彼此的關係會向著彼此來開放而進行；「漸進」指的是人的「資訊交換」和「情感交流」是在互動中漸進的。

溝通話題的深度與廣度反映了彼此關係的親密度（**圖7-3**）。讓我們將一個人以一個圓來表示，並將圓分成幾個部分來代表溝通的話題或溝通的廣度。並在心裡想像此圓是由多個同心圓所組成，代表不同層次的溝通或溝通的深度。**圖7-4**提供一個例子。每個圓分成八個話題區（由A到H）及五個親密層次（以同心圓表示）。

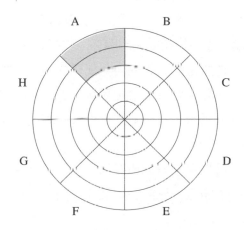

圖7-3 社會滲透理論：當關係愈親密，溝通的廣度愈廣，深度愈深

資料來源：Altman, I., & Taylor, D. (1973).

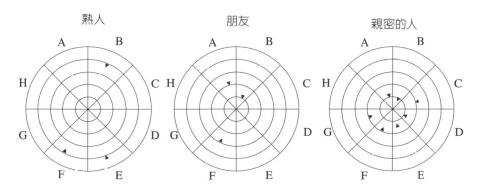

圖7-4 與熟人、朋友、親密的人之社會滲透

資料來源：Joseph A. DeVito著，沈慧聲譯（1998），頁335。

在第一個圓中，只有三種話題被提及，其中有一個在第一層次，如「今天天氣好熱」的表層安全話題，兩個在第二層次，例如「你也喜歡烹飪嗎？」，這種關係可能是熟人。第二個圓代表一種較深的關係，談及的話題更廣且討論的層次較深，例如「我家裡有些困難」，這種關係可能是發生在和朋友的相處上。第三個圓代表更深的關係，有相當的廣度（八個中有七個區域被談及）及深度（大部分都觸及較深的層次），例如「我愛你」、「我真的很沮喪」、「你從不傾聽我的需要」，這種關係應該是和愛人的關係（沈慧聲譯，1998）。

換句話說，與越親密的人之間自我揭露的廣度越廣，自我揭露的深度愈深（圖7-5）。親密關係的發展歷程，在話題的廣度和深度上，是從侷限範圍的少數話題，到廣範圍什麼都能談的無話不談，從表層訊息交換到深度情感交換。

滲透理論除了可以用來看愛情關係，也可以用來描述所有的人際關係，如友情、親子關係、兄弟姊妹關係、同事、同學、長官部屬關係。

關係剛開始階段的特色為狹隘的廣度及淺薄的深度，當關係加深

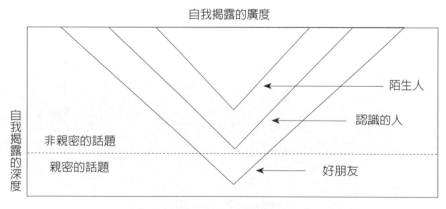

圖7-5　不同人際階段中自我揭露的深度與廣度

資料來源：林彥妤、郭利百加等譯，《心理衛生》，頁168。

或親密，資訊交換和情感交流變多變深，顯示溝通的滲透廣度和深度逐漸增加，而且這些增加是在漸進、較無壓力、自然的過程中進展。

擴展廣度和加深深度的關鍵過程是「自我開放或自我表露」，即兩人彼此願意以語言的或非語言的方式開放和傳遞更多個人的相關訊息給對方，願意讓對方更瞭解自己，自己也願意對對方的開放和傳遞個人訊息給予積極正向的回應。例如，他告訴你小時候去抓蝴蝶的事，你聽得興趣盎然，感染到他當時的快樂；你告訴他被爸媽打的事和當時心中的難過、不平，他為你感到難過並安慰你。類似這樣安全和自在的氣氛與相同深度的回饋，讓雙方都更願意自我揭露與對方分享許多內在的自我與經驗，於是溝通的廣度逐漸擴展，溝通的深度也逐漸加深。

藉由滲透理論來經營感情，深化愛情關係的溝通廣度與深度，可探討幾個問題：

1. 如果愛情溝通廣度也有八面向（家庭、朋友、工作或打工、課業、社團、同學、感情、夢想或生涯規劃），那麼你們現在觸及的有多少面向？觸及的深度還在資訊交換還是到分享感受？

2. 擴展廣度和加深深度的關鍵過程是「自我開放或自我表露」，自我揭露是從安全開放的資訊話題（姓名、系級、課程特色等）到「我知你不知」的成長經驗話題（過去的挫折、歡樂、悲傷等），再到「你知我不知」的回饋話題（你給我的感覺、你是怎樣的人）。

3. 話題停留在表面的「資訊交換層次」，無法深入，是什麼原因？是害怕自我表露、害怕講太多自己的事情？還是自己老講自己的觀點和理論、原則，而生活的感受並不常說出來？

4. 是什麼原因而害怕講太多自己的事情和感受？是擔心什麼嗎？說出擔心有助於關係的改善與進展嗎？缺乏自信嗎？可以先想

想自己的優點，降低自己的擔心。

5.對方是習慣壓抑情緒，還是只是沒機會說出生活感受？是否和原生家庭經驗有關？其實，可以創造分享機會，並友善的傾聽，讓好的分享經驗發生，那麼就會越來越敢說出感受和想法。

6.用什麼方式可以引導對方多說一些心裡話呢？其實，最簡單的方法是可多使用開放問句，例如：問什麼時候，哪些事情，那時候是怎樣的想法和感受，並眼神專注，耐心傾聽，適時肯定和安慰。

兩人要積極面對關係，但別太心急，要記得溝通廣度與深度的增加是在兩人都覺得自在的過程中進行，千萬別在對方心理尚未準備好的時候硬逼著對方說，可以表達自己想知道的需求，但同時也要尊重對方是否準備好要說的意願才好。

三、交流分析理論

交流分析（Transactional Analysis, TA）是由加拿大精神科醫師艾力克‧伯恩所提出，基礎是他當軍醫時，觀察士兵們的溝通而來。繼而有傑姆斯（Muriel James）、鍾吉瓦（Dorothy Jongeward）和湯瑪斯‧哈里斯（T. A. Harris）等人將之擴展與發揚光大。

交流分析有兩個重要的理論跟溝通非常有關係：

1.自我狀態（ego state）理論：又稱PAC理論，P是父母狀態（Parent），A是成人狀態（Adult），C是兒童狀態（Child）（圖7-6）。

2.心理地位態度：分為「我不好—你好」、「我不好—你不好」、「我好—你不好」、「我好—你好」四種。

圖7-6　PAC理論──人的三個不同自我狀態

資料來源：Thomas A. Harris（1973）

　　這兩理論非常有助於分析溝通時的自我狀態及覺察人際互動的心理狀態，並做改變。

(一)自我狀態

　　溝通時的自我狀態，會透過聽得到的語言和看得到的行為表現出來。換句話說，我們可以由人說出來的語言和表現出來的行為，來判斷此人此時的自我狀態。例如：「騎車小心」是溫暖滋潤的父母，「你要先檢討自己有沒有錯」是嚴格批判的父母，「先分析是非對錯，再看哪些人要負責」是成人，「這好有趣，好好玩」是純真的兒童，「好，我會努力」是順應的兒童，「你們不要吵架」是小教授兒童。父母、成人和兒童三種自我狀態的不同比例，組成了不同的人格特性。瞭解人際溝通時的自我狀態，有助於瞭解對方的心理情緒，而促進溝通。

　　艾力克・伯恩認為每個人心中都存在這三種不同的狀態，不是像佛洛伊德的本我（Id）、自我（Ego）、超我（Superego）三者屬於概念，而是透過語言、表情行為，可以觀察到的真實現象。茲介紹如下：

◆P（Parent）：父母狀態

不是指爸爸媽媽，而是指個人自我的「父母狀態」，是受成長過程中一些重要影響力的人物所影響，記錄在腦海裡的一些早期經驗，尤其孩提時所依賴和依靠的人的影響則更爲深遠。例如：父母、兄姊、老師、保母、媒體節目等。個人所做、所想、所感，模仿自父母或重要他人，他們的訊息或規範，像錄音帶一樣，經常在播出一些指示和教導。父母狀態有兩類：

①嚴格批判的父母（Critical Parent, CP）

在行爲舉止上的特徵，有嚴厲的眼神、聳肩手叉腰、伸手指別人，說話速度較快，語氣較嚴峻，命令式或指導式口吻，用字上是使用很多的「應該」、「必須」，情緒是較多生氣的，態度是權威、審判、保護和設定標準的。帶來的正面好處是追求理想、有良心、有秩序、重道德、有責任心。過度使用此狀態的負面結果則是易持有偏見、對事情懷疑、支配性強、獨斷。

②溫暖滋潤的父母（Nurturing Parent, NP）

在行爲舉止上的特徵，有輕撫頭頂、拍肩、擁抱的行爲，微笑的表情，用身體前傾姿勢的傾聽。用字上是溫暖、安慰、支持、鼓勵、讚美，情緒是諒解的、關心的，態度是接納、溫言暖語、叮嚀備至。帶來的正面好處是容易得到認同、有同情心、包容心、可負起保護養育之責。過度使用此狀態的負面結果，則是過度保護、過度干涉、侵犯他人自主性。

◆A（Adult）：成人狀態

個人自我的「成人狀態」是理性的，會檢查「父母」的資料，決定何者可用，何者不用，也會檢查「兒童」資料，決定哪種情緒才能安全地發洩出來，進而自我控制，會計算可行性與可能性，會做判

斷與選擇，面對現實，也儲存正確訊息。成人狀態和生理成熟度沒有關係，有部分人生理已成人，但心理未成人，也有生理年齡未成人的小孩有完整的成人狀態。成人狀態在行為舉止上，會有集中注意力，緊閉嘴脣，強忍痛苦，喜怒不形於色。在言語上，不急不徐、理性、溫和、情緒平穩、態度明確、評估大局。正面的好處是理性、處事合理、沉著冷靜、根據事實客觀判斷。過度使用成人狀態，造成的負面結果是機械般的精打細算、枯燥無味、面無表情、沒有情緒。

◆C（Child）：兒童狀態

個人自我的「兒童狀態」是我們心裡有一個過去的小男孩或小女孩，感覺、行為、想法，以小時候的方法表達出來，是來自內在的過去經驗反應，包括小時候種種無法用言語表達時的感覺，像渺小、無助、依賴、笨拙、被遺棄，以及創造力、求知慾、好奇心。兒童狀態有兩種：

①自由兒童（Free Child, FC）

在行為舉止上，輕快、放鬆、無壓抑、雀躍歡呼、高叫、拍掌叫好，用字上常用好玩、有趣等，聲音是大聲、有活力、高昂，態度上是好奇、直覺和喜歡開玩笑的。帶來的正面好處是天真爛漫、好奇心強、重視直覺、活潑、富創造力。過度使用自由兒童，造成的負面結果是以自我為中心、任性、旁若無人、情緒激動、粗野。

②順應兒童（Adapted Child, AC）

順應兒童是乖巧聽話。常被誇獎「你好乖，好聽話，是聽話的乖小孩」。在行為舉止上，姿勢較封閉、退讓、害羞，在言語上，語調比較急促、緊張，語氣或懇求或無助的語氣，用字常有「好」、「我試試」、「希望」、「可以」、「是」。態度上是順從的、害羞的、有禮貌的、分享、合作、期待被幫忙的。帶來的正面好處是富協調性、能妥協、乖寶寶、順從、慎重。過度使用順應兒童，造成的負面

結果是過於謙虛、依賴、做不必要的忍讓、缺乏自主性、隱藏敵意、壓抑情緒。

藉由PAC理論來瞭解人我和經營感情，可以有以下幾個步驟：

1.先覺察自己平時一般溝通時，自我狀態是怎樣的狀態最多，何者其次，何者最少，可以分CP、NP、A、FC、AC，各以1～10分，劃出五條柱狀圖。

2.觀察兩人互動，彼此互動時，怎樣的狀態比較多，是A（成人狀態）對A（成人狀態）多，還是C（兒童狀態）對C（兒童狀態）的互動多，還是P（父母狀態）對C（兒童狀態）多。

3.談戀愛情侶間有FC（自由兒童狀態）對FC（自由兒童狀態）的溝通會增加樂趣，但是，愛情中遇到問題或困擾的時候，得兩人多學習和練習用A（成人）對A（成人）的溝通方式，方能解決問題。

4.若一直停留在慣用的FC（自由兒童狀態）對FC（自由兒童狀態）的溝通，例如，一個人說：「我不管，我就是要這樣！」另一個人說：「好，那我們就這樣，不管它。」造成逃避問題，沒有面對問題，也沒有解決問題，到最後，兩人的情感「被問題解決」。

5.「理性溝通」習慣的養成對戀愛中的人來說是一項修練的功課，對關係的持久和品質是很有幫助的，可在婚後減少許多無謂的非理性爭吵，增進婚姻品質（**圖7-7**）。

6.若兩人的互動常常呈現某個人的CP（嚴格批判的父母）對另一個人的AC（順應的兒童狀態），那是一個高壓、權力非常不平等的關係，一定要改變，否則久了，會演變成暴力關係。

7.若兩人的互動常常呈現NP（溫暖滋潤的父母）對FC（自由的兒童），那許多責任都在某個人身上，會演化成失衡的關係。如

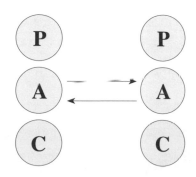

圖7-7　PAC理論——理性的溝通

資料來源：Thomas A. Harris (1973).

果是這兩個狀態是會流動彼此交換，可以從彼此身上獲得溫暖滋潤，對過去與親生父母依附關係經驗不良的人來說，會具有療癒的效果。

(二)心理地位態度

交流分析另一個對溝通很有幫助的觀點，是由湯瑪斯‧哈里斯提出的四種不同心理地位，他所寫的《我好，你也好》（*I'm OK-You're OK*）書名，後來甚至成為當時大學生的金句標語。主要闡述人與人的相處應對，有四種不同的心理地位或生命態度，哈里斯認為生命態度的特質非常具有決定性。茲整理敘述如下：

◆我不好—你好

這是全人類在嬰兒早期共同的感覺，孩子由於體格弱小，處處需要大人，自然深感無助，當然會認為自己比周圍的大人卑微。抱著這種心態繼續生活的人，常常覺得自己不好，常常想我該如何贏得別人的讚許和肯定。於是熱切地、心甘情願地服從別人的要求，關係中處於「投入地位」，以努力獲取別人的讚許。多數人停留在這個態度。但是這種生活沒有盡頭，別人的要求一直來。這種人和別人比較時，

常認為自己不行，由於這種心理地位的關係，他們常有退縮、沮喪的感覺。嚴重的情況可能引起憂鬱症或自殺。另一個負向結果是乾脆就壞到底，當個壞小孩，證明我真的不好，不用再去追求別人的讚許。

◆ 我不好—你不好

　　孩子開始學走路，代表嬰兒期結束，當他到處亂爬、拿東西，不肯好好坐著，被東西絆倒，從樓梯上摔下來等等，如嬰兒般被輕撫的機會消失，如果替代的是更嚴厲、更多的懲罰，那麼就會形成「我不好—你不好」的心理生活態度。所以當孩子做不好，請仍給予鼓勵、打氣和示範指導，而非嚴厲的責備與懲罰。當一個人有「你不好」的結論時，往往包括所有人，這種人對生活失去興趣，行為顛倒，不切實際，拒絕別人的善意。嚴重的話，對生命的看法是「你不好，我也不好，讓我們一起毀滅吧！」會導致自傷傷人或自殺殺人。

◆ 我好—你不好

　　小孩若遭受父母長久虐待，體會到你們不在比較好，你們不理我，我可以自己變好，於是形成「我好—你不好」的生命態度。「我活過來了，我將繼續生活下去」，是維護生命的決定，但是無法客觀判斷自己應負的責任，容易將過錯推給別人，「是他們的錯」、「是他們造成的」。若延續這種生命態度，這種人常常非客觀地覺得自己被人傷害或被虐待，學會堅強，但過度而變成強硬和殘忍，他把自己的不幸推諉給別人，關係中處於「投射地位」。少年犯或罪犯經常屬於這種類型，他們懷疑別人，嚴重的話可能引起殺人。

◆ 我好—你好

　　這態度和前三者性質不同，前三者是生命初期形成的，是無意識的，「我好—你好」是長大後，意識的、語言的決定。前三種基於感覺，第四種則基於思考、信念和行動。有些幸運的孩子，從小就有

人幫他不斷地面對足以證明自己和他人價值的環境，使他能發現自己「好」的一面。如果小時候沒有這樣的人或機會，現在自己可以在意識上提醒自己要有這樣的態度，看見自己的「好」，接納別人的「好」，耐心和信念是很重要的，我們能夠改變，讓自己在關係中處於「健康地位」。這是心理健康者的心態，也是我們努力的目標，建設性地解決生活中的問題，並接受每個人的特殊性，對自己對人都有信心。

　　藉由四種生命態度來瞭解人我和經營感情，可以有以下步驟：

1. 先自我探索，自己以上四種的生命態度哪一種成分比例較高，探索生命經驗，有哪些正、負向或重要事件，可能和形成生命態度有關。

2. 你現在對過去負向事件的情緒是否已經過去，還是還留著許多負面感受，自己有辦法從發生的負向事件中，思考到正向的意義嗎？如果可以，算是某程度跨過生命侷限的門檻，如果沒辦法，可以找諮商心理師協助你疏導情緒和找出正向意義。

3. 對過去曾經滋潤自己生命的正向事件和感受，重溫和感謝，重溫那種被接納、被肯定的「我好」，感謝那曾經肯定我、接納我的「你好」的人和學習「你好」的態度。

4. 「我好—你好」的健康生命態度，是可以透過自己努力培養的，兩人彼此提醒在互動當中，保持「我好—你好」的信念和態度，彼此肯定自己的努力和對方做得好的言語、行為和態度，彼此回饋，在語言上、在行為上改變，需要耐心和「這會促進美好愛的關係」的信念，終將達成「我好—你好」的健康生命態度。

四、溝通型態理論

　　家庭治療大師維琴尼亞‧薩提爾相當注重人與人互動時的溝通，提出五種不同類型的人際溝通型態。她相信「人人都有改變、擴展與顯現成長的能力」，因此所有的人都可透過學習改善低自我價值和不平等的溝通型態，學習「一致型」的溝通方式，讓人與人之間的溝通更成熟，也更平等尊重。以下分別對薩提爾提出的五種溝通類型做說明：

(一)討好型溝通型態

　　討好型的主要特質是會在人際相處上處處以他人為中心，討好他人，縱使心裡有不同需求或委屈，還是堆起笑臉，犧牲自己，成就他人、迎合他人、順從他人。例如：傳統的台灣媽媽或日本連續劇阿信或在高壓力公司被不斷地壓榨和拉長工時的員工。討好型的人，對於周遭人的需求和期待總是說「好」，不太會說「No」。討好型的人很尊重他人和情境的需求，卻不尊重自己的內在需求感受，得到了「好媽媽、好媳婦、好太太、順從、善解人意、犧牲奉獻」或「好員工、好部屬、任勞任怨、盡心盡力不計較、努力認真不抱怨」的稱讚，卻付出了低自我價值的代價。

(二)指責型溝通型態

　　指責型的溝通型態主要特質是在人際關係上過度保護自己，處處指責別人，認為做錯事的責任都在別人身上，讓要和他建立關係的人感到恐懼、退卻無奈、生氣，造成他與別人心理的隔絕。例如：一天到晚亂罵人的老闆，讓員工不是儘量少碰見他為妙，就是想離職。例如：有事業成就卻一天到晚教訓兒子不成器的老爸，也讓兒子不想見

到他或甚至想離家。指責型的人尊重自己與情境，擁有過度自我肯定的內在資源，卻犧牲、忽略了互動的人。

(三)電腦型或超理智型溝通型態

超理智型的溝通型態主要特質是凡事都照規定，就事論事，認為只要保持理智處理所有事情，把道理講得清楚，生活就會井然有序。例如：常說「根據統計數字來看，……」，「依據目前資料分析，……」，「依照過去慣例與規則，……」。超理智型的人過度在乎目前身處的情境以及情境客觀資訊，而忽略自我的感受與對他人的瞭解與尊重，過多的理智是他的內在資源，但會付出情感疏離的代價。

(四)打岔型或混亂型溝通型態

打岔型的溝通型態主要特質是與人互動時常閃過重點，岔出不同的議題，分散別人的注意力，例如，講笑話、無厘頭。此模式運用在好的方面或者內在資源就是會發散式思考、講笑話，讓人覺得他有創意、有自發性、有趣，但過度使用會讓人覺得他逃避問題、實問虛答、講話沒有保證、解決不了問題。打岔型的人將人抽離情境，也抽離自我感受和他人觀點，駝鳥般的消極逃避人際關係中待解決的問題，多讓時間沖淡一切。

(五)一致型溝通型態或成熟型溝通型態

這是溝通類型中統整性最好的一類。認清不好的溝通型態，屏除拒人於千里之外的字眼，讓自己接觸自己，並與人產生連結與接觸，針對當下情境來回應，是一致型溝通主要的特色。薩提爾指出，認清舊規則，認清那些刺眼的字，決心要改變，學習將自己的呼吸、感覺、聲音、姿勢、經驗、改變的動能、時間、空間和其他的人整合

在一個完整的接觸裡，讓他們很和諧的配在一起（一致性）。努力的教育自己，多多練習。要達到「一致性」最好的姿勢是「兩個人維持一個手臂的距離，眼與眼平視，同時坐著或同時站著」，這個姿勢使人們溝通的管道維持得更好。溝通的管道乃是指「眼睛」，使我們彼此互相看到對方；「耳朵」使我們彼此相互聽到對方；「嘴」可以說；「皮膚」可以感覺；「鼻子」可以嗅聞（Satir, 1976；吳就君譯，1993）。「一致性」也指一顆願意和別人接觸的心，薩提爾說：「一個人在『情緒上的坦誠』，也就等於擁有了一顆願意和別人接觸的心，我稱這種『情緒上的坦誠』叫做一致性。」學習一致性的溝通可能需要花時間，也需要自我提醒，薩提爾也說：「每個人都受到過去習慣的影響，要求馬上改變是很費工夫的事，但是，如果分段一點一點的去做，那麼就容易些了。」

　　薩提爾的五種溝通型態，應用在情感的經營，可以有以下步驟：

1. 想想自己這五種溝通類型，自己表現出哪個類型的時候多，自己比較少出現哪個溝通類型。也可以依出現多寡來排序。

2. 在和哪些人相處溝通時容易討好，和哪些人相處溝通容易指責，和哪些人相處溝通容易打岔，和哪些人相處是超理智的就事辦事按規矩來。

3. 我曾經和哪些人可以有一致型的溝通。那個經驗是發生在何時，感受如何。

4. 瞭解對方常用的溝通類型，瞭解背後的心理需求。

5. 形成想要增加一致型溝通的共識。願意接觸彼此的心，情緒上的坦誠，接觸情緒，溝通時做到一致性的姿勢，打開所有感官去接觸，尊重自己、他人和情境，不要求馬上改變，花時間，自我提醒，一點一點去做，彼此肯定鼓勵，就容易些了。

本章重點

1. 愛情性別差異

2. 愛情故事差異

3. 溝通方式差異

4. 親密質與量

5. 人際需求理論

6. 西方人際衝突四種反應

7. 華人人際衝突四種模式

8. 溝通的定義

9. 社會滲透理論

10. 父母—成人—兒童理論

11. PAC溝通五類型

12. 「我好—你好」生命態度

13. 薩提爾溝通五類型

14. 一致型溝通

Note

第 **8** 章

溝通實務

- 溝通原則與技巧
- 感情中常見問題的溝通

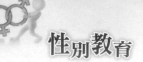

　　本章從性別相處溝通實務的角度切入，讓性別溝通可以在第七章所提的互相尊重與理解的前提下，進行學習實用的溝通技巧，讓性別溝通不再那麼挫敗。

　　第一節包括實用的「聽」與「說」溝通原則、排除溝通的高危險反應、肢體與語言訊息、聆聽與同理心。第二節是感情中常見問題的溝通，包括吃醋、翻舊帳、性關係，以及建設性的吵架。要提醒的是，從彼此不同到激盪出美麗的火花，到相知相惜，是一段珍貴與值得喝采的過程，過程中的努力和成果，其實都相當不容易，千萬別輕言放棄；不得已要放棄，也是努力過後的人才有資格說的話，這樣，才會了無遺憾。

第一節　溝通原則與技巧

　　研究指出在建立和維持親密關係中，溝通居重要的作用。不恰當的溝通，使人感到無知和孤獨。歪曲或單向的溝通會導致嚴重的關係衝突，溝通的失敗會使關係結束（孫丕琳譯，1994）。可見溝通在人際關係及性別關係中的重要性和價值。

　　溝通重要的是「說」和「聽」。「說」，不單只是語言，還包括說話語氣、說話速度快慢、音調高低、抑揚頓挫和臉部表情、肢體動作，也都在說話，也都在傳遞訊息。「聽」，不單只是聽主要想表達的意思，也從副語言和肢體語言聽出隱含的情緒和心理需求，才能做到兼顧事情與心情的「到位」回應。

不恰當的溝通會導致嚴重的關係衝突

一、說的技巧

說事情，描述事情，對一般人來說比較容易，事情說清楚、講明白較不困難，但要表達出情感，似乎就比較困難一些。除了中國文化比較不鼓勵情感的直接表達之外，缺乏練習也是原因之一。過去傳統的生活型態，讓人們彼此有較長時間相處，相處的時間長，要猜測對方的心意或讓對方猜對自己的心意都比較容易，但是，現代人與人相處的時間越來越短，如果我們都還假設對方會知道我們的感受，那可就比較強人所難了。沒有人理所當然要知道對方心理的感受，如果我們需要別人瞭解，就必須說出來，告訴對方自己的感受及對他的期待。

說，是有一些原則和技巧的：

1.客觀描述情境、行為及事件：先客觀地描述情境、行為及事

件，讓對方對事情有來龍去脈的認知，例如「我打電話找你一整天，人不在辦公室，手機又沒開，訊息也沒回」；再說心情，例如「不知道你怎麼了，我很擔心」。

2. 表達情緒：表達情緒以「我訊息」做開頭，例如「我覺得很著急」、「我覺得很難過」、「我覺得很生氣」。不是辱罵或亂發脾氣，而是讓對方清楚瞭解你的感受。

3. 提出意見或期待：讓對方明確知道你想要的，例如「我要你跟我道歉」、「我想知道，是怎麼回事？」

4. 徵詢討論辦法：不是事情說完，心情表達完就結束，還要共同討論，以免同樣情況一再發生，例如「下次如果我們其中一個人臨時有事，趕不及約會時間，要想辦法讓對方知道，先打個電話或傳訊息之類的」。

二、聽的技巧

聽，溝通中很重要的功課，一個好的聽者，才會是一個好的溝通高手。溝通中「聽」比「說」更重要。一位好的聽者，可以聽出三個層次：(1)可以聽出說者的主要意思；(2)也可以聽出說者的情緒和需求；(3)並聽出事件對說者的重要性和意義。要當個好品質的聽者不容易吧！

「聽」，也是有方法和技巧：

1. 先「聽」再「說」：當你越激動，越應該先聽再說。

2. 確實做到「聽到」、「聽完」、「聽懂」：當你這樣做時，你已經讓對方感受到你對他的尊重和確認對他意見的瞭解。無形中，建立起良性關係基礎和安撫對方不安情緒。

3. 積極傾聽：「積極傾聽」是指做到「生理專注」和「心理專

注」。「生理專注」是身體面向對方和對方形成45度到90度的角度，身體的姿勢和態度是開放，臉部表情和身體是放鬆的，身體適度前傾，然後有適當的眼神接觸。「心理專注」則是用「耳」、用「心」認真的聽，聽出對方的真正意思和對這件事的情緒，適度對對方的話語給予瞭解性的回應。

4. 摘要與同理心：當對方表達完他的意思，先將對方的話和情緒做簡短的摘要式回應和同理心，表示你的瞭解和接納，例如「對不起，讓你打一整天的電話，又找不到人，害你擔心」；接下來用PAC理論的A（成人狀態）的方式表達自己的意見，例如「你剛剛說的方法不錯，以後我們就先打電話或事先傳訊息」。如果兩人是很親密的關係，還可以在成人狀態溝通後面加一點點C（兒童狀態）的表達方式，例如「不要生氣啦，我請你吃冰，消消氣」，調和一下氣氛。

5. 除了「語言」的訊息之外，對於「副語言」訊息（講話音調高低、音量大小、速度快慢及抑揚頓挫等）和「非語言訊息」（臉部表情、眼神、手、腳、動作等肢體語言）也應多加解讀和注意。根據語言心理學家莫菲的研究，非語言表達占55%，副語言占38%，而語言只占7%（**圖8-1**）。當語言訊息和非語言訊息不一致時，可能要相信非語言訊息，例如女生嘟嘴皺眉說「沒關係」，其實透露這是「有關係的，她並不滿意或同意這樣的結果與決定」。當一個男生愁眉苦臉，但用堅定的語氣告訴你「沒事！」你可能知道他心裡是有事，但現在並不想談這件讓他心煩的事情，那就尊重他，如果你真的很關心他，很想幫忙，那麼就等一段時間，等他表情稍和緩了，再問問：「是不是心裡有事？需不需要幫忙？」

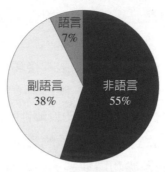

圖8-1　語言、副語言和非語言所表達的百分比

資料來源：摘自沈慧聲譯（1998），頁76。

三、溝通的高危險反應

　　要達成有效的理性溝通，除了學會聽與說，也要對溝通的障礙有敏感度與覺察，並加以避免。就像生病要先知道哪裡出毛病，才能對症下藥一樣，對於溝通，一樣要先知道自己在溝通上出了怎樣的障礙，以下介紹十二個溝通的障礙（Thomas Gordan；陳皎眉，2004）。

　　有的學者稱之為十二個溝通的高危險反應。讀者可以依序看看自己是否有其中的一些高危險反應。若有，可在前面打勾，提醒自己改善，少說這些高危險反應的話。

　　這些高危險反應不是完全不好，只是過度的使用會導致溝通無法深入和進行，也會阻礙別人解決問題的能力和增加人際間情感的距離（陳皎眉，2004）。

　　1.批評：對他人的人格或行為做完全的負面評價。例如：「你實在是一個很懶散的人」、「這一切都是你自找的」。

　　2.命名：給別人一個刻板的名稱。例如：「完美主義者」、「大男人」、「大女人」、「賤種」。

3.診斷：分析一個人為什麼會這樣。例如：「我太瞭解你了，你這樣做是故意要氣我」、「其實妳不想和先生吵架，妳是氣他媽媽，妳討厭他媽媽」。

4.評價性的讚美：讚美的話裡面有評價標準。例如：「妳一向都是乖女孩，妳會順從妳父母的意見，是吧？」、「你一向對機械都很在行，修理這個音響沒問題吧？」。

5.命令：要另一個人馬上去做你要他做的事。例如：「去洗澡」、「去做功課」、「馬上給我」、「我等一下就要」。

6.說教：告訴別人他應該如何做。例如：「你應該馬上跟他去」、「你應該出來工作」、「你不應該離婚」、「你下班就應該馬上回家」。

7.威脅：經由警告可能發生的後果試圖控制別人的行為。例如：「你再哭，就關進廁所」、「你出去，就斷絕父女關係」、「如果不道歉，就分手」。

8.過多或不當的詢問：過多對方可以用「是」、「不是」就回答完的問題，多屬封閉式問句。例如：「這是不是很困難？」、「你真的不喜歡上課？」、「你一定要出去？」。

9.忠告：對別人的問題，直接給一個答案。例如：「如果我是你，我一定會告訴他」、「這問題很簡單，你只要……就好了」、「聽我的話準沒錯，我是過來人」。

10.安慰轉向：由轉移的方法，把問題模糊掉。例如：「不要想太多」、「不要去想就好了」、「你這是小事一椿，別人有更慘的」。

11.邏輯論證：企圖用邏輯說服別人，忽視對方情緒。例如：「如果你乖乖去補習，就不會像現在考不上」、「如果妳當初聽我的話，不要嫁給他，現在就不會這麼慘了」、「你就不聽，現在後悔了吧」。

12.保證：向人做保證，一定會怎樣。例如：「放心，你離婚沒關
　　係，有我們在」、「我跟你保證，不會有事」、「不用擔心，
　　這是黎明前的黑暗」。

　　用以上的方式和人溝通，使人有被評價、被說教、被命令、被責
難、被忽視的不舒服感受，其實，加個禮貌詞語「請」、「謝謝」、
「對不起」，換和緩說法「或許……會更好」、「可能……可以試
試」、「只是經驗，可以參考，但不一定全對」，都會讓互動的人較
無壓力。

　　有效的溝通，不只是聽他說的話，再提出個人意見而已，很重要
的是要聽出和接收到說話者的心情感受，要同時接納對方感受和聽懂
對方說話的目的，才可能給予「兼具事情與感情」的到位回應。

四、肢體與語言訊息

　　根據部分研究，在最初互動的開始四分鐘內，人們便決定是否
繼續這段關係（Wikipedia）。在關係剛開始的接觸階段，身體外表
散發的訊息格外重要，因為那是最容易被看見的，是視覺溝通，四分
鐘，可以有高量的視覺訊息，可以產生喜好與否的決定性答案。想整
體散發出給人怎樣的感受，是親切？是權威？還是有個性？從衣著、
髮型、鞋子等穿著打扮，到臉部表情及肢體動作等各方面都是視覺訊
息。以一般的情境而言，穿著打扮整齊、乾淨、自然即可，臉部的表
情親切微笑，眼神柔和的接觸對方，肢體不要有防衛性的手叉腰、抱
胸、聳肩等動作，代以放鬆的肩膀，挺直的背，手輕放身體兩側，不
要抖腳，可以傳遞想要友善溝通的肢體訊息。

　　再者，語言和副語言的訊息也很重要，包括說話的用字遣詞（語
言訊息）、速度、音調（副語言訊息），也都影響聽者的溝通意願。

講話的速度不宜太快或太慢，講話太快讓人覺得急躁、焦慮、沒有耐心、攻擊性，講話太慢讓人覺得拖拉、沒活力。其實音調更重要，用輕的語調慢慢說，給人帶來安定感，用輕的語調快快說，可以減緩本身說話快帶來的急躁感。用又重又快的音調說話，會有強烈脅迫感，容易挑起對方的防衛情緒。用重的語調慢慢說，可以強調重點。簡單來說，說話不急不徐，音調不宜太高或太低，隨著講話內容有些抑揚頓挫，同時有停歇，讓對方有回應的機會。

五、聆聽與同理心

人都有被理解的心理需求，在人群中不被理解，會更孤單，在愛情中不被理解，會更不覺被愛。培養兩性耐心且善意的聆聽對方的習慣，很重要。不要因為女性說話方式較客氣，就忽略她的意見，不要因為男性果斷的說話方式，就認為他是不顧及別人感受。都只是習慣那樣的表達方式，但容易被誤解。

同理心步驟如下：

1. 聆聽：不是只有聽，還要專心聽，用身體和心理去專心聽，友善的肢體語言訊息，放鬆的身體、柔和的眼神、上身微微前傾、適度眼神接觸。專心聽，聽事情和心情，聽出事情轉折和導致情緒的關鍵，聽出事情的主要訴求，聽出主要的情緒感受。

2. 摘要：然後將你聽到對方所在意的點，重點條列摘要地整理說出來，確認自己沒有落掉對方要表達的重點。例如：「你在意的是……，第一，……，第二，……，第三，……。」

3. 情緒反映：將你聽出對方有說出的感受和沒說出但隱含在話語之間的感受，說出來，是你感受到的，不知道是不是這樣？回

饋給對方，這是同理心。例如：「我感覺到你很難過和懊悔，當時沒有伸出援手來幫他……。」

聆聽與同理心的習慣需要練習，需要耐心，成為習慣後，對關係的增進和衝突的化解受益無窮。先做完同理心之後，再表達自己對這件事的看法意見。

此外，在溝通的心態上，要鼓勵女性較直接地表達自己的想法，減少語尾附加問句的使用頻率，例如：「你覺得這樣好不好？」，也減少用「我不知道」、「我不確定」等字眼作為句子開端，這樣的附加問句和不確定句，會模糊掉主要想表達的想法。要鼓勵男性多提高解讀他人情緒及表達自我情緒感受的能力，可藉由觀察別人的人際互動，加上和親近的同學朋友討論，來擴展和提升情緒的解讀能力，不會只處理事情，沒有接納心情。

換句話說，男性要在適當表達和覺察情緒上多練習，女性要在直接表達事情意見上多練習，這樣聆聽才會更有效。

 ## 第二節　感情中常見問題的溝通

以下就以戀愛過程中的幾個常發生的溝通議題為例，包括吃醋、翻舊帳和性關係，透過案例分析，能在人際敏感度、意見及情緒表達的溝通上有所精進。

一、吃醋

戀愛中男女最常會吃醋的情況之一是覺得對方「心裡有別人」，可能是從話語裡，行動中，或留下來的相片、信件中，所以有這樣的

感覺和疑慮。要處理吃醋，要瞭解此時對方的心理需求，對方心裡真正要的是「我是你的唯一」、「獨占性」的地位，所以處理的措施只是「策略」，達到「你是我的唯一」的信心和感覺，才是「目的」。

　　以下就「無意間發現，對方在皮夾中留著前任男女朋友的相片」為參考範例，提供處理的策略和達到「你是我的唯一的信心和感覺」。

 參考案例

一、劇情

　　清芳幫至中從皮夾拿錢出來時，發現皮夾中仍放著他前任女友的照片，頓時，滿腔委屈和憤怒，「為什麼你皮夾中仍放著前任女友的照片，而不是我的？」

二、分析

1. 清芳在沒有預期的情況下發現，會一時認知失調，認知上突然從「我是你的唯一，變成我不是你的唯一，你的心裡有別人」的未經驗證想法，會從一時認知失調引發一時情緒失調，情緒也跟著激動，覺得自我價值受到傷害，認為兩人的關係不是自己想像的那樣，認為至中欺騙她，一連串的感受、想法在短短幾秒鐘湧現。傷心、難過、生氣是難免會有的情緒。

2. 至中也是沒有心理準備，就是在使用皮夾，可能自己已經很久沒去翻皮夾內的東西，或已經忘了有一張前任女友相片塞在皮夾裡的事。此時，對他來講是有兩件意外在進行，一是皮夾內的相片，二是女朋友的情緒和質疑。他的情緒可能是覺得錯愕或清芳小題大作。

三、處理

1. 清芳可適度表達自己的不高興和在意,但別讓情緒太渲染,讓至中瞭解她對這類事情很在意,之所以不高興的感受與想法,例如:「我好難過,你心裡是不是沒有我?怎麼會是她的照片,不是我的?」之類的想法感受。

2. 至中可先適度的道歉和安慰一下清芳,然後說明自己的狀態,例如:「對不起,別這樣,妳難過我也會跟著難過,我不是故意把相片一直放在皮夾裡,而是很久沒翻皮夾內層的東西,早就忘了還有這張相片,我現在馬上把它抽出來,好不好?」

3. 平靜討論一下彼此過去情人的信件、相片、禮物要如何處理,雙方都做到,才比較不會對目前兩人感情產生干擾。

四、秘訣

千萬記得,處理的方式有千百種,但是都只為達到讓對方有「你是我的唯一」的信心和感覺,這是唯一目的。所以先適度的道歉、安慰是很有用的,雙方再就如何處理過去情人的信件、相片、禮物等形成共識並執行。

二、翻舊帳

「跟你說過很多遍,怎麼還是一樣改不了?」、「你為什麼老是挑我這個小毛病?」兩個人逐漸熟悉的時候,原本的缺點和對事情的喜惡會在相處中逐漸表現出來,對於自己非常在意,而對方又老是依然故我的事情,就難免有這種生氣和不愉快的對話。

其實,這是兩人關係從親密期進入調適期的訊號,「情人眼裡出

西施」和「情人面前裝西施」的印象整飾和美化階段過了，兩人呈現比較真實的自我，這樣的調整，讓兩人相處得比較自在，但同時也得花時間學習改變和相互適應。

翻舊帳的內容可分為三類，第一類是成癮的事情，例如酗酒、賭博、毒品、網路、電玩；第二類是會影響到對方或兩人關係的不良習慣，例如愛遲到、愛亂開口頭支票、不愛乾淨；第三類是不會影響到對方的習慣，例如早上一定要一杯咖啡、下午一定要吃點心、晚上睡前要聽音樂。

第一類成癮行為，要改很難，得審慎評估彼此的毅力和找尋可運用的社會資源，例如：就醫戒癮或找心理諮商從心理依賴性著手，協助改善。第二類會影響到對方和兩人關係，是值得兩人好好協調和學習改變的，這是可以避開翻舊帳的無效溝通，聚焦溝通找出解決辦法。第三類習慣，因不影響到對方，所以可以尊重彼此的差異性。以下，針對第二類會影響彼此互動的不良習慣做討論。

 參考案例

一、劇情

至中對清芳老是愛遲到的習慣很生氣，加上自己一直是個準時、急性子的人，那一段等她的時間非常難熬，覺得一股悶氣哽在喉頭，發不出來，很難受，臉色也就很沉。他跟清芳提過許多次，要準時，但是清芳還是愛遲到，視遲到為常事，並未見改善。

二、分析

1. 「準時」是一種人際間基本的禮貌與尊重，人際的基本尊重不應該因為熟悉而有所忽略，或權力較高而不遵守。基本上是清

芳不對，但情侶間，重要的不是爭一個對錯，而是找出可解決的方法，並且「遲到」是一種可以改的不良習慣，不是罪大惡極不可改變的錯。

2.至中他常提此事，表示他很在意，如果不在意就不會提許多次，對於心愛的人很在意的事，何不嘗試改變看看，試試看，改變一下，或許沒有想像中那麼難。

三、處理

1.至中可告訴清芳「自己是個急性子的人，清芳的遲到常常讓他像熱鍋上的螞蟻，心無法定下來，而且會東想西想，擔心她是不是發生什麼事了，生氣加上擔心會讓他整個人很難受，兩個人是不是可以一起想些辦法，幫助清芳準時」。先說自己的特質，再說出在乎對方的心情，最後邀請一起想辦法。

2.一起想或先問問改掉遲到習慣的人所用的方法，例如，把預訂出門的時間提早，定鬧鐘，遲到的人請吃飯。然後認真執行一段時間，找出一種最適合的方法，並且多自我鼓勵，達到「準時」的習慣。

3.討論如果萬一臨時出狀況，沒辦法準時的時候，可以採取哪些處理措施。讓對方安心或對方可以先去某個地方，做點別的事。

4.至中心情也可放輕鬆一些，想一想一個人的習慣要改不是一天兩天的事，因為她形成這樣的習慣也有一段時日，花了多少時間形成，就可能得花多少時間改過來，儘量對她的好表現表示高興和喜歡，可以加速改掉不好習慣的速度。

四、秘訣

要翻舊帳的話，首先要評估有沒有必要，值不值得，對兩人的關

係有無正向助益，然後告訴對方，你對這件事一提再提的主要想法，不是批評他這個「人」，而是這件「事」，這個「習慣」，讓你覺得很困擾或心裡很不好受，說明翻舊帳的動機，並試著做以上提供的溝通技巧。

三、性關係

　　性關係態度逐漸開放，加上飲食營養較佳，生理成熟期提前，受教育期又拉長，結婚年齡往後延等因素，讓「性」這個問題提前在戀愛期需要被討論和看見。上述原因，讓我們正視性行為的身體自主權和溝通，性關係更需要學習和教育。愛的三元素裡，有一個元素是激情，從廣義的牽手、凝視、擁抱、接吻、觸摸、愛撫到最狹義的性行為，都包括其中。隨著愛情的發展階段，有不同程度的激情關係，雙方願意牽手、接吻，就只是願意牽手、接吻而已，絕對不表示願意發生性關係，這是在互動時一定要認清和尊重的事。當對方不願發生「性」的進一步接觸，可以做的兩件事就是：(1)尊重對方的身體自主權，不可以勉強；(2)用其他方法排除自己的性衝動，例如：跑步、打球、沖冷水澡、轉移注意力，離開容易有性衝動的情境和時間等等。

　　很重要的是，溝通時的語言、表情、肢體動作要一致和清楚，語言、動作若與表情不一致，很容易被錯誤的解讀。以下藉由案例，提供處理方法和性衝動溝通秘訣。

性別教育

 參考案例

一、劇情

　　至中和清芳交往半年多，至中覺得交往的過程中，許多事情男生要主動，當初是他主動去牽清芳的手，清芳沒拒絕；當初是他主動去擁抱清芳，清芳當時雖然掙扎了一下，但是還是讓至中擁她入懷；後來牽手、擁抱是常事。那天晚上停電，清芳正好在至中租的住處看電視，停電，什麼也不能做，兩人只好藉著手電筒玩影子的遊戲，又玩猜拳的遊戲，玩到沒什麼好玩，至中開始逗弄清芳，搔她癢，摸她身體，清芳直說：「不要啦！別鬧了！」可是，至中越覺得好玩，沒有停下來，一直到衣服被脫去了一件，清芳才意識到危險情境已經形成，大聲的說：「我不喜歡！我不要！請你停止！」這時，至中才聽到清芳的話，才發現清芳真的不要，才停下來。氣氛有些尷尬，但幾秒鐘之後，聽到至中說了聲：「對不起！」清芳說：「沒關係！我不是不喜歡你，而是我還沒有心理準備要和你有更進一步的身體接觸，何況我們的感情也還沒到那種程度。」至中說：「是我太衝動了！」相視一笑，電來了。

二、分析

1. 停電的夜晚、颱風的夜晚、當兵前的夜晚、情人節的夜晚、雙方生日的夜晚、聖誕狂歡的夜晚、跨年夜，都是發生性關係的危險日子，對不希望發生的性關係要有所警覺和適度防範。另外，期末考後、暑假、寒假、春假，這些較空閒的日子，也是發生性關係的高峰期，真的別太相信自己的克制力，警覺、防範、轉移都是有必要的。

2. 清楚的拒絕，才能發揮拒絕的效果，模糊曖昧的拒絕，只是助

對方的興而已。

3.不要害怕大聲說「不！」，因為沒有任何一人可以不經對方允
許就執意侵犯另一個人的身體，每個人擁有身體自主權，侵犯
和不尊重別人的身體是不對的，妨害性自主權是納入刑法範圍
的。

三、處理

1.清芳大聲說「不！」，和至中說「對不起！是我太衝動。」是
上述例了成功避免妨害性自主的具體言語。

2.既然有一次發生，表示性關係在兩人關係中已經是需要面對的
議題了。所以後續很重要的是兩人需談一談性接觸的尺度問
題，到什麼程度，是對方可以接受和喜歡的，尊重男女差異，
多增加彼此的瞭解和多溝通，多安排其他運動、戶外休閒，約
會少關在房間等密閉無其他人的空間，多去人多的開放空間，
一起參與活動等。

3.藉由醫師或心理專家撰寫的性別生理、心理性知識等書籍，增
加對性別生理心理和性的正確知識。

四、秘訣

第一，拒絕時不要說些有附加問句、矛盾訊息、語氣不確定、曖
昧不明的話或肢體語言。因為這樣對方很難知道你真正的意思，加上
男性性衝動較強或不願克制，很容易忽略你發出的訊息或會霸王硬上
弓。例如：

1.「現在不要，好嗎？」（這話有附加問句，徵詢對方的意見，
對方可以不答應；另外，現在不要，是不是暗示等一下可以？
或下次可以？）。

2.「這樣很舒服，可是我們不可以這樣做。」（這話前面表示是同意，後面表示不同意，訊息矛盾，容易讓對方不清楚你真正的意思，容易忽略他不想聽到的訊息）。

3.「喔，少來！」（語帶撒嬌，推開他的手）（容易讓人誤會其實你是要的，只是不好意思，會勾起對方更多想要的衝動）。

4.「你覺得這樣做很好嗎？」（這話是問句形式，並沒有明白表示你的意見，如果他覺得很好的話，那他是不是可以為所欲為，何況，短時間內明白表示意見才是最重要的事，而不是去問對方的意見）。

5.「我還不確定要這麼做！」（你不確定，是不是對方推你一把，你就可以同意了，那麼他就會態度更強硬）。

第二，拒絕時語氣要肯定，做明確的表示，並配合堅定的態度語調和肢體動作，做一個身體自主的人。例如：

1.「請你別這麼做。」（很清楚地表達意見）。

2.「我喜歡你吻我，可是我不喜歡你碰我那裡。」（明白告訴對方，你喜歡怎樣和不喜歡怎樣，讓對方知道你的喜惡）。

3.「我喜歡你摸我胸部，可是不要碰我下面的部位。」（讓對方明白知道你的尺度，可以摸胸部，並不表示可以進行性交）。

4.「我的界線只到這裡，我不希望有更進一步的親密行為。」（讓對方明白知道你的尺度，和你的明確態度）。

四、建設性的吵架

親密的兩人彼此在心理上依賴程度高，生活中的交集也多，但畢竟是兩個不同的人，很難對每一件事情的看法都一樣，很難所有的生活習慣都相同，很難所有價值觀的排序都沒差異，因為某些生活事情及價值觀決定不同，而意見不合或吵架也就難免。如何吵一個建設性的架，避免衝突惡化，也就成為進入親密關係的人必修的功課。換句話說，建設性的吵架是把焦點放在Rusbult（1987）所提的主動增進關係的向度來做努力。

以下有一些建議，提供參考：

對彼此的溝通方式差異和對親密的質與量有瞭解和分享：情感取向或任務取向的溝通，愛、歸屬與控制需求，可參考第七章的建議做法，如此可以減少許多不必要的爭吵。真的發生爭執了，也不用太害怕去面對，可注意以下原則：

(一)注意聲調、語氣

當發現自己聲調和語氣太激烈時，稍微放鬆緩和一下，就不會火上加油，也不會讓親密的人太感到被威脅。如果對方的聲調和語氣太激動，也可提醒對方，請對方慢慢用「說」的。

(二)不採敵對態度

敵對不是溝通的目的，溝通目的是要接納彼此的不同和達成共識，雖然意見不同，但有一個共同的目標是要對問題達成可接納的共識和做法。

(三)同時間只能一個人說話

衝突往往伴隨激烈的情感，雙方可能都處於激動的狀態，或者對方情緒更激烈，更急於想一股腦兒把話說出來，那麼遵守同時間就一個人說話的原則，說話的人一旦有人聽，一邊說話已經一邊把情緒抒解出來，就不再那麼衝動。聽的人就先聽、先穩住自己，如果聽的人情緒也很多，聽不下去，可以邊聽，邊想一些讓自己感覺舒服的顏色、空間或由一百往回數數，轉移一下情緒，等對方告一段落，再說自己的感受、想法，如果剛才因數數或想顏色，而沒有完全聽進對方的想法和感受沒關係，就先講你原本想講的，對方此時已較平靜，他可以聽進更多你的話，可以彼此逐漸再聚焦，再溝通。

(四)暫時各自冷靜

如果對方還沒準備好要溝通，那麼就先不要勉強，硬是勉強，可能帶來更多負向的情緒，何妨再等一陣子，會帶來更好的結局。同時告訴自己不要太快放棄溝通，每個人面對衝突所需的時間性是不太相同的，對方現在還沒準備好，並不表示不願意。

(五)對事不對人

每個人都是很重視面子的，吵架最好對事不對人，你不喜歡他做某件「事」或你不同意他的某「想法」，而不是你不喜歡他這個「人」或你完全否定他「整個人」，要有這樣的區分和尊重。

(六)最好直接溝通

儘量不要請人傳話，因對傳話的人也是左右為難，而且可能因每個人表達方式的不同，相同的意思表達方式不同，可能也會引起誤會，畢竟真正的問題是在兩人之間，要相處的也是當事人自己，何妨勇敢面對面直接溝通。不過，如果覺得有人當中間人較能緩和氣氛，

那麼也要界定好是「緩和」而不是「傳話」。

(七)眞誠認錯道歉

有時對方要的只是一句「對不起」，如果自己眞的錯了，就眞誠的先說一句「對不起」，三個字就可以化解衝突，何樂而不爲。然後，可以將自己當時之所以會那麼做或那麼說的原因情況說明一下，讓自己有表明的機會。當然，如果不是自己錯，一味的認錯，是很委屈和扭曲的，親密關係一味委屈，也是不健康的。

如果雙方已經進入熱吵、失控的狀態，就別戀戰，此刻最好的方法就是暫時先離開吵架的情境，雙方約定何時再談，千萬別一去不回。先各自離開情境，冷靜一下，就像立法院吵架、打架，主席會宣布暫時中場休息二十分鐘。暫停，讓情緒有一個緩和的新時空，進而讓雙方能較理性、客觀看待事情，和體會彼此立場。然後，再利用本章所提供溝通技巧的「聽」與「說」進行溝通。

約會成功之道

◎十項絕招

| 1.注意基本禮貌 | 2.分擔約會的開支 | 3.多參加團體活動 | 4.多溝通 | 5.態度明確 |

6.為他帶來　　7.體恤對方　　8.尊重對方　　9.坦誠　　10.讓他過自己喜歡
　驚喜　　　　　　　　　　　　　　　　　　　　　　　　的生活

◎十種忌諱

1.不整天言　　2.不經常遲到或爽約，　　3.不強迫對方扮演你心目
　之無物　　　　　要打電話通知　　　　　中的「白雪公主」或「
　　　　　　　　　　　　　　　　　　　　　白馬王子」

4.別太縱容對方　　5.不亂發脾氣　　6.別朝秦暮楚　　7.不放縱情慾

8.不矯揉造作　　9.不固執己見　　10.不荒廢課業

本章重點

1. 説的技巧

2. 聽的技巧

3. 溝通的高危險反應

4. 肢體與語言訊息

5. 聆聽與同理心

6. 吃醋溝通

7. 翻舊帳溝通

8. 性關係溝通

9. 建設性的吵架

Note

第 9 章

性別平等

- 性別平等
- 性別與生活

性別教育

本章包括兩大部分，第一節性別平等，介紹多元性別的相關名詞、性別平等相關法律的重點和性別平等的指標；第二節性別與生活，介紹性別平等的七個生活面向。

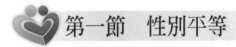

第一節　性別平等

本節首先介紹多元性別的相關名詞意涵與相關議題，其次簡述何謂同性戀、異性戀與雙性戀，以及性別平等相關法律的重點，最後介紹性別平等三類指標。

一、多元性別

「多元性別」尚未有一致的學術性定義，目前的概念性定義是：「指任何人之生理性別、性別特徵、性別特質、性傾向、性別認同及性別變更等差異情形。」生理性別，指生下來在生理的性器官上是男生或女生。性別特徵，指外顯的穿著、打扮、體型，看起來像男性或女性。性別特質，是指行為舉止與個性，較陽剛男性化或較陰柔女性化。性傾向，指對同性或異性產生性吸引。性別認同，指個人自己覺得自己是男性或女性。性別變更，指生理上從男生變女生或從女生變男生。

依以上概念性暫時定義，「多元性別」是指「LGBTQ」，亦即包括女同性戀（Lesbian）、男同性戀（Gay）、雙性戀（Bisexual）、跨性別（Transgender）以及酷兒（Queer）。茲說明如下：

1.女同性戀：對女性產生情感與性吸引、性幻想的女性。
2.男同性戀：對男性產生情感與性吸引、性幻想的男性。

3.雙性戀：不只對單一性別，對兩性均能產生情感與性的吸引、性幻想的人。

4.跨性別：不認為自己的性別是出生時就被決定的，他們可能會選擇變性。

5.酷兒：英文原意是怪咖的意思，泛稱同性戀、雙性戀、跨性別、變性者、反串者和脫軌踰越的異性戀等，酷兒是身體和性慾不符合主流的性別和性的標準。因為受到壓迫，卻欣賞自己與別人的不同。

關心多元性別的主要目的是不批評、不歧視、不霸凌，尊重彼此的不同，友善對待少數。

美國著名的心理學家塞利格曼（Martin E. P. Seligman）在其著作《改變》（*What You Can Change and What You Can't*）裡將性慾生活區分為五個層級。這五個層級中的每一層都源自於其更核心的層級，而越核心的部分則越難改變。

1.「性別認同」（sexual identity）：最核心的部分，是個體覺得自己是男性還是女性，性別認同總是跟其性器官是相符合的。但也有極少的性別認同和性器官解離的例子，例如有些男人（有陰莖與XY染色體）深信自己是女人卻被禁錮在男人的軀體中，或是有些女人（有陰道及XX染色體）覺得自己是男人卻被禁錮到女人的軀殼中，這兩種人叫做「跨性人」（transsexual）。

2.「性取向」（sexual orientation）：喜歡的是男人還是女人？以此區分為同性戀、異性戀或雙性戀者。但要回答此問題不需探究個人過去性交的歷史，而是要由性幻想對象的性別而定。

3.「性偏好」（sexual preference）：指身體的部位，或是什麼情境會使個人產生性衝動。對大多數男人而言，最容易引起他性衝動的是女人的臉、乳房、臀部和小腿；對大多數的女人而

言，最喜歡的男人身體部位是胸膛、肩膀、手臂、臀部和臉，但並非每一個人都是如此，有些人喜歡特異的身體部位和情境。

4.「性別角色」（sex role）：個人的作爲是否與大多數的男人或女人一樣，可藉由改變教養方式或其他意志力的方式來改變角色的社會化。

5.「性表現」（sexual performance）：最外面一層，指當個人在適當的性慾情境與適當對象發生性關係時，其性表現是否恰當。正常的表現會有勃起和高潮，反之，性冷感和性無能是最常見的問題。

依據塞利格曼的觀點，越深層的問題越難以改變，像跨性人屬於性別認同層次，是不可能改變的。性取向也很難改變，而性偏好一旦定型雖很難改變，但並非不可能。至於性別角色雖可改變，但既非如女性主義者以爲的那麼容易，也非反女性主義者以爲的那麼困難。而矯正性表現的過程很痛苦，但因其位於最表層，所以被改變的希望是很大的（馮嘉玉，2014）。

晏涵文教授表示，不管未來「多元性別」名詞會被如何定義，在性別平等中所強調的精神本就是性別後天角色的立足點平等與機會平等，因此不論是「生理性別」的男性與女性、「心理性別」的跨性別（生理男性但性別認同爲女性，或生理女性但性別認同爲男性）、「社會性別」的性別人格特質（如陽剛陰柔或剛柔並濟）及「性別氣質」（如陰柔男性、陽剛男性），或是「性取向」的異性戀、同性戀與雙性戀，我們都應予以尊重，並讓每個「人」不論其「生理性別」、「心理性別」、「社會性別」（含性別氣質）與「性取向」爲何，都能在社會上獲得同樣的機會去充分發展自己的能力、自我成長，並爲社會貢獻一己之力（馮嘉玉，2014）。

二、同性戀、異性戀與雙性戀

　　過去，由於人們對同志的不瞭解，而常將「同性戀」和「不正常、變態、恐懼、害怕、不對的」連結在一起。也因為社會文化主流較鼓勵異性戀，而強調「異性戀」才是「正常的、對的、被接受的、光明正大的」。透過對性傾向問題不斷地研究、調查、瞭解，現在則認為同性戀、雙性戀與異性戀只是性取向或性傾向的不同或流動，是沒有本質上的「對和錯、正常和不正常」問題，需要的只是對自己性傾向的認同和彼此的瞭解、接納和尊重。

　　無論是在性傾向的什麼位置，我們都應該相互尊重與彼此友善對待。我們該在意的或許是一個人對感情的珍惜投入，而不是他的性傾向，更不應將一個人的性傾向污名化。無論對方是同性戀、雙性戀或異性戀，都有表達自己愛的權利和被尊重的權利，世界人權宣言中明確寫著「人人生而平等」，清楚說明人不分性別傾向，在各項社會權利上應享有平等的機會與空間，我們應打破對不同性傾向者的誤解與歧視，彼此瞭解，打開胸懷，接納不同性傾向族群。

　　目前所有的同性戀人口調查與研究，呈現的數字彼此之間不大相同，整體而言，研究發現，同性戀人口大約是1～10%，不過一般社會科學都相信，由於同性戀受到歧視與排斥，實際的同性戀人口可能會比統計所顯示的數目還要來得高。

　　經過多年宣導和社會運動努力，大家逐漸接受同志是正常的，但同志權益卻尚未與異性戀者平等，台灣目前情況也是如此。不同社會文化對同性戀的觀念影響著同性戀者困擾的程度，在對同性戀瞭解越多、越接納的國家，同性戀者的困擾、壓力較小，在對同性戀越不瞭解或誤解或不願瞭解的國家、地區，同性戀者的痛苦、壓力越大。台灣在各方面越來越自由和多元，實在也應給予這1～10%的同性戀人口

實質的尊重與友善，因為同性戀者生活在以異性戀為主的社會，從覺察自己的性傾向到接納認同自己的性傾向過程已經比異性戀者辛苦，如果在他對自我認同之後，還要面對社會大眾異樣的眼光、不友善的態度，以刻板印象來評價，是何等不公平和殘忍。

目前，同性婚姻雖不普遍被社會大眾所接納，也無社會制度的承認或保障，然而，還是有經過努力的同志，透過公開的儀式，向世人宣布他們的婚姻關係，這對許多躲在暗處的同志是一正向積極的力量，說出自己的需求，爭取屬於自己權利的標竿。

三、性別平等的法津

性別平等相關法律有：《性別平等教育法》、《性別工作平等法》、《家庭暴力防治法》、《性侵害犯罪防治法》、《性騷擾防治法》、《兒童暨少年性剝削防制條例》、《消除對婦女一切形式歧視公約施行法》。

茲將重點整理如下：

(一)《性別平等教育法》

中華民國93年公布。適用於校園，以教育方式教導尊重多元性別差異，消除性別歧視，促進性別地位之實質平等，維護人格尊嚴，厚植並建立性別平等之教育資源與環境。重點有：

1. 學習環境：學校不得因學生之性別、性別特質、性別認同或性傾向而給予教學、活動、評量、獎懲、福利及服務上之差別待遇。
2. 課程、教材與教學：學校課程、教材與教學，應符合性別平等教育原則，平衡反映不同性別之歷史貢獻及生活經驗，避免性

別偏見與歧視。

3.預防與處理校園性侵害、性騷擾或性霸凌事件。

(二)《性別工作平等法》

中華民國91年公布。適用於職場，為保障性別工作權之平等，貫徹憲法消除性別歧視、促進性別地位實質平等之精神。重點有：

1.雇主對求職者或受僱者之招募、甄試、進用、分發、配置、考績或陞遷、教育、訓練、薪資、福利、離職、解僱等，不得因性別或性傾向而有差別待遇。
2.職場性騷擾的防治。
3.促進工作平等的措施，例如：生理假、產假、陪產假、育嬰假、哺（集）乳室等。

(三)《家庭暴力防治法》

中華民國87年公布，歷經多次修訂。適用於家庭成員現為或曾為四等親之內。此法主要是防治家庭暴力行為及保護被害人權益，包括家庭成員間實施身體、精神或經濟上之騷擾、控制、脅迫或其他不法侵害之行為。重點有：

1.保護令。
2.未成年子女的會面交往及改定權利義務行使人。
3.家庭暴力的預防，被害人的協助，加害人的處遇。

(四)《性侵害犯罪防治法》

中華民國86年公布，已歷經多次修訂。此法為防治性侵害犯罪及保護被害人權益。重點有：

1.性侵害犯罪防治與教育。

2.被害人協助與保護。

3.加害人刑法之外加身心治療。

(五)《性騷擾防治法》

中華民國94年公布，爲防治性騷擾及保護被害人之權益。重點有：

1. 機關、部隊、學校、機構或僱用人，應防治性騷擾行爲之發生，知悉有性騷擾之情形時，應採取立即有效之糾正及補救措施。
2. 性騷擾事件被害人除可依相關法律請求協助外，並得於事件發生後一年內，向加害人所屬機關、部隊、學校、機構、僱用人或直轄市、縣（市）主管機關提出申訴。

(六)《兒童暨少年性剝削防制條例》

以前的舊名是《兒童暨少年性交易防制條例》，民國104年2月4日更名爲此。目的爲防制兒童及少年遭受任何形式之性剝削，保護其身心健全發展。重點有：

1. 救援與保護。
2. 安置及服務。
3. 使或對兒童少年有對價之性交或性猥褻之刑責與罰則。

(七)《消除對婦女一切形式歧視公約施行法》

《消除對婦女一切形式歧視公約施行法》（The Convention on the Elimination of all Forms of Discrimination Against Women, CEDAW），是聯合國在1979年12月18日的大會上通過該有關議案，保障婦女在政治、法律、工作、教育、醫療服務、商業活動和家庭關係等各方面的

權利。我國此法在婦運團體催生下於民國100年公布，此施行法是以消除對婦女一切形式歧視，健全婦女發展，落實保障性別人權及促進性別平等。

四、性別平等指標

性別平等的相關指標有三類，一為性別平等教育課程能力指標，二為性別統計指標，三為性別平等指標，分述如下：

(一)性別平等教育課程能力指標

適用學校的性別平等教育課程使用，指標有三階段：(1)性別的自我瞭解；(2)性別的人我關係；(3)性別的自我突破。

(二)性別統計指標

我國行政院主計總處，中華民國統計資訊網性別統計專區，將我國性別統計，分福利、救助暨保險、社會（政治）參與、婚姻與家庭、人身安全、健康、教育、就業與經濟、媒體、交通與運輸、環境、文化與休閒等十一個大類。

(三)性別平等指標

世界經濟論壇每年發布的《全球性別平等報告》，評估追蹤全球國家的性別平等落差，評估方式是根據各國經濟地位、教育機會、健康醫療、政治參與等四大層面十四項指標，換算各國的兩性待遇落差。追蹤指標包括：就業率、薪資落差、收入所得、高階與專業職務人數、識字率、各級教育人數、出生性別比例、健康壽命年數、議員人數、部會首長人數、女性領導人執政時間等。

第二節　性別與生活

本節介紹我國性別平等政策及職場、學校與家庭的性別現況。

一、性別平等政策

我國「性別平等政策綱領（草案）」規劃我國性別平等施政藍圖。包括七大核心議題——「權力、決策與影響力」、「就業、經濟與福利」、「人口、婚姻與家庭」、「教育、文化與媒體」、「人身安全與司法」、「健康、醫療與照顧」及「環境、能源與科技」。

1. 「權力、決策與影響力」方面，強調將選舉中的婦女保障名額改爲性別比例原則，以提高女性職位升遷和決策參與。
2. 「就業、經濟與福利」方面，強化職業訓練培力女性就業、增加融資、創業輔導的資源管道與服務窗口，鼓勵企業建立性別友善職場。
3. 「人口、婚姻與家庭」篇，提出應發放育兒津貼及建立優質、平價、可近性的生育及養育環境，完善建立不同生命階段所需要的照顧服務體系；正視多元文化與家庭型態，打造尊重和諧之友善環境。
4. 「教育、文化與媒體」方面，致力於改善各級教育與科系的性別隔離現象，鼓勵學生適才適性發展，消除婚姻、喪葬、祭祀、繼承等傳統禮俗中具性別貶抑之文化意涵，並鼓勵媒體製播性別平等意識節目，以消弭性別歧視及性別刻板印象。

藉由性別間的相互尊重，跳脫性別刻板印象，消弭性別歧視

5. 「人身安全與司法」篇，落實建構對性別暴力零容忍的社會意識，提高司法及檢調單位處理婦幼案件的性別意識，在司法與警察體系普設被害人保護服務機制與方案，打造安全無虞的生活環境。

6. 「健康、醫療與照顧」方面，規劃長期照護服務法和各項配套措施，讓照顧者與被照顧者都能有尊嚴、健康與安全的生活，並建立友善醫療環境，擴大女性參與決策及尊重女性就醫權益，以充分的滿足不同性別的健康需求。

7. 「環境、能源與科技」篇，則致力於降低環境能源科技等領域內性別隔離現象，加強女性在環境、能源、科技、工程、交通、防救災與重建等領域能力建構與決策參與，並確保在政府所主導的科學研究、能源政策、減碳與氣候調適與交通規劃設計中，均納入性別觀點。

二、性別與職場

有三個角度幫助檢視工作職場與職涯相關的性別議題：(1)男女在決策權力階層中的比例；(2)性別職業隔離（sex segregation in occupation）現象，指男女性各集中於不同職業，典型的男性工作，例如：工程師、建築師、外科醫師、飛行員等，典型的女性工作，例如保母、小學老師、秘書、護士、空服員等；(3)玻璃天花板效應（Glass Ceiling Effect），比喻女性試圖晉升到企業或組織高層所面臨的看不見卻真實存在的障礙。

(一)男女在決策權力階層中的比例

各國來說都是男性遠多於女性。我國的情況是：

1.根據行政院人事行政局的統計，2000年之前女性在內閣中所占比例從未突破15%，2000～2010年間比例則在15～20%之間移動。

2.根據國際國會聯盟（IPU）2016年最新世界女性國會議員比，我國第八屆立法院女性立委比率達33.6%，擠入世界第二十名，且在亞洲排名第一。

3.聯合國開發計劃署（UNDP）提出的性別不平等指數（GII），我國2011年GII值為0.061，僅次於瑞典、荷蘭及丹麥，位居第四，優於亞洲之新加坡、日本和南韓。

4.聯合國於2014年人類發展報告中，性別發展指數（GDI），前三名皆為北歐國家，行政院主計處將台灣資料帶入公式計算的結果，我國位居世界第二十二名，在亞洲領先日本（第五十八名）和南韓（第六十二名），僅次於新加坡（第十六名）。

5.就性別權力測度中的「企業管理及經理人員比例」指標來看，台灣落在第八十六名，顯見國內女性在產業界的地位平均而言遠低於政治表現。

6.2015年全國超過15萬的志願服務者中，有79.4%是女性。似可說明女性與男性在社會組織中的差距不是參與程度而是權力分配。

我國在政治場域中，兩性差距持續縮小有助於性別權力測度的提升，未來若能在經濟場域中有效降低性別差距，在社會福利與勞動參與領域中致力性別平等，則無論是就性別權力測度或性別發展指標而言，我國都有機會成為亞洲性別平權的標竿。

(二)性別職業隔離

男女性分別過度集中於不同行業：

1.有些是工作環境因素，例如火車司機，因只能在火車行駛中用尿袋上廁所，女性在生理構造上無法完成。未來可鼓勵改善工作環境。

2.有些是性別刻板印象，例如男性適合什麼工作，女性適合什麼工作，純以男女性別為選擇標準。可以能力專長為選擇適合職業的標準。

3.根據學者的研究，一般而言，典型的女性工作相較於典型的男性工作，有薪資較低，行使權力的機會較少，在職訓練較少，較難有升遷機會（Treiman & Hartmann, 1981; Ostroff & Atwater, 2003）。男女若從事相同的行業，女性多擔任助手、佐理或行政工作，男性多擔任專門性、主導或管理工作（Kay & Hagan, 1995; Wickwire & Kruper, 1996; Reskin & Roos, 1990）。

4.突破性別的職業隔離，首先在就讀科系的選擇，其次在用人選

擇、分派工作上，能從「性別考量」轉爲「能力考量」，從「你是男生／女生，所以你適合念○○系」轉爲「你對○○有興趣和潛能，所以你念○○系」，從「你是男生／女生，所以你做○○工作」轉爲「你具備○○能力和特質，所以你做○○工作」。

5. 透過立法：《性別工作平等法》自民國91年立法通過，開始推動，強調從招募、甄試、進用、分發、配置、考績或升遷、教育、訓練、薪資、福利、離職、解僱等，不得因性別而有差別待遇。有助職涯上的性別平等。

(三)玻璃天花板效應

是一種比喻，用來描述女性或少數族群試圖晉升到企業或組織高層所面臨的一種無形的、人爲的障礙。升遷不上去，不是因爲他們的能力或經驗不夠，或是不想要其職位，而是有一層看不到卻眞實存在的障礙。茲分析如下：

1. 玻璃天花板效應的產生，可能來自於高階決策者需要企業管理學歷和長期與連續的工作經驗，許多女性雖有適當學歷，但礙於家庭照顧的責任，會中途離職、請育嬰假或準時回家照顧家庭，其次是女性體力上的限制，無法突破長時間工作和長期出差飛行等工作型態。

2. 性別或族群刻板印象，覺得女性較情緒化、較感情用事，對女性的決策力和影響力有較多的不確定和質疑。覺得原住民愛喝酒、及時行樂，對原住民就業的穩定性和貫徹力有較多不確定性和質疑。

3. 可多找尋突破天花板效應的前人楷模，例如：臉書（facebook）的首席營運雪莉‧桑德伯格（Sheryl K. Sandberg），學習他們突

破限制的態度、方法、觀念和歷程。

　　總而言之，千萬不要因為性別，設限了自己的職涯選擇，回到自己的興趣與能力，不要害怕別人的眼光，勇敢做自己，發揮自己的特質與長項，努力尋求周圍重要他人的支持及外在環境的性別友善，別讓性別侷限了職涯的發展，雇主也別因此失去人才。

三、性別與學校生活

(一)性別平等教育在學校

　　《性別平等教育法》自民國93年開始實施，已推動多年。性別平等教育在學校生活中不斷地推動，每學期有四小時性別平等教育課程。除此之外，努力的面向還包括：教育環境、硬體、制度及空間設計所形成的境教，及教育人員的身教，課程設計、教材發展、師資培訓、行政配合、理念溝通、教學實施、評鑑回饋等整體的研究、發展與實踐。以下的研究發現，提供教師在教學中自我提醒和調整：

1.有教室情境觀察研究發現，男學生往往獲得教師較多關注，在教室擁有較多發言機會。
2.老師等待男學生發表意見的時間較女學生長。
3.對男生的獎賞或誇讚多是有見地、有想法、勇敢、有成就等，獎賞或誇讚女生的多是守秩序、乾淨、聽話等。
4.課程設計方面，宜多提供男女學生批判與思考的空間和機會，容許學生詰問知識的真假與有效性。

(二)性別概念的發展過程

　　根據發展心理學家皮亞傑（Jean Piaget, 1896-1980）的認知發展

性別教育

理論（Cognitive Developmental Theory），性別概念的發展過程有三階段：

1. 性別認定（gender identity）：3歲的孩子會有「性別認定」概念，會正確回答我是男生或女生，
2. 性別穩定（gender stability）：4歲的孩子會發展出「性別穩定」概念，理解性別是穩定的，會正確回答我長大後是男生或女生。
3. 性別恆定（gender constancy）：5歲的孩子會發展出「性別恆定」的概念，能正確回答所問的有關性別的問題，也非常能掌握男生女生該做什麼。

　　性別概念發展過程，孩子會對相同性別的角色特別注意，並加以認同和模仿，例如：遊戲時學媽媽穿高跟鞋，學爸爸開車，分派玩伴擔任不同的角色和工作等。生活中的大人和童書讀物是兒童性別角色模仿的主要來源，身邊大人所言所行以及兒童所閱讀的讀物，如果不侷限於傳統性別角色，而有較彈性的性別角色行為，例如，男性不僅會修家電，也會洗衣服，女性不僅會煮飯，也會維修電腦，對兒童性別角色行為與能力的擴展，會有潛移默化的影響。

　　另外，鼓勵男女合校、男女合班、男女同組、座位混合，讓兩性有更多擺脫性別刻板印象，認識自我的情境，以及在幹部選拔、工作分配、活動指派、教學期待、場所使用規則或遊戲規則、評分標準等，是以能力及特長為依據，不是性別。同時，在建置校園時，提高女性廁所間數，避免校園死角，也都是可以思考調整的方向。

四、性別與家庭生活

　　家庭中的性別平權包括父母親本身的性別觀念、父母親兩人之間

的互動方式及分工程度、父母對子女的教養期待與態度、子女人格養成上。

(一)性別觀念上

　　無論兒女生理性別，能依孩子的天賦給予探索的自由和發揮的機會，不因性別限制孩子玩的玩具、遊戲，所穿衣服的顏色，所閱讀的書籍，所選擇的才藝，所就讀的科系，讓孩子天賦自由，讓孩子將自己的潛能發揮到最好。筆者觀察，在台灣，以上幾點最難做到的是科系的選擇。子女和父母在大學科系選擇上常有衝突、折衝、折衷、妥協，折衝有兩個焦點：(1)生理性別，父母常說的話是：「男生選理工比較好，女生選文組比較適合」；(2)性別工作價值觀，父母常講的論點是：「男生念這個以後比較有出息，女生念這個比較好兼顧家庭。」此時此刻，把過去對孩子小時候的多面向培養全放一邊，「那只是培養興趣，不能當飯吃」。

(二)夫妻互動上

　　人類的學習最早來自模仿學習，後來加入認知學習，於是家成為孩子的第一個學校，父母成為孩子的第一個老師，父母的言行舉止，成為孩子模仿學習的對象，孩子做著跟父母一樣的動作，孩子說著和父母一樣的話。夫妻之間的互動也成為孩子學習與異性相處的基本模式，夫妻之間有良性的溝通，衝突時能對事不對人，以成人狀態（A）和成人狀態（A）溝通，情感交流時，能有同理心和溫暖的滋潤型父母狀態（NP）。日常生活能互補不足，相互替位，溝通商量，分工合作，對子女來說就是樹立性別平等互動的好楷模。

(三)家務分工上

　　國內過去的研究結果發現，不管是職業婦女還是非職業婦女，

她們都是家務的主要負擔者，家人都只是給予支援的人。女性負責大部分的例行性家務，例如：買菜、煮飯、洗衣、接送小孩，而男性參與的家務是非例行性的家務，例如：購買大型家電、修理器具、整理陽台。這種家務分工型態，使女性家務時間遠超過男性，且使女性的家務工作顯得瑣碎、不重要、甚至不被看見，因爲沒多久就又沒了，要再做，男性的家務久久做一次，投資報酬率高。現在男女性就業人口是51（男）：49（女），多數家庭是雙薪家庭，父母都外出工作，男性主動參與更多家務的現象有提升，和之前比較，先生參與更多例行性的家務，例如：接送小孩、幫兒子洗澡、倒垃圾、衣服丟洗衣機洗、按掃地機掃地、收餐桌。美國有一個有趣的調查，問受訪家庭先生和太太，他們家中是誰做大部分家事，結果發現，先生的回答中，有14%的先生說是自己，86%說是太太做大部分家事，而在太太的回答中卻只7%說是先生做大部分家事，93%認爲是她們自己。可見對於「誰做比較多家事」有主觀上的差異。此調查應用到家務的分工上，或許可以有個小小家庭會議，納入家庭所有成員討論「家事是所有家人的事」、「家事有哪些？誰做哪一些家事？家事任務如何輪流？」讓所有家庭成員有機會參與並互相體貼，「共知、共行、共守」。

(四)子女教養上

多數的家庭現況是無論母親是否上班工作，子女的日常教養，多由母親擔任，如餵養孩子、生病照顧、買衣服、傾聽孩子、說故事、陪做功課、簽聯絡簿、參加學校活動、親師座談會、學校志工等。父親較常參與的是給零用錢、獎賞孩子、假日出遊開車等。因此建議母親逐步讓出機會，父親自己逐步製造機會，例如簽聯絡簿、親師座談、說故事、陪做功課等教養事宜和傾聽子女的生活心事的機會。如此，不但促進家人親子之間關係更親近，子女也會學習父母模式，未來夫妻共同參與子女教養就是自然的事情。

(五)人格養成上

　　榮格等多位心理學家及其理論，都認為男女均具有關懷和照顧別人的陰柔特質，也都有積極進取的陽剛特質，缺的是機會和練習。同時，父母給孩子安全感和信任感，建立良好的依附關係（attachment relationships）有助於人格的養成。成熟的人格是陽剛陰柔兼具、對人的安全感和對自己的自信，想培養以上三特質成熟人格的孩子，父母需要的是陽剛陰柔兼具的以身作則和建立安全型的親子依附關係，協助孩子全人發展和從小建立人際的安全信任感和對自己的自信心。

五、結語──平權的好處

　　實踐性別平等的好處主要有兩方面，首先對男性和女性都能爭取更彈性的生活型態，男性能發揮男性原本就有，卻被潛藏的照顧、關懷的陰性特質，在家庭與工作中強化關係。同時，也讓女性有勇氣發揮能力與專長，把握表現的機會，在家庭與工作中擔負更多決策責任，不受限於傳統性別角色，每一個「人」能活出有自己獨特性的「人」生，發展天賦潛能。

　　其次，是學會尊重與給予機會，性別平等養成的過程重點是尊重差異，友善對待，尊重少數，尊重彼此的不同和不忽視少數人的權益，大家擁有相同機會。引用國內性教育專家晏涵文教授的說法：「讓每個『人』不論其『生理性別』、『心理性別』、『社會性別』（含性別氣質）與『性取向』為何，都能在社會上獲得同樣的機會，去充分發展自己的能力、自我成長，並為社會貢獻一己之力。」（馮嘉玉，2014）

　　另有學者提醒，性別平等的施行必須放在社會文化脈絡中思考，引用瑪格莉特·米德（Margaret Mead）（1967）對新幾內亞三個現代

性別教育

原始部落所進行的研究，性別角色必須放在社會文化脈絡中思考，如何能針對不同文化，提出更適合的性別觀點或性別教育方案，很需要做長期深入的研究。

本章重點

1. 多元性別
2. 性別認同
3. 性取向
4. 性偏好
5. 性別角色
6. 性表現
7. 性別平等教育法
8. 性別工作平等法
9. 家庭暴力防治法
10. 性侵害犯罪防治法
11. 性騷擾防治法
12. 兒童暨少年性剝削防制條例
13. 性別平等教育課程能力指標
14. 性別職業隔離
15. 玻璃天花板效應

第10章

性別關係危機與處理

- 性關係危機與處理
- 三角戀情危機與處理
- 恐怖情人危機與處理

本章性別關係的危機與處理，包括三個主要議題：(1)性關係的危機與處理，包括性生理、性心理、懷孕、約會暴力；(2)三角戀情的危機與處理，包括三位主角的心理狀態、問題處理的分析與提醒；(3)恐怖情人的危機與處理，包括恐怖情人的特性、演化成恐怖關係的前兆，預防與處理。

第一節　性關係危機與處理

性關係的危機與處理包括三個面向：性誤解、性行為與懷孕、約會暴力，就此三面向除了有所說明，也整理面對問題、處理問題的方法與步驟。

一、性誤解

(一)對「性回應」的誤解

單獨相處在密閉空間，女生態度很親切，男生誤認這女生可能有意與他發生性行為；當女生說「不」時，男生可能誤認為只是害羞和必要的矜持，其實是「可以」；當女孩抗拒時，力氣不大，男孩可能忽略或認為是性關係過程中的回應，這代表願意；男生可能不認為他在強暴，而認為只是說服。

如果雙方是傳統與固定的「男主動女被動」的相處模式，男生從開始追求時就主動，而女生常不說自己要什麼或不要什麼，那麼以上情況發生的機率就會更大。如果雙方還有「男高女低」的權力地位關係，女生在過程中改變心意，不想有性行為，男生可能會責怪她不是好情人，怎麼不順著我，或認為她只是鬧情緒而已，不加理會。

(二)對「性愉悅」的誤解

　　男生不瞭解女生對於接吻、撫摸表示愉悅，並不表示她此時喜歡或同意發生性行為，此時與她發生性關係，她不見得也愉悅。對女生來說答應親吻，就只是親吻，到答應性行為完全是兩回事。女生有身體的接觸只是為了身體的接觸，擁抱就只是想擁抱，接吻就只是到接吻，後續更親密的行為，不見得是她想要或已經準備好要發生的，對女生來說身體的接觸不是一系列親密行為的全面啟動，而是一階段一階段的到此為止。

(三)對「性曲線」的誤解

　　女生的性曲線或性行為歷程是緩慢上升的，而不是像男生的性曲線或性行為歷程，一旦啟動性衝動就很快達到高峰，並想一路直線完成；換句話說，男性的性行為歷程是直線性、短時間，而女性的性行為歷程是緩慢的、長時間的，如圖10-1。

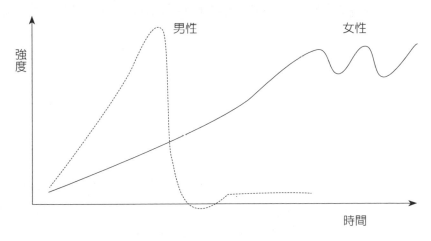

圖10-1　男性與女性的性行為歷程

(四)對「性意願」的誤解

男生有時會困惑，我們都發生過了，爲什麼不可以？爲什麼妳還拿翹，情緒時好時壞不穩定，很難捉摸，是不是故意不給。但對女生來說，每次性關係都是新的意願關係，答應一次就是一次，答應一次並不表示每次都願意，不應該強迫對方做她不想做的事。

二、性行爲與懷孕

(一)影響青少年性行爲的社會因素與心理因素

合意的婚前性行爲發生已經是不鼓勵不禁止，有以下的社會因素和青少年個人心理因素：

1. 都市人際疏離和寂寞感：青年人口流向都市就學與就業，出門在外的青年男女脫離傳統道德及家庭的約束，加上都市中人際疏離和寂寞感，很容易發生婚前性行爲或同居，但家人並不知情的情況。
2. 情境壓力低：許多大學的附近有所謂的「同居巷」，多穿著拖鞋、著輕便衣物、相互摟腰牽手的男女學生一起出來吃飯，「許多人都這樣」的情境下，也讓婚前性行爲和同居的社會壓力減輕。
3. 同儕尊重度高：時代開放，同儕對婚前性行爲與同居多採尊重的態度，普遍認爲「只要他們自己知道他們在做什麼，也願意負起可能發生的責任，沒什麼不可以」，其實，這樣的態度還算是較成熟負責的想法，只是要瞭解當事人是否輕估了責任和後遺症。
4. 「性」商業的年齡層往下降：業者進行「有學生證的」招攬手

段，同時，青少年間流傳「有性行爲表示自己長大」的錯誤認知，也讓青少年性行爲比例增加。

5.個人錯誤的愛情認知：錯誤地想藉發生性行爲，以套住對方或表示愛對方，錯誤的認爲「發生性行爲，表示對方是我的人或我是對方的人」，但是，性行爲和愛情是兩回事，因爲發生性行爲並不能保證不會分手，也不能保證兩人愛情不會變質；有時會因爲輕易得到而不珍惜，甚至嫌棄，或是因爲有發生性行爲，而讓分手時個人心理價值的失落更重。

6.個人錯誤的依附關係與想像：錯誤的想像愛情就是要做到別人沒做到的犧牲或付出，才表示我們彼此全然愛對方，要無所保留，才有安全感。但是安全感的愛情依附關係不是來自性關係，而是來自信任。

7.男女歸因不同：發生婚前性行爲之後，男性和女性的歸因也不相同，男性通常歸因於當時情境「太誘人」，而女性通常歸因於是「我不好」，男性把責任推給外在情境，女性則拿道德標準評價自己，反映男女對婚前性行爲有不同的歸因和心理反應。

(二)預防與處理

要預防和討論的是「非自願、不小心、非預期」的懷孕。許多父母的態度是子女成年要發生性關係，後果自己要負責，但是子女成年才20歲，是沒有真能力真負責的。

預防之道，當然是確實避孕。確實避孕，有許多簡單有效的方法，例如算安全期。有人存著僥倖的心態，不會那麼剛好，一次沒關係。許多未成年的懷孕，多是因爲存著「不會那麼剛好」的心態發生的，確實避孕，真的才是預防的好方法。

真懷孕了，已經是生命，有人選擇墮胎，有人選擇生下來之後給

需要的人領養，有人選擇生下來自己養，無論做何決定，都是當事人生命很大的非預期與意外，很需要跟信任的人討論利弊得失，討論對之後生活與生涯發展的影響，找出或標定可能的資源和幫忙的人，政府也有提供未成年懷孕的醫療與心理諮詢，可上網找提供的單位和地點。

三、約會暴力

當你聽到「約會暴力」（dating violence）時，你會想到什麼？會有什麼反應？你想，怎麼可能？好可怕！其實，「約會暴力」早就存在我們的社會中，但由於雙方熟識且處於約會關係的狀態，容易模糊約會暴力也是違法的本質，雙方較易以私下和解的方式處理，而不會經由法律途徑解決，不容易為媒體所報導，社會大眾因而較少聽到此類案件的發生。

「約會暴力」，係指約會關係中的雙方所發生的暴力行為，包括精神暴力（含語言暴力、情緒暴力）、肢體暴力和性暴力。精神暴力指來自對方的言語辱罵、嘲笑外表、批評得一文不值、忽視你的感覺、冷漠回應你、情緒出氣筒、跟蹤控制、威脅等行為。肢體暴力指對方徒手或使用物品造成身體上的傷害。性暴力是在違反對方的意願下進行性行為。

國內沈瓊桃（2013）研究調查發現，59%的學生表示曾有約會暴力的受暴經驗，包括遭受伴侶的精神暴力（55.5%）、肢體暴力（18.6%）與性暴力（7.6%）。另有62.4%的學生表示曾有約會暴力的施暴經驗，包括施予伴侶精神暴力（60.6%）、肢體暴力（24.3%）與性暴力（6.7%）。大專青年遭受約會暴力的盛行率高達六成，但受害者多仰賴個人系統來因應約會暴力，甚少求助於正式體系，使得約會暴力呈現盛行率很高、但能見度很低的現象。建議教育體系與親密關係暴力防治體系應積極宣導健康、無暴力的約會關係，並教導學生如

何因應親密關係中的暴力衝突與保障自己的人身安全。

　　約會暴力中最難啓齒和舉證的是性暴力，又稱「約會強暴」（date rape），泛指約會行爲中，一方在違反對方的自由意願下，所從事的具有脅迫性與傷害性的性愛行爲。約會強暴是「性暴力」，是「熟識者強暴」的一種，發生在約會雙方當事人間的強暴事件。「約會強暴」是對被害者身體以及信任關係的一種暴力犯行，可能發生在租處、宿舍、家裡或任何地方。

(一)約會強暴的特徵及其產生的心理創傷

◆約會強暴的特徵

　　約會強暴通常具有下列特徵：

1.當事雙方認識，且可能建立良好甚或羅曼蒂克關係。
2.加害過程通常不需使用武器或暴力，而多憑藉口頭脅迫或其他壓力（Koss, 1988; Muehlenhard & Scharg, 1991）。
3.受害者缺乏「極力反抗」的證據，如破裂衣物、身體傷痕等。
4.受害者可能延誤立即報案的時機（Warshaw, 1988）（羅燦煐，2014）。

◆約會強暴產生的心理創傷

　　約會強暴產生的心理創傷有四大特性：

1.自責深：因雙方熟識，會讓被害人有自己「識人不深」或「我有錯」、「我可以避免，卻沒避免」、「我其實可以怎樣，但我沒有」的自責傾向。
2.很難對加害者堅持採取法律訴訟：由於雙方的熟識關係和當事人的自責和自我質疑，使得事件外的第三者和當事人容易模糊了強暴案件就是違法的本質，會有較大寬容性，這也會讓被害

人更自我質疑,我是不是太敏感了,我被強迫的感覺是錯覺,而無法堅持採取法律訴訟。

3.二度傷害重:因被害人的自責和自我質疑,以及延遲報案或延遲走司法途徑,以上的心理狀態和司法延遲會使證據消失,被害人在司法過程會有更多被誤解和質疑的二度傷害。

4.支持度低:一般人錯誤的觀念認為既是約會中發生的事,多是雙方的誤解,不應過度反應,或雙方各說各話,外人不宜置評,使得被害人較不易獲得正式或非正式的支持。

專家認為約會暴力可能是婚姻暴力的前奏,依國內婚姻暴力由11.7～35%的數據來看,約會暴力是我們在兩性關係教育和輔導上需加強認知及預防處遇的重要課題。

(二)預防與處理

約會暴力是約會關係中發生的精神、肢體或性的暴力,約會暴力產生的心理創傷,除了暴力的心理創傷,還有信任關係的心理創傷。學習事先預防與及時處理的方法,有助避免心理創傷的產生,或使心理創傷歷程縮短。預防與處理分以下三大面向:(1)SAFE原則;(2)STOP口訣;(3)界線與警覺;(4)身體自主權,分述如下:

◆SAFE原則(摘錄改寫自現代婦女基金會文宣)

1.S(Security)尋求安全:約會需將安全條件放在第一順位考量,不單單是女性的安全,而是雙方的安全。曾經發生多起深夜在山區看夜景、在海邊聽濤聲的情侶,被流氓人物騷擾、綑綁,女生被輪姦,男生被殺重傷的不幸慘劇。「深夜」是危險時間,「山區」、「海邊」是危險地點,求救無門,遠水救不了近火。

2.A(Avoid)躲避危險:拒絕不當的邀約,就是躲避危險最好的

預防之道。如果你覺得約會的對象可疑，或約會的地點詭異，約會的時間不恰當，當事人就要馬上拒絕，不要猶豫，不要覺得拒絕人家好像不好意思，請你想想你的「人命安全」，「拒絕」就沒什麼不好意思的了。

3.F（Flee）逃離災難：約會當時，發現對方有不良企圖或約會地點偏僻，人煙稀少，應儘速離開。雖然發現危機較晚，但即時行動，總比發現了還讓情況惡化或不行動來得好太多了。

4.E（Engage）緩兵欺敵：發現對方有不良企圖，但無法立即逃離時，要鎮靜，以緩兵之計欺瞞對方，等待有利機會採取行動及措施。例如，告訴對方自己是生理期，或染有性病等。曾有一案例，是倖存者告訴對方，自己很願意配合，但希望能有一個較舒適的地方，倖存者就在轉移陣地的過程中，趁人多時逃離並報案。

◆STOP口訣

除了約會SAFE安全原則之外，也有一個STOP口訣，目的在提醒約會前應先「停下來」想想，這次約會在人、事、時、地方面是否安全（改寫自現代婦女基金會文宣）：

1.S（Security）安全：浪漫的約會是奠基在安全的環境之上，失去了安全，約會的浪漫，可能成了難以抹滅的悲慘經驗。例如，可以相約晚上去山上看夜景，但別太晚，如果附近看夜景的人群已經漸漸稀少，馬上打道回府。

2.T（Time）時間：是指約會時間要「正常」。例如，只見過一次面，卻邀約晚上一點鐘單獨出遊，這就不是「正常」的時間。遇到這樣的邀約，應毫不猶豫的拒絕。如果已經是男女朋友，而對方單純想要有浪漫時光，而沒有考慮到安全問題，也應明白提醒，以保護雙方安全。

3.O（Occasion）場所：是指約會場所要「正當」。戀愛的約會地點宜選擇公開、明亮的場所，讓雙方可以多一些共同參與活動，想聊天，多瞭解彼此的場所，可選擇人多的咖啡廳、茶餐廳、風景區的湖邊或草地；想一起活動喊叫，可選擇看球賽、打球、演唱會等同歡。

4.P（Person）人：是指約會的對象要「正派」。正派並不是從外表的穿著可以看出來的，而是從言行、舉止、態度和個性上來觀察，如果對方喜歡用污穢性言語評論人，常忽視別人的意見、權益與感受，以及說黃色笑話為樂，常侵犯別人空間，則需堅定拒絕對方。

◆界線與警覺

約會暴力會發生，但也是可以預防的，從平時思考的問題和注意防暴的策略，隨時觀察身邊可能的危險，增加對約會對象深入的認識等，是可以有效預防約會暴力的，綜合專家建議六點提供參考：

1.清楚自己的身體界線：要知道自己願意和此人發展到何種肢體的親密程度，而非由氣氛或情境來決定。

2.清楚、直接及明確的溝通自己的想法及感受：別對約會暴力找理由、藉口或忽視，或不置可否，別說「別這樣好不好」此類間接拒絕又徵詢對方意見的話，而改說「我不要，請你尊重我」。

3.別擔心因為說「不」而破壞關係：你只是清楚拒絕你不喜歡做的事，並不是拒絕某個人的全部，你有你身體的自主權，別人不能替你決定。不必怕傷了對方的心，真正愛你的人應該尊重你的感受與意願。

4.判別對方是否有約會暴力傾向：小心披了羊皮的狼，例如此人常拿性徵開玩笑；常任意改變兩人的決定事項或常乾脆自己做

決定，根本不管你要不要；他常忽略你的意見，你說「不」時，他仍固執地做他要做的事；他被你拒絕時，會說一些令你有罪惡感的話；他喜歡掌控所有的事物，很難尊重別人的意見想法，會想盡辦法說服別人去配合他；喜歡毛手毛腳，侵犯個人的安全空間；情緒起伏大，生氣會隨手摔東西、捶牆壁。

5.安全約會時間、地點與活動的選擇：約會時間避免太早或太晚，也避免拖到午夜或凌晨；約會地點避免自己不熟悉的場所或地區，如對方家裡或旅館房間、偏僻的樹下、少人經過的情人椅、無人角落、車子裡等等地方；約會內容若有要喝酒或飲料助興的活動也要儘量避免，並注意飲料封口是否已經開過，目前各藥房也有販售普遍被使用來迷幻的FM2試紙，三秒到十秒即可驗出飲料中是否含有迷幻藥。

6.人際支持網絡：要有朋友和信任的人知道你的交友狀況，約會之前儘量將約會的對象、地點、時間、預定返回的時間告訴可信任的人；對不太熟悉對象的初次約會，最好對其品行有瞭解之後再考慮，別貿然赴會；第一次的約會最好改為有其他朋友陪同的見面方式。

◆身體自主權

約會可以很美好、很安全、很幸福，但也可能是「很糟」、「沒感覺」，甚至是「約會暴力」，如果不想在回憶約會關係時有負面的感受，就必須體認每個人都是獨立的個體，不是別人的附屬品，尊重別人和愛自己最好的方式就是「尊重身體自主權」，我們是自己身體的主人，沒有人可以強迫你做你不想做的事，堅決的阻止對方做各種精神、肢體與性暴力行為。

發揮身體自主權的具體做法是：

1.充實性別知識與瞭解性別心理：閱讀性別心理的著作及專業文

章，充實性別知識，瞭解性別心理的差異，才更有能力好好經營健康的愛情關係，才更有能力分辨是非對錯與合理性，這是主掌自主權的第一步，因爲「知識就是力量」。

2.充實正確性知識，瞭解性心理：當我們對於某項事物瞭解得越清楚，越能平和有效地做適當處理，性方面也是如此，從醫學類書籍或醫師寫的推廣書籍獲得正確的性知識，值得提醒的是，網路上的資訊需過濾資訊來源和撰寫者的專業背景，以醫學專業網站爲宜。

3.思考「約會暴力」相關問題：隨著自己的成熟及人際關係發展，要面對的約會問題自然而然會在生活中出現並不斷地挑戰自己的想法，例如，對方情緒管理不佳，暴怒與約束自由的行爲，要如何處理？對方動手了或摔東西，造成身體上的傷害或情緒上的恐懼，要如何處理？允許自己和男女朋友的身體接觸到什麼程度？身體接觸程度和感情的發展有沒有相對應的關係？要不要同居？同居後果可能有幾種？讓自己溫和而堅定地清楚表達自己對約會關係的態度。

4.和伴侶確實溝通：「愛就是什麼都不必說」是對愛的迷思，是錯誤的想法，愛其實是非常需要溝通的，愛情中的「性」與「關係」很需要溝通。關於「性的溝通」，有時會覺得難爲情，不知如何開口，要告訴自己，既是感情中會遇到的問題就有必要好好溝通，就像要討論如何安排假期一樣是自然的事，可以溝通的問題包括：說「不」的權利和尊重、太快的身體接觸有沒有讓自己產生罪疚感、雙方對身體接觸所允許的程度和期待、雙方看待性在感情中的地位、依感情進展程度和性接觸的程度，兩人要如何避孕、如果不小心懷孕要怎麼辦等等，記得要「溫和而堅定」地清楚表達自己對性的態度，如果對方的要求，違反你的意願，你可以大聲說「不」。「關係的溝通」

包括溝通的廣度與深度，話題廣度能包括家庭、學業、人際、生涯和感情，隨著認識相處的時間加長，深度能越來越深。溝通時可以先分享某個事件，再分享個人的想法和感受，兼具事實與情感的溝通，可以更深入瞭解彼此的適合度。

5. 鼓起勇氣跨出第一步：最後一個步驟就是鼓起勇氣，真誠的面對和享有「當自己身體主人」的權利，每個人都擁有自己身體的自主權，任何違反個人意願的要求都是無禮、無理和不應該的。法律的條文也很清楚是站在維護身體自主權的立場。當你這樣做，你會發現和異性相處起來更自在，更能表達自己，雙方更能互相瞭解和尊重，更無壓力。

 ## 第二節　三角戀情危機與處理

很容易找到三角戀情的新聞，因為三角戀情而釀危機的事件也不少，類似案例多，代表著此類事件的發生，除了個人因素之外，也有社會層面的問題，這讓我們須正視三角戀情及其危機發生率，也提醒此議題在性別關係上是不容忽視的，是該提高警覺的。

成年期人生發展的任務之一就是建立親密關係。生活中有一些人吸引我們或我們為某些人心動，都是很自然的事情。如果雙方是在非固定約會期或異性群友期的階段，多交一些朋友是很好的事情，多認識異性，多在和異性交往的過程中瞭解自己，都是很自然的事情。

但是，一旦主角之一是在固定約會期，有固定的男女朋友或已經和另一個人進入異性密友期的時候，第三者的介入就會引起很大的關係緊張和敵意，因為這時他的男女朋友已經是被他歸類為現在「生命中重要的人」之列，有人想要搶走他生命中重要的人，當然會引起對方相當大的敵意和反擊動能。

　　所以三角關係的危險是在於當其中兩人已經形成固定穩定雙人連結時，第三者的進入，會威脅到其中一個人的存在感，當一個人的存在感受到威脅，反擊的力量是不可忽視的。

　　若情緒管理較佳，就是好好講出自己的底線和期待，給對方一定期限，處理掉新關係或者結束舊關係。若情緒管理不佳、缺乏疏導管道、想法偏激或情緒失控，「人我界線」不清，把對方看成是自己的所有，危機感與被剝奪感高漲，那傷人或自傷的事件就很容易發生。

一、三角關係的原因

　　三角關係的成因是三面向的，可分為：(1)個人因素；(2)關係因素；(3)情境因素。這三因素之間交互作用，以及三者交互作用，形成複雜的動力狀態與三角關係的結果。

(一)個人因素

　　個人對關係的承諾程度、個人對目前關係的滿意度、處理關係問題的能力、面對出軌的態度（裝聾作啞、報復、好好說清楚）、認知上偏誤（想刺激對方多注意他、更愛他、想被重視、想藉此證明自己的價值）。

(二)關係因素

　　因為各種因素，使兩人關係有裂縫，但沒有面對和處理，任裂縫隨時間越來越大、越來越長，威脅兩人關係的穩定性。

(三)情境因素

　　以力學觀點可簡單分為：

　　1.推力（聚少離多、遠距離）。

2.吸力（近水樓台、日久生情）。

3.反作用力（雙方用批評的方式溝通）。

二、三角戀情的處理

不同類型的三角關係，需要有不同的處理方式。不同的當事人有不同特性，還有三方之間的關係特性，都是處理三角關係要考慮的重點，很難有放諸四海皆準的處理方法。不過處理的時候一定要掌握「尊重、謹慎」的大原則，提供以下幾個原則，作為處理個別三角問題時的參考：

(一)三角關係的中心主角

這裡所謂的「中心主角」是指同時被兩個人愛的人，或腳踏兩條船的人，或稱劈腿的人。例如，異性戀中同時被兩個男生愛的女生，或同時被兩個女生愛的男生。如**圖10-2**中的二男一女圖中的女生，二女一男圖中被塗黑的男生。

1.先以三角關係圖的方式，澄清目前三人之間的感情狀態。問問

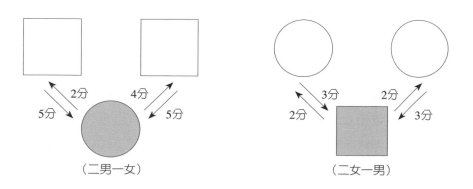

圖10-2　三角關係圖例

自己，如果以1～5分來表示，你愛他們有幾分，強迫自己一定給個分數。以你的感受，他們愛你有各有幾分。如果分數有差異，可以進行第三步驟。如果分數都相同，請進行第二步驟。

2.眞誠地跟他們兩個人道歉，自己目前陷在三角關係中，很痛苦，這不是你願意持續發生的事情。另外也邀請他們談談自己的看法、感受，以便讓你更瞭解他們的立場和討論出傷害降到最低的處理方式。

3.事先沙盤推演，要怎樣告訴第三者你的決定。千萬別一拖再拖，也別打迷糊仗，該道歉就要誠心道歉，該處理的事就要眞心處理，儘量以「我訊息」來溝通說明，例如：「我眞的很抱歉，要誠實告訴你，請原諒我的錯誤，想聽聽你的意見」，並愼選溝通的安全時間與地點。

4.過程中，可以找專業心理諮商人員幫你澄清自己的狀態，預測其他兩人可能的反應，討論可能的處理方式，以及要如何溝通表達的技巧，自己情緒的調適，責任的釐清並負責。

5.通常會先建議中心主角先暫停與第三者的關係，把自己與第二主角的關係整理與處理清楚。

(二)三角關係的第二主角

這裡所指的「第二主角」是指原本戀愛關係的對象。

1.問問自己，你有多愛他，你覺得他有多愛你，1～5分的標準評估的話，彼此的分數是否相當。

2.愛情是相互的事，趁這機會，兩人分享更深的對愛情的看法和想像，更深的瞭解彼此的情感需求，看兩人對愛情關係的想像落差在哪裡，看兩人關係哪裡出現裂縫。

3.詢問中心主角，自己可以做哪些事幫忙他度過這段情感的高壓

力期。

4.自己也想想，這份感情值得再努力嗎？

5.通常建議第二主角，想想：

(1)你們之間的關係是可以再努力的，你願意原諒他。

(2)還是你很重視信任與專一，關係中出現第三者就破壞了基礎的信任。

(3)還是你們之間真的較少深度溝通，願意再溝通清楚。

(三)三角關係的第三主角

「第三主角」是指三人關係中最後出現的人。

1.正向自我心理建設：兩個人喜歡上同一個人，至少表示你們的眼光是差不多的，欣賞的對象是一樣的，從這個角度看，你們有相似點，似乎沒必要完全的不友善或敵意。

2.愛情是相互的：強留一個不愛你的人在身邊是不會幸福的，即便自己心中有無限惆悵和失落，但仍請尊重中心主角的決定。如果是真愛，那也請他別繼續傷害你，給你完整的愛。

3.平和結束才是重點：不管關係最後結果如何，三角關係要平和結束，永遠是最重要的重點。大家都有責任，讓三角關係平和落幕，才是成熟的人。誰鬧出悲劇，表示那個人不成熟、非理性，那優劣立刻現形。

4.情緒調適：第三者除了要承擔社會道德壓力，心理壓力也不小，心中老盤旋擺盪何時才能是一對一的單純關係，過程也不好受，通常礙於社會道德壓力，也不太敢跟別人說自己的感情情況，很需要自我情緒調適，或找專業諮商師求助。

5.尊重自己：通常建議第三者，將問題的思考回到自己和關係。首先，委屈當不能曝光的第三者或曝光後要承擔社會壓力的第

三者，自己要有這樣的心理準備。其次，回頭想自己的成長過程，在親近的關係上是否有失落的經驗，要重新健康地面對自己心中的失落，或許可擺脫這樣的關係模式。

(四)三角關係的關係人

三角關係中，三位主角身邊的好朋友或家人，稱之為主角們的關係人。其實，這時候你最重要的角色是情緒支持者，聽他們講他們心中的苦惱，和他們一起罵某某人的不是，可以適度適時分享你對這件事的感受和想法，但是，千萬別堅持主角們一定得照你的意見去做，否則會給主角太大壓力，或不敢再跟你說他的心事，你可以提建議，但決定權在主角身上，畢竟那是他的感情生活，那是他要經歷的心路歷程。別忘了，你是朋友、家人，不是當事者，你重要的責任和角色不是做決定，而是情緒支持者。對陷落在三角戀情中的人來說，最需要的是陪伴和情緒的接納，我們不一定認同他的做法，但陪伴他，讓他不感覺孤單，預防和避免負面的想法和行為，才是比較重要的。

三、三角關係的預防

預防三角關係最好的方法，就是避免讓自己陷入三角關係的情況裡。愛情關係中，要面對的問題和經營的層面已經不少，若讓自己陷入三角關係，是讓情況更複雜，而且是更嚴重和更嚴肅的挑戰。

避免進入三角關係，是需要一些關係敏感度、愛情敏感度和分析能力與技巧的。

首先，必須清楚目前自己所處的情感狀況和對方所處的情感狀況，可能涉入這件事的所有當事人對於目前情感狀況認知定位是在固定約會期，或不固定約會期，或異性群友期，彼此之間的認知是否有差異，是否對方已經認定你們是固定約會期的男女朋友，但你的認知

預防三角關係最好的方法，就是避免讓自己陷入三角關係的情況裡

只是「不固定約會期」的好朋友，或還在「異性群友期」，對關係還沒認定，如果有懷疑，應該澄清，澄清兩人的情感狀況之後，可參考以下的建議：

(一)已經有固定伴侶、情侶的人

1.不要對自己太放心，公開場合可適當先說明自己已經結婚或已經有固定的感情伴侶。

2.適度向對自己表現好感的人，透露自己目前情感是穩定關係，及不希望被打擾的心情。

3.對別人超過一般友誼的親密付出，要明白拒絕。

4.如果第三者真的讓你心動，你一定得先處理好原本的這一段感情。並在兩段情感中間有一段空白期，沉澱一下波動的情緒和紛亂思緒，這才是對感情負責任的態度。

5.你的另一半在這事件中是無辜的，所以要取得對方最大的諒解。不能替他作決定，他要有一段調適接受事實的時間，也千

萬別想幫他找一個替代你的人，尊重他的調適方式和自主權。

(二)尚未有固定情感伴侶的人

1. 先正面及側面瞭解你所喜歡的人，目前有無固定約會的男女朋友。

2. 如果三個人都是無固定男女朋友，只是兩個人同時喜歡上某個人，那麼自可大大方方的追求和表達，尊重主角的決定。這期間可能會有一段曖昧期，彼此體會在一起的感覺和理性評估彼此的「適配」程度，這是自然過程。

3. 三個人有相同的決定權和自主權，需尊重彼此和結果，別把感情的事看做是競爭，感情的事只有適不適合，沒有誰勝誰敗。

4. 當所愛的人最後沒在一起，有失落的感覺是一定的，也是自然的事，人是有感情的，不用刻意壓抑自己的情緒，適度接納自己就是會難過一段時間。沒在一起，並不表示你不好或你沒有價值，只表示感情的抉擇和獨占性。你還是你，你的價值不會因此而低落，反倒會因為你進退有度的接納和處理，而更有價值和成熟。

 ## 第三節　恐怖情人危機與處理

這是很容易找到的社會新聞：

- 男女朋友拍裸照助興，卻以散播裸照為要脅，要求對方再發生性關係，對方不從，狠砍致死。
- 三角戀動殺機，雙謀殺再自殺。
- 博士生，懷疑女友另結新歡，拿刀砍女友。
- 不滿女友提分手，先威脅，後跟蹤，女友報警。

．以死要脅男友回頭。

我們稱以上這些人是恐怖情人。

一、恐怖情人特徵

每一個恐怖情人都有著類似的心理狀態，表現出來的行為模式也很相似，在日常生活、言行舉止中會透露訊息，筆者整理以下恐怖情人十五點特徵，不見得所有特徵都具備，但請覺察以作為預警。

1. 易怒、暴力傾向：他無法控制自己的情緒，甚至會打人。他們有強烈的情緒，都認為是別人的錯，是別人要負責處理跟解決的，他們常會說：「我罵人，是因為你愛亂說話」、「我打人，是因為你先激怒我」。

2. 性與占有：他對情感的想像，很大程度建立在性與占有。要發生性關係，才覺得雙方是情人關係，要占有對方的身體和時間，來確認兩人是情人關係。

3. 高度投入感情：用全部的生命在愛你，認為世上沒有任何人比他更愛你。他除了你之外，什麼都不想要，包括連他自己的生命。

4. 言語威脅：言語上表示如果分手，就公開日記、公開親密照、裸照，或威脅要自殺、要殺你、要殺你家人。

5. 暴力威脅：徒手動作或拿器物（隨手拿身邊可得的物品，美工刀、菜刀、桌子、椅子、電風扇、時鐘、杯子）威脅對方就範。

6. 跟蹤的行為：要完全掌握你的行蹤，用各種先進的電子設備、手機、行車紀錄器，或是要你拍現場照片回傳、直接視訊或是真人跟蹤。

7. 脾氣極端，情緒起伏過大：脾氣發很大，大罵大打、動粗、打人、摔東西，但事後又身段很軟求和，可以捧鮮花、送巧克

力、下跪、大哭求原諒，表現很極端。又是鞭子，又是蜜糖，讓人很混亂。

8. 難處理負面情緒與挫折：遇到挫折、不如意或被批評，情緒很暴躁，沉浸在負面躁怒的時間很長，負面情緒量與事件負面程度不成比例。

9. 負向歸因與外推歸因：例如聽到要分手，像點燃火藥庫，把分手視為整個人生都失敗。認為分手所有原因責任都是因為別人，所以要別人負全責或得到報應。

10. 過度自我：不太會顧慮別人的感覺，無論是你的或他人的。例如，你明確表示不去聚會了，但他還是來接你，執意要你去。他喜歡的事物，你最好跟著喜歡，要去哪裡是他說了算，要做什麼也是他說了算。對別人的需要冷漠，當別人痛苦時，總展現出事不關己的態度。

11. 有毒癮或酒癮：有吸毒，精神狀況不穩定或喝酒不控制酒量，常喝酒過量，酒後發酒瘋，半夜把睡夢中的人挖起來、亂罵人、亂打人、摔東西、強迫發生性關係。

12. 將人物化：將人視為如同物品，沒有生命。關注焦點多在臉蛋、豐胸、細腰、翹臀、長腿，或是寬闊的胸膛、厚實的臂膀、肌肉線條，而人的思想、感受和能力變得次要。將對方化約為只剩身體時，對方的思想、感受變得不重要，如同物品，沒有生命，所以要毀壞時，就不若毀壞生命那麼殘忍。

13. 關係模式權力懸殊：是甲方主導，乙方屈從的固定僵化模式，所以乙方的拒絕不是平等關係的訊息傳達，而是反抗，需要壓制。

14. 嚴重吃醋者：不能跟異性或在他眼裡會影響他的存在的人，說話互動。犯此忌諱，會嚴重制止或情緒化。

15. 成長過程：有暴力史、內心陰沉或封閉，不容失敗。

　　有人雖不到「恐怖情人」的程度，但有某程度的類似言語或行為或許不自知，這些人經過被提醒和適當溝通是可以改善。但是真正的恐怖情人是會推說自己有這些恐怖言語行為是「因為你先怎樣，我才怎樣」，都是別人先的，都是別人的錯。

　　與恐怖情人交往，剛開始可能只覺得他很關心或很在乎你的去處與安全，很希望所有時間兩人都在一起。後期才慢慢發覺是很控制你的生活和行蹤，他的情緒有點難自我控制，和他相處有些不自由和壓力。真正的恐怖過程，是從一方提分手或是他懷疑你有外遇或其他對象開始。

　　最後，提供一個他人檢查法，如果他有「能忍受我的折磨的人，就是愛我的」不自覺行為，那他真的是恐怖情人。提供一個有用的自我檢查法，問自己「不分手，是為了什麼？」，如果答案是「是因為恐懼」，那你真的遇到恐怖情人了。

勇敢終止恐怖關係，才能逃脫對方的控制，保護自身的安全

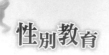

二、恐怖情人預防與處理

　　茲整理恐怖情人預防之道與處理方法，條列如下：

(一)熟記恐怖情人特徵，「及早發現，及早處置」

　　但是恐怖情人特徵不會一開始就很明顯，無關長相、學歷、性別，有的初次印象甚至是溫文儒雅，漂亮可愛。初期還會誤以為對方是體貼和要保護你的安全或很黏，表現他是強烈關心或意見而已。若一再原諒、忽視，或是只想靠自己忍耐和改變來經營關係，不但會形成暴力循環，更難逃脫對方的控制，還威脅身心健康、生命安全。

(二)改變心態與想法

　　別想說「等他變好」或「用愛改變他」，不要認為一再委曲求全可以保住愛情。第一次暴力，一定要把握時機立即處理，才能有效終止恐怖關係，如果一而再，再而三發生，會形成暴力循環，暴力情況會越來越嚴重。真正美好的愛情是：「愛你，捨不得你痛，當然不會折磨你。」

(三)與恐怖情人分手法

　　理性溝通協商，他會視之為談判，他就覺得你的地位不及我，怎麼可以跟我來談判，你是我的東西，要聽我的。所以，一般情人的分手方法，不完全適用於與恐怖情人分手。茲整理四種較可行方法：

1.直接消失：直接出國或遠地讀書或換工作，換電話換手機，撤掉各種聯絡方式，讓他找不到人，雖然很麻煩，變動頗大，但是性命最重要。

2.慢慢疏遠：用溫和理由減少見面次數，慢慢疏遠，默默的淡

出，而不是提分手。因為提分手，對他們就是最大的威脅與刺激，因他們已將另一半視為財產、附屬品，只有他可以說不要，不能被附屬品的你說不要他。慢慢淡出期間，不能有其他曖昧關係，別讓他萌生醋意，啟動恐怖跟蹤。

3.掌握時機，順水推舟：這類人情緒多數不穩定，生氣時會衝動說「不要你了，要分手」，此時趕快直接走人、消失、搬家、換工作、換掉各種聯絡方式，別再回頭。

4.他的家人朋友協助：如果他還有家人、朋友，告知他的家人，請最能穩住他情緒的家人協助。如果他還有朋友，私下請他朋友技巧性地勸他，但別讓他知道是你的請託。

5.求助專家：前四項建議是大方向，如果可以再諮詢專家，例如學校學生諮商中心、社區心理衛生機構、開業心理諮商所，都比較能得到進一步冷靜、可行、專業、具體的協助。如果有危險，直接打110請警察協助。

6.證據保留：如果他對你有語言暴力或恐嚇，讓你心生恐懼，記得要錄音。如果他對你有肢體暴力或性暴力等傷害行為，記得趕快去醫院驗傷。如果他有寫道歉信或傳送道歉的訊息，要留著。如果他有偷拍或跟蹤，相關資料也留著。也可以將對方威脅、恐嚇、毀謗及傷害事件經過寫成自訴狀，以利後續對你的人身安全保護和司法保護提供有利證據。

性別教育

本章重點

第11章
性騷擾與性侵害

- 性騷擾
- 性侵害

　　本章談兩個較嚴肅的議題，絕對不想遇到，一旦遇到又恨不得自己具備這方面豐富的知識，可以警醒、避免，並做明快的決定及正確處理問題。

第一節　性騷擾

　　我國爲防治性騷擾及保護被害人之權益，特制定《性騷擾防治法》，中華民國94年2月5日公布，陸續修正公布部分條文，本法中央主管機關由內政部改爲衛生福利部，在直轄市主管機關爲直轄市政府；在縣（市）爲縣（市）政府。

　　與性騷擾相關的法律，還有《性別工作平等法》及《性別平等教育法》。性騷擾事件以《性騷擾防治法》爲準，但在職場發生性騷擾事件，可同時參考《性別工作平等法》，在學校發生，可同時參考《性別平等教育法》。

一、性騷擾

　　《性騷擾防治法》第二條：「本法所稱性騷擾，係指性侵害犯罪以外，對他人實施違反其意願而與性或性別有關之行爲，且有下列情形之一者：

　　　一、以該他人順服或拒絕該行爲，作爲其獲得、喪失或減損與工作、教育、訓練、服務、計畫、活動有關權益之條件。

　　　二、以展示或播送文字、圖畫、聲音、影像或其他物品之方式，或以歧視、侮辱之言行，或以他法，而有損害他人人格尊嚴，或造成使人心生畏怖、感受敵意或冒犯之情境，或不當影響其工作、教育、訓練、服務、計畫、活動或正常生活之

進行。」

　　不受歡迎且有性意涵、性歧視或性要求的口語和肢體行為，如猥褻電話、偷窺、猥褻等，都是性騷擾。Ellen Bravo與Ellen Cassedy（1992）定義性騷擾為「用性的方式來騷擾別人，加諸性於別人，而別人並未要求或表示歡迎此行為」。這個不受歡迎的行為可能包括觸摸、言語、圖畫、雕刻或注視。Petrocelli與Repa（1992）認為性騷擾組成的行為有四點（沈慧聲譯，1998）：

1. 以性為本質的：如性行為、圍繞性話題的笑話、色瞇瞇的注視眼光。
2. 不合埋的：如一般人會拒絕的行為。
3. 劇烈或滲透的：如身體上的調戲或製造脅迫的環境。
4. 不受歡迎或具有攻擊性的：如引起對方不舒服、不愉快的感受，對方要求停止的行為。

　　日常生活中常發生的性騷擾行為依情節輕重，約略可以分為下列五類：

1. 羞辱、貶抑或敵意的言詞與態度：例如「你還不是要嫁人、伺候別人，書念那麼好幹嘛！」、「賠錢貨」等貶抑與歧視的態度言語。
2. 歧視或騷擾的肢體行為：例如毛手毛腳，碰觸胸部、臀部或私處，偷窺、偷拍他人隱私、偷竊內衣褲等。
3. 用性服務作為利益交換的手段：例如上司要性服務作為升遷或加薪的條件，老師以占學生性便宜作為加分或高成績的條件。不是你情我願的情況，而是受害者受制於騷擾者的權利地位，不得不順從。

二、性騷擾的迷思

筆者閱讀關於性騷擾迷思的資料及參酌實務諮商經驗，整理以下關於性騷擾的似是而非想法，並提供正確的觀念與想法（**表11-1**）。

表11-1　性騷擾的迷思

	迷思（錯誤想法）	事實（正確想法）
1	有些人歡迎性騷擾。	這不可能會是真的，那是不舒服、害怕、噁心的感受，沒有人會歡迎別人做這種行為讓自己陷入這種感受中。
2	只有女生會被性騷擾。	錯，雖然大部分被性騷擾的案例是女生，但其實男性（包括成人和男孩）也會被性騷擾，而且產生的心理陰影是一樣大的。
3	只有男生會性騷擾別人。	錯，雖然大部分性騷擾行為者是男性，但申訴成立案件中，性騷擾者確實有女性。
4	覺得被性騷擾是因為太過於敏感。	不，要相信自己的直覺，若覺得對方言語行為有騷擾之虞，就應該馬上說「請不要再這樣，我有被騷擾的感覺」。這樣也是一種澄清和提醒。
5	黃色笑話是無害的玩笑。	錯，會引起聽的人被侵犯的感受，就是有害的，千萬別淡化所引起的負面效應。
6	會被性騷擾，是因為言行不檢、衣著暴露、眼神挑逗。	錯，很多人穿著、言行舉止、眼神很一般。無論外貌、裝扮和性別氣質，每個人的身體都應該受到尊重。
7	性騷擾必須是故意的。	錯，判斷基礎是行為而非意圖。只要對方有提出被騷擾的感受，就應改善行為。
8	性騷擾沒那麼嚴重，別小題大作。	錯，是有明確的法律依據，且有追訴期、告訴乃論和罰則的。
9	沒有當場拒絕或反抗，就不能算是性騷擾。	錯，是有一年追訴期的。性騷擾防治法第十三條：性騷擾事件被害人除可依相關法律請求協助外，並得於事件發生後一年內，向加害人所屬機關、部隊、學校、機構、僱用人或直轄市、縣（市）主管機關提出申訴。
10	處理性騷擾最好的方式就是默默讓事情過去。	性騷擾的言行不會因為你的默默而停止，雖然不想走申訴或法律途徑，但至少要明確的告訴騷擾者，你不歡迎這樣的言行。

（續）表11-1　性騷擾的迷思

	迷思（錯誤想法）	事實（正確想法）
11	被騷擾者是為了報復或金錢才出面申訴。	要說出遭受性騷擾的過程需要很大的勇氣，若是說謊，也需要依相關法規制裁。
12	被性騷擾已經很丟臉了，不要再說。	錯，應該說出來，是騷擾者丟臉，應該讓騷擾者停止騷擾行為，若嚴重騷擾則受到應有的譴責。
13	如果他們是情侶，就不算是性騷擾。	不論關係，只要是在不願意的情形下被肢體、言語、影像或文字，有性意涵的騷擾，就是性騷擾。
14	性騷擾者都是長相猥瑣、社會經濟地位低的男人。	錯，無關長相、年齡、性別、學歷、社會經濟地位。只要是做了性騷擾行為的人，就是性騷擾者，不能因為其他的好表現就抵銷。
15	性騷擾者都是陌生人。	根據調查統計，陌生人占七成，熟識者占三成。
16	性騷擾事件處理結束之後，不要再提起，「時間會治療一切」。	不，要觀察當事人的情緒起伏變化。不要讓當事人獨自承受，若心裡很不平靜，影響生活、工作、情緒，應鼓勵當事人尋求專業心理諮商協助。

三、影響性騷擾認定的因素

　　性騷擾的定義可知性騷擾的範圍是廣泛的，同時性騷擾的認定有許多主觀因素，例如吹口哨，對某些人來說，是性騷擾，對某些人來說，是讚美。邱天助與潘維剛（1992）調查高中職女生發現只有23.8%的人認為吹口哨是性騷擾，28%的人認為評論身材是性騷擾，35.5%的人認為講黃色笑話是性騷擾。是什麼原因影響了對性騷擾的認定或造成混淆呢？林燕卿（1994）整理了四個影響性騷擾認定的因素：

1. 性別：性別會影響對性騷擾的認定，某些行為在男生的界定裡不是性騷擾，但卻被女生界定是性騷擾。主要是因為男性在界定性騷擾時，較根據行為者的動機和本意作判斷；而女性則較以承受者的感覺及反應來作判斷。

2. 年齡：當以一篇短文描述性騷擾者是年長的結婚男性，被認為

是性騷擾行為者多於年輕或單身的男性（Reilly et al., 1982）。

3. 性別特質：男性特質高的人，較不容易將性的談論及行為看成是性騷擾，但具高度女性特質的人，則會很明顯的將之看成是性騷擾（Fitzgerald, 1991）。

4. 權力：當騷擾者和被騷擾者權力不相等時，比較容易被認為是性騷擾。有研究以情境設計騷擾者是教師，男女學生會認為是性騷擾；情境改為是同儕時，較無如此的感覺（Lester, 1986; Littler-Bishop, Seidler-Feller & Opalach, 1992）。

四、被騷擾者與騷擾者

「被性騷擾者」的分析，除了生理性別多數為女性，有少數是男性之外，受害者幾乎沒有太多的相似之處。跨越各種年齡、職業；擁有不同的外貌、身材；有的已婚、有的未婚、有的離婚；收入與教育程度也不盡相同。

「性騷擾者」的分析也發現，性騷擾者除了生理性別多數是男性，有少數是女性之外，也跨越各種不同的社會經濟階級、年齡或職業，父親、老師、上司、同事、下屬、朋友、鄰居、陌生人，都可能。

國外研究調查，在美國有四分之一的女性曾有被性騷擾的經驗，其中84%認識騷擾者，被騷擾者90%在30歲以下，16～19歲是高峰，大約高中職到大學的年齡（Heppner, 1999）。

根據我國衛生福利部保護服務司的統計，2015年性騷擾申訴成立430件，不成立95件。申訴成立案件中，被騷擾者男女比例是1：73，騷擾者男女比例是82：1。

若以年齡統計，被騷擾者年齡18～29歲占44%，30～39歲占24.5%，18歲以下占18%。騷擾者年齡分布30～39歲占21%，40～49歲

占18%，50～65歲占17%，18～29歲占15%。換句話說，被騷擾者年齡的高峰是18～29歲。騷擾者的年齡分布有些微差距，但不明顯。

　　兩造關係的統計分析，71%是陌生人，29%是熟識者，熟識者依比例順序是朋友、同事、鄰居、網友、親屬。

　　性騷擾地點的統計分析，50%在公共場所，16%在網路手機，13%在私人住所，13%在大眾運輸工具，其他還有辦公室、娛樂場所、飯店、廁所等地點。

　　可複選的性騷擾行為樣態統計，前二名分別是：(1)趁機親吻、擁抱，或觸摸胸、臀或其他身體隱私部位，占52%；(2)羞辱、貶抑、敵意或騷擾的言詞或態度（如開黃腔、緊盯對方胸部、羞辱他人身材或打扮等），占25%。前二項共占77%，以下四項共占23%，分別是毛手毛腳、掀裙子、展示或傳閱色情圖片（檔）、曝露隱私處、偷窺、偷拍。

　　學生曾被性騷擾的經驗，是合性的言論、笑話或手勢，嚴重些有性撫摸、身體撫摸和捏掐。性騷擾對學生的影響是會讓他們不想到學校，不願和同學交往，注意力無法集中，情緒起伏，學業學習困難，考試考不好和考慮要換學校。

五、性騷擾的罰則

　　性騷擾的罰則重點有三：

1. 《性騷擾防治法》第二十條：對他人為性騷擾者，由直轄市、縣（市）主管機關處新臺幣一萬元以上十萬元以下罰鍰。
2. 《性騷擾防治法》第二十一條：對於因教育、訓練、醫療、公務、業務、求職或其他相類關係受自己監督、照護之人，利用權勢或機會為性騷擾者，得加重科處罰鍰至二分之一。

3.《性騷擾防治法》第二十五條：意圖性騷擾，乘人不及抗拒而
爲親吻、擁抱或觸摸其臀部、胸部或其他身體隱私處之行爲
者，處二年以下有期徒刑、拘役或科或併科新臺幣十萬元以下
罰金。前項之罪，須告訴乃論。

六、如何避免成爲性騷擾者？

1.尊重他人，特別是地位與權利低於自己的人。

2.檢視自己對男女角色的成見與歧視。

3.避免具有性意涵的言行舉止。

4.當有人告訴你，你的言行舉止令他覺得被騷擾，請以尊重及審
慎的態度瞭解狀況，並立即停止該言行，尊重他的感受及意
見。

5.老師（長官）與學生（部屬）單獨見面，以正式預約的方式於
辦公時間在辦公室見面（開著門）。如非公事的會面，也儘量
有第三人，在公開場合進行。

6.學習良好抒解自己的情緒與感受的方法，增加挫折容忍力與壓
力管理能力。

7.如果自己很難控制騷擾的念頭及停止騷擾的行爲，應趕快找專
業精神科或身心科協助。

七、性騷擾的處理

性騷擾的處理可以分基本原則和具體行動兩大方向：

(一)基本原則

1.肯定自己的感受：當你覺得被性騷擾，不管它多輕微，只要感

到一絲不舒服，都應該儘快請對方停止。記得，性騷擾是對方的錯，不要退縮，勇敢地保護自己的權益。

2.說出來，與可信任的人討論：反性騷擾是需要學習的，找適當可信任的人說出你的遭遇和感受，可以抒解情緒，釐清問題癥結，獲得相關訊息，發展應對的策略，幫助你更有力的反擊性騷擾。

(二)具體行動

性騷擾的處理可以有以下五點具體行動：

1.如果騷擾者是陌生人，若在人多的安全環境，則大聲喝止，引人注意，例如：大聲喊「不要摸我臀部」；若你身處自覺不安全的地點，則先保障自身安全。然後再想辦法通知女警隊或教官或校警，告知騷擾的時間、地點和騷擾者的特徵，以便追蹤或公告周知。

2.如果你認識騷擾者，應儘快明確當面或書面或請第三人告知其不當行為，請其停止。堅決地告訴騷擾者，你不歡迎這樣的行為或言語。

3.在學校或組織中，可向各學校性騷擾與性侵害防治委員會或組織中的適當管道，提出申訴和調解。蒐集證據，包括人證、物證，也許從別人那裡也能證實一些相同的騷擾經驗。如果組織中沒有類似的委員會和管道，可先向騷擾者的直屬長官報告，要求處理；再則，可委請民間關心此議題的組織協助。

4.若打算採正式法律途徑，可向有關處理性騷擾的民間組織（如現代婦女基金會、婦女新知基金會、勵馨基金會等）或政府的單位（如教育部性別平等委員會、衛生福利部保護服務司、縣市政府社會局或性騷擾防治窗口）幫忙，或經由司法途徑提出

告訴。

5.接受專業心理諮商：對被騷擾者而言，性騷擾是一種噁心、害
　怕、全身不舒服的感受，可能會有不斷地哭泣、抑鬱、沮喪、
　睡眠和飲食模式改變、不明原因的頭痛或其他身體壓力點的病
　痛、喪失自信心、無助感、無力感、對人際產生莫名的不滿或
　疏離、無法集中注意力等「被騷擾症候群」，應接受專業心理
　諮商人員的協助。（改寫自衛生福利部、清大性別歧視與性侵
　害防治處理小組、現代婦女基金會等）

拒絕性騷擾，勇敢大聲地說「不」！

八、兒童性騷擾防治教育

　　兒童是最不具備警戒心的年齡，雖不是研究調查中的高危險群，
但也占了18%，有必要進行淺顯易懂的防治教育，茲摘要整理如下：

(一)四不

1.穿背心短褲覆蓋的地方絕對不能讓別人觸碰。
2.不能用自己的身體跟別人交換金錢、物品、感情。
3.與壞人的秘密不必保守。
4.不吃不喝來路不明離開視線及陌生人提供的食物飲料。

(二)二要

1.有擔心的小秘密要告訴家長老師。
2.遇到危險要冷靜、馬上離開、及時求助。

(三)一保

保護自己和尊重他人。發現自己或別人可能有危險,要告訴老師和家長。也不能做騷擾別人的言語和行為。

九、性騷擾防治

法令規定的防治有《性騷擾防治法》第七條,規定機關、部隊、學校、機構或僱用人,應防治性騷擾行為之發生。於知悉有性騷擾之情形時,應採取立即有效之糾正及補救措施。前項組織成員、受僱人或受服務人員人數達十人以上者,應設立申訴管道協調處理;其人數達三十人以上者,應訂定性騷擾防治措施,並公開揭示之。

國內黃正鵠、楊瑞珠(1998)對青少年的調查發現,女學生對於行動上、言語上和視覺上性騷擾的因應策略是趕緊逃跑50%,手腳抵抗34%,回以白眼30%;男學生用手腳抵抗的有32.8%,視若無睹的27.6%。這些策略皆屬於是被動反擊。

對於性騷擾,我們除了做消極的防範更應做積極的遏阻。性騷

擾有其文化和社會結構上的根源，更有加害者本身的心理和行為問題（謝小芩，1993）。除了消極抵抗或被動反擊，更應積極遏阻性騷擾，透過性騷擾防治教育，每個人不分性別，健康而堅強的面對性騷擾。

十、性騷擾防治資源

我國性騷擾防治的中央主管機關是衛生福利部，衛生福利部的保護服務司網頁有影音專區，提供許多淺顯概念和故事劇情的性騷擾防治的影音，並可線上觀賞。

各縣市政府社會局提供性騷擾防治，包括：

1. 教育訓練教材：可上各縣市政府網頁查詢。
2. 個案服務：會談、外展訪視、資源連結等服務協助性騷擾當事人解決法律、經濟和心理各層面的問題。
3. 支持團體：讓個案或其重要他人瞭解遭到性騷擾後之反應、破除迷思、能獲得情緒支持、自我照顧技巧、相關資源或資訊。
4. 法律諮詢：提供一對一諮詢服務，解答性騷擾當事人相關權益之法律問題，採預約制。
5. 心理諮商：根據服務對象之需求，邀請諮商心理師提供個別諮商，協助個人探尋自我，進而使生活獲得穩定與適應。
6. 社區講座：結合專家與專業團隊辦理各類性別平等、兩性權益、性騷擾防治等講座，提供民眾一個成長的園地。
7. 實地查核：進行機關、部隊、學校、機構或僱用人性騷擾防治措施建置之實地查核。
8. 彙整性騷擾、性別平等相關文獻、書報、影片、法院判決等資料，以提供實體資料開放予民眾、性騷擾防治網絡專業人員查

詢、使用，本服務採預約制。

 **第二節　性侵害**

　　我國為防治性侵害犯罪及保護被害人權益，特制定《性侵害犯罪防治法》。性侵害犯罪是刑事罪，可附帶民事賠償。主管機關在中央為衛生福利部；在直轄市為直轄市政府；在縣（市）為縣（市）政府。

一、性侵害與妨害性自主

　　舉凡「基於性而生之侵害事件」，統稱為性侵害。依據《性侵害犯罪防治法》第二條：「本法所稱性侵害犯罪，係指觸犯刑法第二百二十一條至第二百二十七條、第二百二十八條、第二百二十九條、第三百三十二條第二項第二款、第三百三十四條第二項第二款、第三百四十八條第二項第一款及其特別法之罪。」

　　簡要來說，性侵害犯罪是指我國《刑法》第十六章妨害性自主的犯罪行為。我國《刑法》第十六章「妨害性自主」的核心精神在於尊重性自主的權利與性別平等的觀點，只要對方沒有同意，即構成侵害的條件，同時，保護對象由「婦女」擴大到「男女」。

　　性侵害是妨害性自主的犯罪行為。性侵害造成嚴重的身心傷害。性侵害的行為包括如強拍裸照、意圖強暴、強暴未遂、（約會）強暴、亂倫、雞姦、強迫口交、以異物攻擊性器官等。

　　性侵害的內涵會因加害者、傷害、次數和加害特徵而不同，茲敘述如下：

1. 對象：加害者可分爲熟識者和陌生人。熟識者又可分爲家庭內和家庭外，家庭內包括血親、姻親和其他家人，例如父親、爺爺、哥哥、叔叔、伯父、姐夫、繼父、媽媽的同居人等。家庭外的熟識者包括鄰居、師長、朋友等。

2. 傷害：傷害是多層面且深度的，包括身體上的、心理上的、精神上的、社交人際上的。

3. 次數：可爲一次、多次或持續數年，一次即是性侵害。

4. 特徵：可分爲使用暴力、未經同意、權力上不平等。

二、性侵害迷思

性侵害迷思指：「一套被人們廣泛而持續接受的錯誤觀念或態度，用以否認或合理化性侵害的行爲。」（Lonsway & Fitzgerald, 1994）。不要以爲性侵害的受害者都是女生，雖然受害者女性所占比例較高，但也有一定比例的受害者是男性。一般我們對性侵害有一個典型的故事想像就是：在夜晚的巷子裡，有人拿刀子抵住女性被害人的脖子，強壓到暗處，強暴之，然後受害人竭力的反抗，可是卻遭受更多的暴力摧殘，最後強暴得逞，被害人嚴重受傷，現場留下凌亂的打鬥痕跡。王燦槐（2000）曾列舉對性侵害眞相不暸解的人，對性侵害的迷思是：(1)陌生人；(2)有武器；(3)戶外；(4)很多暴力；(5)受害者竭力反抗；(6)有受傷；(7)有打鬥痕跡。同時，一般人還誤認爲強暴是不熟識者間的一個單一事件。其實，大部分的性侵害事件中，加害人與被害人彼此認識，校園、家中、工作場所等各種地點都有可能發生性侵害，且次數不只一次，而可能持續數月或數年的經常事件。此外，加害者也不一定使用武器或迷藥。

強暴者具有較高的強暴迷思接受性（Bohner, Siebler, & Schmelcher, 2006; Chapleau & Oswald, 2010）。黃軍義、簡誼萍（2012）「強暴迷

思量表」以下因素負荷量都達.70～.82。所以，如果你身邊的人在言談中說出類似以下的話越多，你越應該對這樣的人提高警覺，並且遠離他，更別單獨跟他相處。

1. 女性會被強暴，常常是因為她穿著暴露的關係。
2. 女性酒醉而被強暴，可以說是她自找的。
3. 被強暴的女性喜歡在外面遊蕩。
4. 其實在女性的潛意識裡，是希望男性能強迫她發生性關係的。
5. 女性嘴裡說「不」卻沒有抗拒，表示她想要發生性關係。
6. 女性第一次約會就到男性的住處，表示她想要發生性關係。
7. 女性會被強暴，是因為她沒有把「不」說得很清楚。
8. 女性說自己被強暴，卻沒有反抗的跡象（像是紅腫、瘀傷等），多半是她自願的。
9. 女性被強暴，是因為她沒有奮力抗拒。
10. 女性說自己被強暴，是為了從男性那裡得到好處（像是仙人跳、騙男人的錢財等）。
11. 女性帶男士回家，卻說自己被強暴，這是不可信的。
12. 女性為了要掩飾自己跟男性上床了，常常會謊稱自己是被強暴的。

三、強暴犯

根據黃軍義（1995）的研究調查指出，在監獄中的強姦犯，選擇作案對象時，有高達46.8%的比例是選擇落單的單獨一個人，有38.3%選擇易得手的乖乖牌，第三才是穿著較暴露的人。

一般人以為加害者是出於生理的性衝動且多是來自較低社會階層，被害者多是穿著暴露、言行輕佻隨便。其實，加害人來自各種社

會階層，其中不乏家世良好與受過高等教育的人，強暴的發生是心理因素與反社會人格。

　　從黃軍義、簡誼萍（2012）對違反女性意願性交量表整理，強暴者從四方面違反性交意願及性侵害，藉此研究，在戀愛交往過程中，如果對方有以下言行，就是違反性交意願，強暴犯常用的手法有以下四種：

(一)口語爭辯與執意要求

1. 我曾經不停的說服女友跟我發生性關係（像是說「如果你不跟我做，就表示不愛我」，其實我知道她是真的不願意，但是在我執意要求下，最後還是做了）。
2. 我曾經威脅女友要跟她「分手」而跟她發生性關係，其實我知道她是真的不願意。
3. 我曾經因為女性沒有把「不」說得很清楚，而跟她發生性關係，其實我知道她是真的不願意，但是在我執意要求下，最後還是做了。
4. 我曾經因為女性對我表示好感，而跟她發生性關係，其實我知道她是真的不願意。

(二)使用暴力

5. 我曾經威脅要用暴力而跟女性發生性關係。
6. 我曾經用暴力想跟女性發生性關係，但是後來因為某些原因而沒有完成。
7. 我曾經使用暴力而跟女性發生性關係。

(三)趁對方意識不清

8. 我曾經使用迷藥（像是在飲料中下藥）而跟女性發生性關係。

9.我曾經趁女性神智不清（像是酒醉、睡覺中、精神不振、智弱，或被催眠時），而跟她發生性關係。

(四)利用權勢

10.我曾經利用我的職位或權力，而跟女性發生性關係，其實我知道她是真的不願意，但是最後她屈服了。

四、性侵害愈來愈普遍嗎？

不，是愈來愈被注意。過去強烈的貞操觀和缺乏性別平等觀念，性侵害問題會被隱藏，隨著學者的研究和各種陸續出爐的調查數據，讓大家開始注意和瞭解問題的存在和嚴重性。性侵害受害者有六成以上是未成年。統計數據都還是報案的案件，受貞操觀和社會觀感壓力的影響，以及顧慮訴訟程序不易和訴訟過程中的心理壓力，使報案率和真實發生率相差頗大，如果以犯罪黑數是十倍的情況估計，真實發生的性侵害事件是報案率的十倍。

家庭社會學校對性侵害防治都有教化的責任，當學校家庭社會化機制越差，犯罪性以及低自我控制就越顯著。當犯罪性以及低自我控制越顯著，犯罪行為就越多元。當犯罪行為越多元，再犯風險就越高。因此，觀察你身邊的人，請從三個方向：(1)他的學校家庭社會化表現；(2)他的自我控制；(3)他的犯罪史，若顯示危機訊息，請儘速疏遠，別再有交往。

五、創傷後壓力症候群與心理復原

創傷事件對倖存者的情緒影響很大，破壞了對自己的評價和對人的信任感，覺得自己孤立無援，對生活失去控制感，一直質疑為什麼

事情會發生在我身上，覺得失去生活目標，生命也沒意義，想麻木自己，讓自己什麼都不去想、不去感覺；如果還得不到家人或重要他人的支持，情緒問題會更嚴重，復原的路變得更漫長。典型的情緒有：害怕、罪惡、生氣、自責、羞恥、憂鬱、焦慮、沮喪、恐懼。在生理上，可能會有頭痛、背痛、胃部不適，以及睡眠、飲食失調的現象。

在社會人際層面，對人際失去信任，看到和性侵害加害者相同性別和差不多年紀的人會感到緊張、防衛，有的人會退回自己的孤獨世界，辭去工作、不去學校、不參加聚會、不和朋友聯絡、不接電話、不出門等等。

這些遭受創傷事件的倖存者，在生理、心理、情緒和社會人際四方面的反應統稱為「創傷後壓力症候群」（Post-Traumatic Stress Disorder, PTSD）。身邊重要他人對倖存者的完全接納、陪伴、信任是很重要的，並應鼓勵倖存者接受生理、精神和心理治療。

創傷後壓力症候群的復原需要長時間，要有耐心，千萬別一直問「你怎麼還沒好？」那是痛苦的狀態，沒有人不想好起來，因心理創傷嚴重，所以需要較長時間，復原時間因人、因事件而異。

當發現自己可能有心理創傷壓力症候群時，可以用以下方法幫助自己：

1. 瞭解、感受及接納可能會有的反應：瞭解並且接納人在經歷高壓力事件就是會出現程度不一的壓力症狀，症狀會隨著壓力事件處理的情況下降，如果症狀持續三個月沒有改善，則勇敢找心理專業人員討論，找出心理癥結和適合自己的調適方法。
2. 多找人談自己的經歷及感受：情緒壓力需要有出口，找信任和無壓力的人，談自己心裡的感受和心裡放不下的事宜。
3. 維持生活步調、避免飲酒過量：儘量維持生活步調，些許的調整沒有關係，但不要完全放棄原本的生活，避免一直借酒澆

愁、抽菸解悶、封閉自己。

4.不要讓壓力變成負向行為的藉口：不要說因為我壓力很大，心理很苦，所以我就去亂花錢、酗酒、吸毒、打人、賭博、夜不歸營。

5.尋求專業人員協助：和專業合作，一般人想要外表更美，會去找美容美髮、整形醫美的專業，想要心理更清爽，心情更美麗，也自然要去找心理專業，讓專業人員來幫助你。

六、性侵倖存者的心理創傷

研究上發現，被強暴未遂者，並不因受害程度不同而有不同的心理程度反應，但生氣的情緒較多，覺得「力量」還在，覺得自己還有反抗的力量。如果是多年後才發現，當年是性侵害，所謂「未知覺的性侵害事件」，有可能自行發展出其他心理防衛機制（Heppner, 1999）。未復原的情況包括：仍然無法有性生活，不敢自在的出門，一直在驚怕中，害怕獨處，陷入情緒低潮等現象。

性侵害事件對倖存者的影響頗為深遠，為了鼓勵和肯定性侵害受害者面對事件和生活的勇氣，在治療上，專家比較支持改稱這些「受害者」為「倖存者」（Heppner, 1999）。

最初，處理強暴事件比較偏重在對倖存者提供危機處理，例如協助到醫院進行檢查和生理上治療及短期的追蹤觀察。後來，隨著之前的觀察發現，倖存者在受到性侵害之後很長的時間仍為此事件所苦，於是開始重視長期的治療措施，並依受性侵害形式的不同，如陌生人強暴、約會強暴、亂倫等，並以主動積極的態度，對倖存者提供不同的適切措施和治療。另外，在治療者的性別上，需視加害人的性別做調整，如果她的加害人是男性，那麼安排女性的治療者，若加害者為女性，宜安排男性的治療者。

對於陌生人強暴，倖存者許多是在自己覺得安全地方遭受突然的攻擊，甚至是在自己家中被加害者脅迫，所以更會感到環境的不安全和生命的受威脅，因此建立倖存者的心理安全感和教育倖存者不是她的錯，並加強倖存者掌握個人安全的能力，是治療的重點。

如果是約會強暴，倖存者因為兩人約會關係的存在，往往不會立即報案或尋求協助，也因兩人熟識的關係，會讓倖存者自責自己的不小心和識人不深，其主要問題在於對人際失去安全感，因此治療者和倖存者的良性關係本身就是一種治療，其次，也必須降低倖存者的自責，要不斷地告訴倖存者，「即使是熟識的人，誰都沒有權利不經過當事人的允許而侵犯對方的身體」，最後，看到倖存者在諮商治療過程中的進步與優點，並不斷地給予肯定和鼓勵。

如果是亂倫案件，倖存者當時多是兒童或少年，認知和行為能力都不足，加上加害者是較高權力者，如父親、繼父、叔叔、爺爺、舅舅、兄長，倖存者是相對的弱勢，這些傷害往往延續到成年，倖存者不但對親密關係感到焦慮，往往還陷入混亂的性關係中，想自殺、不想做自己，尋求生命的意義和建立自我價值是這類個案的重要課題，其次，面對原生家庭成員的不接受、質疑，學習建立親密關係和學習為人父母的技巧及探討個人的生涯發展也是重要的。

治療者的治療策略除了依倖存者受性侵害的型態做調整之外，尊重倖存者的決定權利和協助倖存者建立適當的社會支援網絡，可減輕治療者的工作負擔，是不可或缺的重要步驟（鄔佩麗，1999）。另外，治療者本身熟悉相關資源的功能，並和相關專業處理人員之間有良好的專業分工和緊密的專業合作，依據倖存者面對性侵害事件的不同階段和當下需求，提供社工專業、心理專業、精神專業和法律專業的支持與服務，專業之間各司其職，環環相扣，讓倖存者獲得完整、溫暖和接納的專業協助合作模式，也是協助倖存者能走出性侵害陰影的重要關鍵力量。

七、性侵害犯罪罰則

依據我國《刑法》第十六章妨害性自主罪中的規定：

1. 第二百二十一條強制性交罪：對於男女以強暴、脅迫、恐嚇、催眠術或其他違反其意願之方法而爲性交者，處三年以上十年以下有期徒刑。前項之未遂犯罰之。
2. 第二百二十四條：對於男女以強暴、脅迫、恐嚇、催眠術或其他違反其意願之方法，而爲猥褻之行爲者，處六月以上五年以下有期徒刑。
3. 第二百二十五條：對於男女利用其精神、身體障礙、心智缺陷或其他相類之情形，不能或不知抗拒而爲性交者，處三年以上十年以下有期徒刑。
4. 第二百二十六條：因而致被害人於死者，處無期徒刑或十年以上有期徒刑；致重傷者，處十年以上有期徒刑。因而致被害人羞忿自殺或意圖自殺而致重傷者，處十年以上有期徒刑。
5. 第二百二十八條：對於因親屬、監護、教養、教育、訓練、救濟、醫療、公務、業務或其他相類關係受自己監督、扶助、照護之人，利用權勢或機會爲性交者，處六月以上五年以下有期徒刑。因前項情形而爲猥褻之行爲者，處三年以下有期徒刑。

八、性侵害防治

最初，性侵害的防治著重在教導女性防身術、增加路燈的數量和亮度、緊急電話的設置等，這樣的防治措施，也是反映了當時對性侵害的認知，誤解爲性侵害的加害者一定是陌生人，他躲在暗處，準備

趁天黑無人，襲擊女性。

　　後來發現，是熟識者也不少，於是防治的措施增加了：(1)性別平等教育；(2)正確性心理；(3)對他人性自主之尊重；(4)性侵害犯罪之認識；(5)危機處理；(6)防範技巧。換句話說，性侵害防治必須從個人認知、態度、技能，到社會氣氛、環境，多管齊下，方能奏效。

九、如果遭到性侵害，該怎麼做？

1. 相信自己的感覺，不要自責，錯不在你。
2. 找個安全的地方，找一個你信任的人陪伴你。
3. 先不要洗澡也不要換衣服，很困難也很不舒服，但一定要忍耐，以免毀掉報案所需證據，保留衣物和相關身體狀態，對後續的法律訴訟和將加害人繩之以法是很重要的證據。
4. 儘快就醫，二十四小時急診，以免錯失治療時機，告知醫院是性侵害案件，會有社工人員及護士、醫師處理，不用等，並有單獨的診療室。醫院除了檢查身體、護理和治療等措施之外，會採集加害者留下來的體液和毛髮等，將相關證物放在證物盒中。
5. 向警局110或各縣市性侵害防治中心報案電話113，保護自己免於再度受歹徒傷害，也可以使其他人不致成為下一位受害者，此類案件一般由女警處理，後續可得到醫療、心理諮商、法律服務及補助。
6. 尋求專業心理諮商協助：遭性侵害後會有程度不等的「強暴創傷症候群」，如做惡夢、對性關係產生恐懼、憂鬱、羞恥、罪惡感、自責等，每個人的症狀又不盡相同，需要專業心理人員協助你。（整理自衛生福利部，縣市政府性侵害防治中心）

十、如果朋友或家人遭性侵害，你可以做什麼？

1. 相信他。
2. 協助他尋求專業的協助，包含就醫、報案、法律諮詢、心理諮商。可向各縣市性侵害防治中心聯繫相關事宜，他們會提供整體的資訊與協助。
3. 尊重他調整生活的方式。
4. 遵守保密的原則，尊重倖存者的意願和隱私權。（整理自衛生福利部，縣市政府性侵害防治中心）

十一、如何預防兒童遭受性侵害？

如果性侵害倖存者是兒童，除了上述四點之外，還需特別注意以下三個重點：

1. 讓他瞭解後續大人處理的情形，並允許他的意見參與其中。
2. 協助他瞭解目前擁有的資源、選擇權與處境。
3. 幫助他表達自己的感受和想法。把感受和想法說出來，是幫助他排解情緒和壓力的重要方法之一，但是絕對不能勉強，以免造成二度傷害。

十二、政府機關學校提供的資源

黃軍義與簡誼萍（2012）研究表示，西方已有不少研究指出：「典型的性侵害者不在監獄系統裡，而在大街上。」（Pollard,1994）；事實上，社會上多數的性侵害者可能終其一生從未被發現、

揭發或逮捕，遑論被判刑或監禁。所以，人人都有警覺和預防的知識，成爲必要的措施。

1. 我國衛生福利部爲性侵害防治中央主管機關，衛生福利部的保護服務司網頁有影音專區提供性侵害防治的影音，可線上觀賞。

2. 各直轄市、縣（市）設有性侵害防治中心，提供以下服務：
   (1)提供二十四小時電話專線服務。
   (2)提供被害人二十四小時緊急救援。
   (3)協助被害人就醫診療、驗傷及取得證據。
   (4)協助被害人心理治療、輔導、緊急安置及提供法律服務。
   (5)協調醫院成立專門處理性侵害事件之醫療小組。
   (6)加害人之追蹤輔導及身心治療。
   (7)推廣性侵害防治教育、訓練及宣導。
   (8)其他有關性侵害防治及保護事項。

3. 性侵害防治中心配置有社工、警察、醫療及其他相關專業人員。同時，直轄市、縣（市）主管機關得依被害人之申請，核發下列補助：
   (1)非屬全民健康保險給付範圍之醫療費用及心理復健費用。
   (2)訴訟費用及律師費用。
   (3)其他費用。
   要提醒的是，性侵害是刑事罪，性侵害被害人視爲證人身分，須配合司法程序作證，伴隨嚴重的心理創傷，身心很脆弱，過程中會很需要家人及專業資源的協助，可運用政府提供的資源，專業協助的過程和資料是保護受害者隱私的。此外，還有醫院不得拒絕診療及開立驗傷診斷書，禁止媒體報導，得委託告訴代理人，訴訟中可親人或社工陪同，訴訟上有性經驗詰問

之禁止，智障或幼年被害人得隔離訊問，審判不公開等。

4.各級中小學每學年有四小時以上之性侵害防治教育課程。包括：

(1)兩性性器官構造與功能。

(2)安全性行為與自我保護性知識。

(3)性別平等之教育。

(4)正確性心理之建立。

(5)對他人性自由之尊重。

(6)性侵害犯罪之認識。

(7)性侵害危機之處理。

(8)性侵害防範之技巧。

(9)其他與性侵害有關之教育。

要提醒的是，如果性侵害事件是在校園發生，也請同時參考《性別平等教育法》的相關規定，尋求各項協助。

十三、性侵害事件發生在校園該怎麼辦？

有明確的處理流程如下：

(一)通報

1.法定通報：知悉二十四小時內進行法定通報，由諮商輔導中心通報社會局家庭暴力暨性侵害防治中心。

2.校安通報：由生輔組教官室通報教育部。

3.聯繫家長。

4.呈報學校性別平等教育委員會主任委員（校長）。

(二)報案

警局報案110。

(三)校方

由性平會負責調查與懲處,諮商輔導中心負責處遇受害學生的心理創傷。

(四)進入司法程序

警局報案筆錄後,轉由法院檢察官偵查事實,法官依《性侵害犯罪防治法》及《刑法》第十六章妨害性自主處理。

本章重點

1.性騷擾

2.性騷擾迷思

3.性騷擾防治法

4.拒絕性騷擾

5.性侵害

6.性侵害迷思

7.性侵害犯罪防治法

8.創傷後壓力症候群與心理復原

9.性侵倖存者的心理創傷

10.違反性交意願的手法

第 **12** 章

分手

- 分手與性別差異
- 分手的處理
- 分手調適

　　「分手？！」，被分手的人，聽到「分手」從所愛的人嘴裡說出來，真有如晴天霹靂；主動提分手的人，要說出「分手」，也是經歷多次掙扎。分手後的一段時間內，一談起「分手」，又不免要觸動許多抑鬱、沮喪、傷心、混亂、無助、對未來的不確定和沉重的感覺。這些情緒和現象都是自然的、可以被接受的，可是如果一直耽溺在這樣的情緒，而不好好將「分手」看個清楚、認識清楚，分手後復原的路會很漫長，或分手的舊戲重演，或又在情感路上一樣的地方跌倒。

　　對於尚未有分手經驗的人，如果能對「分手」有所瞭解，萬一遇到了，才不至於手足無措的打一場混亂仗，心理受傷很嚴重，卻又搞不清楚到底是怎麼受傷的。

　　所以，「分手」是每一個走在愛情路上的人要瞭解的，可以是預防性，也可以是治療性。正視「分手」，將「分手」看個清楚，當自己或身邊的朋友遇上「分手」的問題，也可以有所幫助。

　　本章將談分手的原因、分手的方式、分手的高峰期、分手的性別差異、分手的處理、主動與被動分手的注意事項、分手的藝術、分手後的情緒與生活調適。

理性「分手」是愛情路上的必修學分

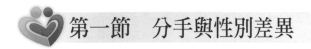

第一節　分手與性別差異

一、分手和離婚的異同

　　兩性間親密關係的解離，包括離婚和分手，但是關於親密關係解離的研究多將重心放在離婚。對婚姻關係解離（marital separation）的說明和解釋，也只能說明兩性親密關係解離的一部分而已（Hill, Rubin, Peplau, 1976）。

　　另一方面，分手的社會脈絡很不同於離婚，因為約會關係結束很少受到對離婚而言是重要因素的影響，例如經濟安排、小孩監護權、法律贍養費、親族蒙羞等（Hill, Rubin, Peplau, 1976）。

　　其次，「離婚率」可以從戶口登記和國家統計資料上查出來，但是約會關係結束的「分手率」卻未登錄，無從查起。我們的情感生活不會因為「分手率」未登錄而變得比較好或不同，我們依然具體且鮮明的感受到分手問題的影響性和重要性。

二、分手原因

　　諮商輔導機構（張老師、生命線、觀音線、宇宙光等）或大學學生輔導中心的年度個案問題類型統計報告，約略可發現，男女感情問題的個案量大約都居所有問題類型的前三名。

　　情感問題中談分手情緒與困擾的人次又占感情求助問題百分比的20%左右，占了五分之一。換句話說，五件男女感情問題中，可能就有一件是「分手」，至於其他情感問題尚包括溝通、三角關係、性關

係等。

至於分手的原因，由於研究的對象和理論觀點的不同，有稍微不同的研究結果。Hill、Rubin與Peplau（1976）以大學生為對象的研究結果，發現具以下特點的婚前情感關係較易分手：

1. 親密性低：兩人心與心的交流少，相互分享心情的程度低。
2. 雙方涉入程度不同：兩人對這份感情投入的深度不同，雙方投入程度相差越大，越容易分手。
3. 年齡差距：年齡相差越多，越可能分手，因雙方面對的大學生活課題不相同，大四準備考研究所，大一或大二正想要享受多采多姿的生活內容。
4. 受教育企圖心差異多：受教育的企圖心相差越遠，越容易分手。
5. 外表吸引力差異多：外表吸引力相差越遠，越容易分手。
6. 智商有較大差異：智商差異越遠，越容易分手。

從這個研究看來，大學時期的感情要能維繫，「相似」的條件和動機，加上「同等」的付出，似乎是維繫感情的重要因素。

Burgess與Wallin（1953）以一般成年人為對象的婚前情感關係分手研究，發現親密關係分手的五個因素為：

1. 對對方較少依附（attachment）：需要對方的心理狀態很低，則較易分手。
2. 與對方長期分開：時間的無法搭配或較遠的空間距離，容易造成分手。
3. 父母的反對：父母對感情的祝福、樂觀其成或反對，也影響子女對感情的態度，尤其是在親子關係緊密的家庭或社會文化中。

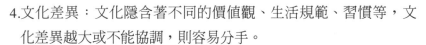

4.文化差異：文化隱含著不同的價值觀、生活規範、習慣等，文化差異越大或不能協調，則容易分手。

5.性格難合：不在於彼此性格相同或不同，而在於彼此性格合不合得來。

不同於Hill等人的研究，Burgess與Wallin的研究將分手原因的焦點擴展到個人之外的外在環境、人際及文化因素上。

國內的研究（鄭照順，2011）整理大學生分手的原因：(1)個性、價值觀差異，無法溝通；(2)第三者介入；(3)認識不清、單方投入因素；(4)經濟與遠景因素；(5)家人支持與否因素；(6)時空與性錯誤依賴因素。

大陸的研究（朱海燕，2016）發現男女生分手的歸因不同，女生強調養成因素和精神追求的影響，而男生對家庭因素和個人相貌影響力的評定較高。

三、怎樣的關係不容易分手

Rusbult與Zembordt（1983）對於分手的研究，則反其道而行，研究怎樣的感情關係不容易分手，他的研究結果發現，情感關係隨著時間有以下變化者，較不易分手：

1.回饋增加：隨著交往時間的增長，能獲得彼此越來越多感情互動上的回饋。

2.滿意度增加：隨著交往時間的增長，對這份感情的滿意程度增加。

3.投資增加：隨著交往時間的增長，對這份感情的投資意願和投資量增加。

4.承諾增加：隨著交往時間的增長，有更明確或更進一步的承諾

和共同的計畫。

5. 其他選擇的可能性降低：沒有類似的競爭者或吸引者，也比較不會分手。

這幾個因素之間，有個良性循環的關係和交互作用。對方的回饋增加，會讓投資者越願意投資，對關係越滿意，願容易有承諾和實踐承諾。同時，沒有其他可能的選擇或降低其他選擇，有助於關係的穩定。

四、影響分手的變項

Simpson（1987）則從哪些因素影響感情關係的穩定性的角度來研究分手，他歸納以前相關的研究和理論觀點，整理出十個影響分手的變項：

1. 滿意度指標：有十一項歸因，包含經濟、外表吸引力、情緒支持的能力、可信任度、態度和價值觀相似性、體諒的能力、興趣相似性、人格穩定性和愉悅性、社會地位、親近或親密的能力、性吸引。採七點量表方式計分。
2. 親近度量表：測量親密的頻率、親密方式的多樣性、感受或受影響的強度，分數越高，表示兩人關係越親近。
3. 兩人關係長短：約會到目前已有多長時間。
4. 有無性關係：和對方有無性關係。
5. 有無更好的其他人選：真實生活中是否有其他比目前對象更適合的人選，或目前對象是否為第一選擇。
6. 想像中最佳人選：和上一個指標類似，只是對象換成偶像人選。
7. 找到其他合意人選的容易度：要找一個可以替代目前對象的人是困難或容易。採七點量表記分。
8. 關係的排他性：只問一個問題，「你目前只和一個人約會或和

一個以上的人約會」。

9.自我監控度：覺察自己並控制自己的程度。

10.性關係態度指標：有六個題目，約略瞭解過去性行為和自評未來可能性行為的情況，及對性關係的態度。

Simpson並且想瞭解上面這十個因素和關係穩定之間的關係如何，研究結果發現：關係的排他性、有無性關係、性關係態度指標、兩人關係長短和滿意度，這五個變項和關係的穩定有顯著相關。

他同時提出「高滿意度」、「低其他選擇」和「高投資」三項特質是評估關係品質與穩定的良好指標，這三個因素也直接或間接的由上面十個因素之一或更多而表現出來。換句話說，「高滿意度」、「低其他選擇」和「高投資」是高優質且細水長流愛情的三指標。

五、分手的高峰期

依據研究及個人諮商輔導經驗，整理出四個分手高峰期。前三個高峰期是依據Hill、Rubin與Peplau（1976）以大學生為對象的分手研究發現，大學生分手時間和學校行事曆高相關，隨著學期的開始與結束，戀情也有新的開始與結束。第四個高峰期是依據筆者諮商輔導的實務經驗發現。

(一)五、六月：學期即將結束

學期要結束，要開始放暑假，有人畢業，有人去當兵，有人要出國，有人踏入社會。時空的距離或對未來規劃的不同，造成分手，也有人是藉著這樣的時空轉換，可以自然而然分手。

(二)九月：學期開始，準備過新生活

或許因為暑假時空的分隔，讓彼此有機會沉澱激情，理性地思考這份感情的未來性或面對自己，對於不想要繼續的戀情，會在新生活開始的時候，做一個交代和句號。

(三)十二月、一月：聖誕節前後及放寒假、過年

聖誕節是與親密的人分享歡樂的時刻，必須決定要和誰共赴聖誕舞會，有許多對象的人，必須有所抉擇和放棄。放寒假和過年是新一年的開始，讓人有「反省過去、思考未來」的心境，自然的也會對重要生命課題「親密關係」作反省和思考，而做出要繼續經營這份情感或要分手的決定。

(四)情人節前後

情人節的來臨會讓人去思考「我們算不算一對戀人？」，有機會停留下來問自己「我所想要的是怎樣的愛情關係？現在這樣的感情是我想要的嗎？我要繼續還是離開？」如果答案是否定的或疑惑的，容易分手或醞釀彼此是否要分手的想法。其次，當情人在情人節時所表達的並不如自己所期望的那麼濃情蜜意、看重兩人關係，也容易導致對這份感情的質疑和產生對彼此間感情重新評估的意念而分手。第三，腳踏兩條船或劈腿的人，容易在情人節當天分身乏術或露出馬腳，被發現劈腿而分手。

六、分手的方式

關於分手的方式，綜合《張老師月刊》的調查及個人諮商輔導經驗，大略可歸納為下列五種：

1. 沉默式：這是許多人最常用的一種方式，是什麼也沒說，什麼也沒做的方式，就是自然而然疏遠，不再聯絡。

2. 解放式：給對方一個好理由，但不見得是真正的理由，只讓這理由能使對方死了這條心。

3. 宣洩式：又可分為兩種，一種是將交往這段時間來所受的委屈和不滿說出來，然後告訴對方要分手；另一種是以激烈的手段宣洩出來，如潑硫酸等，這是社會新聞版的無理性行為和犯罪行為。

4. 談判式：兩個人已經心灰意冷，只是有些事或利益糾葛在一起，需要分清楚，因此，說理、說條件，不帶感情，達成分手目的。

5. 協議式：彼此在能理解和同理對方心情的前提下，對於分手達成共識。讓雙方能表達感受和釐清看法的機會，也有機會共同討論交往期間來往書信及餽贈禮物的處理，協議式分手的過程是帶著體諒的感情和理性的會談過程，感謝這段相處日子所帶來的成長，也祝福各自有屬於自己的未來。

最多人採沉默式分手，但專家建議採「協議式分手」才最健康，因為協議式分手最具建設性，也兼顧理性和感性。如果交往不深，那麼分享心情的深度就不用太深，時間就不用太長，只要做到瞭解和祝福即可；反之，如果是交往很深的情侶，那麼談分手之前，則要想得更清楚，做更多的心理功課和事先沙盤推演的準備，協議時，分享心情的時間就不能太短，這些調整都是希望讓分手過程處理得更平和順利，記住，千萬別藕斷絲連，說分手的態度是溫和而堅定的。

此外，分手的管道也有世代差異，1975年以前出生的人，74%是見面談，16%是電話說，4%是電子郵件，4%是用FB，3%是通訊軟體。1984年以後出生的人，47%是見面談，30%講電話，14%是通訊軟

體，5%是用FB，4%是電子郵件（Berkowitz, 2014）。

七、分手的性別差異

(一)女生比男生更敏感於出現在他們關係中的問題和範圍

Hill等人（1975）對大學生及其分手關係的研究中發現，女生比男生更敏感於出現在他們關係中的問題和範圍，男生考慮的問題範圍和層面則較單純，女生會指出比較多他們關係中重要的問題，例如指出「興趣不同」、「智力不同」、「對於婚姻的想法衝突」、「我期望更獨立」、「我喜歡別人」，而男生則指出「居住距離太遠」的問題而已。此外，女生也比男生更容易去比較他們之間的關係和其他的關係的差異，不管是潛在的或真實的。因此，女生也就比男生更容易去覺察到關係中的問題，某種程度女生就成為比較容易主動提出分手的人。

(二)女生對男生的愛更容易預測戀愛關係的狀態

Burgess與Wallin（1953）的研究發現，女生對男生的愛比男生對女生的愛更容易預測戀愛關係的狀態，及分手與否。也就是說，女生對對方的感受比男生的更具有預測力來預測將來關係的好壞。或者是說，女生的感受對戀愛關係提供一個更敏感的動向指標。

(三)男生和女生都有較高比例的人說是自己想分手

《張老師月刊》對國內青年朋友的調查中發現在戀愛關係中，事實上由女生主動提出分手的比較多。但至於是誰想分手，則不管男生和女生都有較高比例的人說是自己。以心理學的角度來看，說是自己主動分手，是可接受的自然心理現象，因為，如此的說法，比較能保

留一些自尊，也比較容易調適分手後的痛苦情緒。不過，也是有男生想分手，做得讓女生受不了，最後讓女生提分手的情況。

第二節　分手的處理

一、分手的危機

如果兩人或三人之間能平和地結束一段感情，那也算是為感情劃下一個美好完整的句點，即便要分離，也能好好的說再見，這段不能持續的「緣」也是一段「好緣」。令人傷痛難過的是，在分離時把自己或對方，甚至是雙方或牽扯到這份感情的人，弄得精神緊張、暗無天日、恐懼害怕、見血見刀，甚至失去生命。

何以原先有情有愛的情人要分手，卻變成悲慘的結局？以心理學的角度來解釋是，對「分手」事件的負向情緒與負向思考，引發負向的行為。當一個人情緒智力太低，社會支持網絡太薄弱，自己無法正向抒解分手帶來的負向情緒，旁邊又沒有適當的人適時伸出援手，給予友善引導和陪伴，分手的情緒抒解無門，負面情緒掩蓋理性，負向的行為就出現。社會新聞中的用刀、用槍、用瓦斯、用硫酸、用王水的負向行為令人擔心恐懼。大家都不希望在擔心恐懼下過日子，人有免於恐懼的權利，我們可以好好的說再見。

首先，對分手可以有正向思考，不把分手看成是自己的世界末日，分手也不代表你是一個失敗的人，分手只表示你們不適合，並不代表你沒有價值，你可以讓不能持續的「緣」也是一段「好緣」，留給以後有機會能在白髮蒼蒼時回憶。

其次，對分手的雙方可以彼此有體諒，畢竟愛過對方，愛對方的

當時無不希望對方幸福，若對方留在自己身邊不幸福，何必強留委屈對方，又讓自己的愛變質，他的哭、他的痛如何捨得。

第三，培養和提升我們的情緒智力及挫折容忍力，分手只是常常久久的人生眾多事物中的重要事件之一，不是全部，讓自己正視情緒和瞭解情緒，抒解情緒，是一個很好的修行和學習，讓自己提升，更有機會擁有一個更適合自己的感情生活。

二、分手的準備與法則

當有分手的想法時，別急著去做。先停下來，做一些心理準備和實際分手行動的推演，讓情緒比較穩定，對如何理性平和的處理分手有掌握度了，再開始行動。以下對「如何說分手」提供一些建議：

(一)給主動提分手的人

1. 找個地方靜靜想清楚自己為什麼要分手？有哪些理由可以支持你堅定地提出分手？分手有什麼好處，有什麼壞處？如果心情和思緒都很混亂，可找你覺得信任的人及好朋友說一說，也可以找專業諮商師協助你整理與澄清紛亂的情緒和想法。

2. 在約對方談分手之前，考慮對方的個性、兩人交往的深度、對方可能的反應等，先做好沙盤推演，準備好自己說的方式、態度和理由。

3. 調整好情緒再出發，注意溝通技巧，以說「我……」的角度切入，態度溫和而堅定，避免「你……」的指責或怪罪，千萬別數落別人的不是。

4. 慎選談分手的時間和地點，時間最好是白天，因晚上人的情緒較容易失控；地點最好是選在公開、安靜、有旁人，但不會干擾你們談話的地方。

5. 告訴親近的人，你要去談分手的「人、時、地、事、物」，以及何時回來；或者請朋友在附近等你，以預防危險事件發生，保護雙方安全。

6. 分手後，保留一段情感的「真空期」，一方面讓彼此有更清楚的情感界線，另一方面也沉澱自己的情感，以免落入有第三者介入的情況，並整理在這段感情中的自己是怎樣的一個自己，自己對感情的期待與改變，思考這段感情帶來的成長與學習。

(二)給被動分手的人

被動分手的人，可能對感情會分手有心理準備，也可能毫無心理準備。不管有沒有心理準備，被動分手的心情比較抑鬱、混亂、想挽回、無價值感，卻很相似；如何抒解這些強烈的低落情緒和在分手事件中有正向學習，是被動分手者要積極面對和覺察的課題。以下對「如何面對分手」提供一些建議：

1. 在對方提出分手後，要先保持冷靜，衝動會搞砸許多事。先穩住，讓自己聽完對方怎麼說，別從「我被甩」的角度聽事情，而從「瞭解對方是怎樣不快樂，在感情中的他是怎樣的心情」的角度，來體會和瞭解事情；及「留一個心不在我身上的人，兩人會不會幸福？」來看自己感情的未來。

2. 一般來說，被動分手的人會比主動提分手的人需要更長的心理調適和恢復期，因為主動提分手的人提分手之前已有較長的心理準備期，而被動分手的人是從聽到對方說要分手，才開始真正有心理上的反應歷程，如果自己悲傷的時間較長，是自然的，千萬別怪自己。

3. 痛苦別往自己肚子裡吞，找親近、信任的人分擔你的悲傷和壓力；找專業心理諮商師協助你抒解情緒，整理情感經驗，抒發

內心感受、想法和找到情感的定位。

4. 讓自己有一段情感的「真空期」，避免在混沌、雜亂的情緒中，新情人無形中會成為替代品，避免自己分不清楚自己喜歡的是前任情人的影子，還是現在的情人，同時這樣對新情人也是不公平的。千萬要避免老是前後糾葛，找不到自己真正要的情感歸宿，故事重演。情感真空期的沉澱思考整理，有助於讓分手經驗有正面的意義和產出新的力量。

三、有人想分手，如何伸出援手？

根據調查，青年朋友最常詢問請教情感問題的對象是同儕，包括同學、朋友或年齡層接近的兄弟姊妹。「身邊有人想分手，該怎麼辦比較好？」，就成了青年朋友極想知道的答案。身為同儕，如何面對朋友想分手的問題？

首先，要先清楚朋友想分手是怎樣的情況。一般可分三種情況來說：

第一，如果雙方只是吵架或遇到情感風波，嚷著想要分手來發洩情緒，那麼，就不用去討論要怎樣分手，只要陪著他，時而陪著他罵，時而安慰他，讓他把心裡頭的不愉快暢暢地說出來，就已經做到朋友該有的支持與情分了。

第二，如果情況是兩人之間的不合已經累積好多事件和好長一段時間，他正在猶豫是不是要提出分手，一方面認為兩人這樣下去不是辦法，但說要分開，又覺得捨不得，理性和感性正在拉扯，那麼，可再細分成兩種情況：

1. 如果他願意聊一聊他的掙扎和猶豫，就陪著他說話，說話的主體是他，讓他說他想到的，想說的，陪著他，認真聽，適時分

享自己的感覺和想法，他在說話的過程中，可以一邊抒解紛亂
的情緒，一邊整理自己的想法，你的眞誠分享和陪伴，會給他
信心和安定。值得提醒的是，要不要分手的決定權還是在他，
我們作爲朋友，不能要求他做我們認爲的決定。

2.如果他不願意或還沒準備好要找人說一說他的想法和困擾，作
爲朋友，就拍拍他或告訴他，你知道他的心情，如果需要朋
友，你會願意陪他，或陪他做一些排解情緒的活動。

　　第三，他已經有分手的決定了，只是不知道要怎麼告訴對方，
那麼可以陪著他把分手的理由整理得更清楚，陪著他討論「分手的準
備與法則」，依據他對對方的瞭解和兩人關係做沙盤推演，協助他有
穩定的心情去做分手的適當處理。分手之後，尊重朋友調適心情的方
式，關心他生活空檔的重新安排，陪伴他運動、朋友的聚會活動等。

　　總而言之，先瞭解朋友想分手的情況是處於哪一種狀態，然後
站在朋友的立場，陪伴他，分享自己的意見和心情，但尊重他的決定
權。最後，如果覺得情況棘手，在徵詢他的同意之後，可一起請值得
信任的長輩或諮詢專業人員提供必要協助。

第三節　分手調適

一、分手的情緒

　　Simpson（1987）研究發現，親密程度、交往時間長短、再找其他
伴侶的容易度，這三項變數可以穩定地預測分手後情緒痛苦的強度和
持續時間。也就是說，關係越親密、交往時間越長、越不容易找到其

他合適伴侶的情況下，當事人分手後的痛苦情緒越強，痛苦持續的時間也越長；反之，則痛苦越少，持續時間也愈短。

分手後的情緒和兩人實際交往的互動情況而各有不同，無法一概而論。一般而言，主動分手的人，主要的情緒有歉疚、輕鬆、解放、擔心對方。主動提分手的人認為在分手後最難處理的是歉疚的情緒。

被動分手的人情緒則較複雜，有否認分手已發生、想挽回、憤恨難平、震驚、不捨、反擊、覺得被否定、抑鬱、沮喪、不知不覺流淚、生活步調變混亂、觸景生情、傷心、無奈、逃避、追憶等情緒，這些負向情緒有時會伴隨一些生理上的反應，如注意力不集中、失眠、頭痛、胃痛等壓力身心症候群反應。這些負向情緒連帶會引發對自我、他人、愛情的負向思考，例如：「我不夠好，所以被對方拋棄」、「我沒有愛人的能力」、「我不相信有什麼真愛」、「對方存心欺騙我的感情」、「男（女）人不是什麼好東西」。被動分手的人，在分手後認為最難處理的是自我存在的價值和與獨處的能力。

分手後有一段情緒低潮，對自己和感情有負面思考是難以避免的事，但是如果持續超過半年，且情況未見改善，可能需要有所警覺，請專業的身心科或心理諮商師協助。

二、分手後的調適

交往多久是分手的高峰期？根據國內外調查（Hill, Rubin & Peplau, 1976；張老師，1985、1998）發現，交往一年到二年間分手的最多，其次是二年到五年，第三是半年左右。

分手後多久可以情緒恢復？失戀恢復期會依交往時間長短、兩人情感深度、個人在情感中的投入程度、個人對情感的回顧及省悟程度、個人自我資源及身邊人際支持資源的多寡程度而有所不同，平均失戀恢復期是三到六個月。

　　主動或被動分手也影響分手後的調適，一般而言，提議分手的人，能夠說出多個分手的理由，分手後的情緒餘波較少，分手後的調適較好（Hill, Rubin & Peplau, 1983），而被動分手的人，因事先心理準備期都較主動提分手者短，分手後的調適相對地就需較長的時間。

　　整體評估角度來說，有分手心理準備的人較無心理準備的人恢復期要快一些；情感投入少的人要較情感投入深的人恢復期要快一些；對情感有較多回顧及較高省悟程度者，恢復期會縮短；較多自我資源面對壓力者，恢復較快；身邊的人際支持較充足者，恢復較好。

　　分手後的調適方法，因人而異，各有不同，包括埋首工作或奮發圖強埋首功課、轉移情緒、上網找人聊天、找親密的家人或朋友談、看感情有關的書籍、看有抒解情緒作用的藝術作品、寫日記或寫信、找尋宗教慰藉、找諮詢機構、改變造型、唱歌、運動、離開傷心地等等。

　　方法的有效性會因人而異，可想想自己以前用怎樣的方法排解情緒有效，及可能可以試試怎樣新的方式，然後一一試著去做，找出分手後不同階段的適合自己的調適方法。要提醒的是，若您多採負向的調適方式，例如：酗酒或尋找新戀情、故意狂歡、大吃大喝等，則必須節制。多學習正向的調適方法，才是建設性的，也才是為以後的戀情和以後的人生孕育肥沃的土壤。

三、朋友逢分手之痛，如何陪伴？

(一)以瞭解作為陪伴的基礎

　　瞭解一般人分手的情緒和想法，以瞭解作為陪伴的基礎，陪伴的人也需要知道一些分手的情緒和心理歷程，這樣陪伴的過程，自己才會比較穩定，不會每遇到有所變化就慌亂。

(二)評估自殺意念或行動

分手的人，有時會有想死掉的念頭或行動，旁敲側擊知道他的想死只是念頭，還是已經有計畫和準備行動，如果只是念頭，那就持續關心他，如果已經發展出計畫和準備行動，應預防他有自殺的行為，並告知重要的人，提高注意他的行為和行蹤。

(三)陪伴和傾聽

朋友的陪伴及傾聽，對失戀者最大的意義在於，他會覺得自己還是可愛的，還是有人關心的，還是有價值的，還是重要的。即使你傾聽他的時候沒有說多少話，你陪他的時間不過幾小時，但對他來說都是珍貴而有重要意義的。

失戀朋友此時主要的需求有兩大類：

1. 需要有人陪伴填補生活空缺，尤其原本和情人固定的約會、吃飯、看電影、打電話的時間，如今都空下來了，突然覺得生活空缺很多，會需要陪伴。
2. 需要有人專心聽他說，聽他恣意傾訴，聽他的苦、他的痛、他的不捨及他的不平，來抒解失戀情緒。有的失戀的人只想有人陪，但並不想說太多有關失戀的心情，有的人需要被認真的傾聽他現在的苦和痛，但其餘的時間想自己靜一靜。

(四)尊重當事人調適心情和調整生活的方式

在朋友沒有輕生危險的情況下，可尊重他調適心情和調整生活的方式。他需要人陪，但不想多說失戀的事，你就陪他，一起去做一些事，關心他但不過問他目前不想多說的事。他想說，你就傾聽，聽他傾訴，聽他的苦，聽他的痛，瞭解他，安慰他，但不說無關痛癢的訓示。

(五)陪伴的人別對自己要求太多

朋友失戀的情緒和難關，主要還是他自己要去度過，作為朋友無法幫他背負起所有的情緒和事情，陪伴的人別對自己要求太多，回到朋友的角色，陪他和傾聽他，他逐漸會有自己的力氣站起來。

(六)做一個容易對待的失戀者

失戀者對於朋友的關心也可清楚地表達自己的需要和拒絕，需要時，就大大方方接受朋友的關心，想自己靜一靜時，就清楚讓朋友知道你現在需要安靜或獨處，做一個容易對待的失戀者。

(七)失戀是一個重新認識自己的機會

失戀是一個重新認識自己，更瞭解自己的機會，別濫用朋友的關心，別把全部的情緒和生活都丟給朋友來承擔，要鼓勵自己在失戀的回顧反省過程中，找出改變的方向和目標，慢慢長出正向的力量來。

四、愛情贏家的特色

愛情贏家是怎樣的人？愛情贏家一樣碰過愛情挫敗與分離，卻懂得選擇成熟的愛，預測失敗的感情以及放棄不成熟的情人，幡然無悔（余德慧，1993）。愛情贏家不是在愛情中百戰百勝的人，而是知道怎樣是健康的愛情，懂得放棄不適合的對象，能從感情的挫敗中更瞭解自己對感情的選擇是什麼，並在往後的人生創造和經營更成熟、更有品質的感情生活的人。

愛情贏家有著這樣的特性：

1.絕非「情奴」：他們擁有愛人與被愛的能力，但也有敏銳覺察「不對勁」的觸鬚。

2.自主性：當某些因素難以避免且會傷害未來的幸福時，他們會毅然放棄，同時承擔分手造成的損失或傷害。

3.對未來幸福感的掌握：戀愛是一生的選擇，其重要性不亞於事業，幸福不是甜美的外表，金碧輝煌的飯碗，或是安定的感覺；其中最重要的是分享共同的夢，感到契合、搭配與共識，也有獨立自主的事業或成就，擺脫過度相互依賴的約束並能相互欣賞（余德慧，1993）。

五、如何從分手經驗中有所學習？

其實，分手不見得是壞事，分手不見得都是帶來不愉快的情緒，當我們度過了剛分手那段被情緒主導的日子之後，如果對分手逐漸能有持平正向思考，我們會在過去分手的這段感情經驗裡，獲得更多對自我的瞭解，對異性的瞭解，對愛情及親密關係的瞭解，並且更進一步地促進自我成長，提升與異性相處溝通的能力，及對愛情或其他親密關係的經營有深一層的體悟。

對分手原因的簡單化，例如：女生歸因是自己長得不夠漂亮、外型不具吸引力；男生歸因自己不夠高、不夠帥、能力不好等等；或是認為感情本來就是分分合合，合久必分，久了會褪色，不具恆久性等。如此過於簡單的歸因常導致怨怨艾艾、自尊心低落，或是怨恨積心、對異性有扭曲的印象，或是對感情抱持不信任的態度（劉惠琴，1994）。

如果我們能對分手的原因不過分簡化，能更深入地去看感情中的自己、異性和感情互動過程與面貌，分手經驗就不單單只是「失去」和「負面」，我們也可以在分手經驗中得到寶貴的經驗與成長。茲提供以下五個可以思考和深入的方向：

(一)從感情互動的角度

看當時的自己和對方，問自己：「這段感情中的自己是一個怎樣的自己？是不斷地奉獻和討好？還是很自我？是委屈的自己？還是扭曲的自己？是依賴的自己？還是不卑不亢呈現真實的自己？」對方呢？問自己：「這段感情中感受到的對方是一個怎樣的他？」寫出來，列出來。再問：「這樣的兩個人互動出怎樣的感情？你喜歡這樣的自己嗎？你希望感情中的自己是什麼樣子？」

(二)思考性別刻板化印象對感情的影響

「女（男）人要怎樣才是女（男）人」的刻板化印象，「是否阻礙了我對真實一個『人』的瞭解與接納？」，「是否因刻板化印象，忽略了對方的其他優點或淡化了他的缺點？」，「是不是有哪些性別刻板化的印象影響我對異性的瞭解與選擇？是不是更有彈性的接納個人所擁有的陽剛與柔性特質？」

(三)彼此對情人的不同定義與角色期待

「你認為怎樣叫做情人？」、「他對男女朋友的期待是否和你不同？」、「你們認為男女朋友該一起做什麼和為對方做什麼，是不是不一樣？」

(四)彼此對感情需求與定位的不同

「你所企盼的是一份怎樣的感情？你們對感情的定位一樣嗎？」、「你想要在感情中獲得什麼？他在感情中想獲得什麼而未得到？那是我可以給的嗎？」、「你們各自對自我獨立空間與時間的需求是不是不相同？」

(五)處理衝突時的表達溝通方式

「最常因為什麼事情鬧彆扭、冷戰或吵架？」、「有沒有更好的解決問題的態度與方式？我自己最該改善的地方在哪裡？面對衝突時我害怕什麼？希望對方可以有怎樣的互動？」、「當敏感到感情問題的存在時，是不是分享自己看到的困難，並邀請彼此共同思考和解決？」

從上述五個方向，透過思考和反省，把分手的經驗深化，相信會對分手的經驗、自我的成長、異性的瞭解、感情的品質，都有較深刻的體驗和收穫。

六、分手經驗帶來的成長與學習

綜合過去學者研究（Frattaroli, 2006; Tashiro & Frazier, 2003, Lewandowski, 2009）及筆者諮商輔導經驗，對分手有深化的思考與反省，會帶來許多成長與學習，普遍性的成長與學習有：

1.即便多麼親密，也都不要失去獨立的能力。
2.更懂得控制情緒及適度表達情緒。
3.認清自己對感情的真正需要是什麼。
4.應該更學習溝通技巧和同理心。
5.更能體諒別人。
6.更懂得愛。
7.個性要互補，但價值觀要相同。
8.瞭解以前對異性要求的不實際。
9.變聰明，懂得如何保護自己。
10.拉長觀察期，別太快就進入兩人世界。

個人化的成長與學習就更不在話下，包括對自己的瞭解變深刻、對異性的看法更多元、對感情不偏執等等。這些都將化成未來優質親密關係與感情的滋養成分。當我們用健康的心來看待分手，分手似乎就不在那麼令我們害怕和不敢面對，能看見分手的正向成長意義。

本章重點

1.分手和離婚的異同

2.分手原因排行榜

3.分手的高峰期

4.分手的方式

5.分手的性別差異

6.分手的準備與法則

7.分手後的調適

8.分手的成長與學習

Note

附　錄

翻轉教室一：主題討論

1. 本書將主題討論集中，用意是方便老師及同學挑選有興趣主題延伸做小組討論，相關知識透過擴散式或聚焦式的討論，可以更深刻、更生活化，促進對性別關係的廣角思考與處理能力。

2. 可彈性挑選其中幾題作討論或修改成聯想到的相關議題做討論皆可。

3. 討論主題依本書章節順序呈現。

4. 每個議題有「主題討論」之外，也提供「引導思考關鍵字」。

5. 所有討論題目皆可因應課程學習需求做改寫。

主題討論1：性別教育導論

【材料】

　　人生經驗、看過的漫畫、小說、故事、連續劇、偶像劇、A4白紙、筆

【討論題目】

1. 想想自己分別在小學、國中、高中時期，吸收過哪些關於性別的知識？知識來源是哪裡？

2. 請說說你印象深刻的其中一個童話、故事、漫畫、小說、偶像劇、電視連續劇中，男女主角之間的關係是怎樣？

3. 整理大家印象深刻的故事中，男女主角的關係可以分成哪些類型？

4. 「性」、「性別」與「性別角色」彼此之間的關聯性是如何？說說你的想法。

5. 沒有一個字像「愛」一樣擁有如此分歧的意義，請你以你的生活經驗為基礎，你認為愛像什麼？愛是什麼？愛情像什麼？愛情是什麼？

【引導思考關鍵字】

　　學校課程課本　網路媒體　文字　影片　同儕話題

主題討論2：性別關係理論

【材料】

　　人生經驗、所見所聞所感所思、A4白紙、筆

【討論題目】

1.「小時候和異性父母關係不佳，長大後要和異性建立關係就是比較困難」。你同意或不同意這樣的說法？為什麼？

2.你同意男性內心中也有女性特質，女性內心中也有男性特質嗎？你自己身上有哪些陽剛男性特質？你身上有哪些陰柔女性特質？

3.心理學三巨頭佛洛伊德、榮格、阿德勒，是誰在其理論中首先強調愛情婚姻關係是雙方站在對等的立場，為彼此貢獻的態度？

4.人生四季中的夏季有四個人生關鍵性的經驗，是哪四個？分享自己目前在此四個關鍵經驗的現況是如何？接下來設定怎樣的目標？

5.觀察自己在溝通表達上的特徵是比較傾向男性化或女性化？帶來的好處和壞處是什麼？小組討論可以如何因人因時因地來調整溝通方式？

【引導思考關鍵字】

　　人生發展階段　佛洛伊德　榮格　阿尼瑪　阿尼姆斯　社會興趣
　　李文森人生夏季四大夢想　語言細微度　形容詞多寡　非語言訊息
　　情緒

主題討論3：愛情理論

【材料】

　　人生經驗、所見所聞所感所思、大海報紙、A4白紙、粗黑筆或麥克筆、彩色筆

【討論題目】

1. 想想自己及周遭的親戚、朋友、同學，他們曾經遇過怎樣的愛情問題？小組嘗試將這些愛情問題在海報紙上畫出一個心智圖。
2. 各小組將小組畫出的「愛情問題心智圖」上台做分享。
3. 愛、愛情及性別關係為什麼對人這麼重要？
4. 親密、激情與承諾是愛情三要素，請畫出自己曾經有的一段感情的愛的三角形。
5. 史登伯格說愛是一個故事，如果你要為你曾經有過的，不管成熟，或不成熟，或未發生的愛情命名，你會給那個愛的故事什麼名稱？為什麼？

【引導思考關鍵字】

　　放射式思考　人生發展階段　愛情歷程　史登伯格　愛情三角形理論
　　五大類二十六型愛的故事

主題討論4：愛情自我瞭解

【材料】

生活經驗與感受、紙、筆

【討論題目】

1. 當你發現有某個人他的眼睛離不開你，隨著你移動，你會有怎樣的感覺和想法？

2. 怎樣的人容易讓一般大學生心動？請小組成員輪流分別陳述讓人心動的內外在特質。記錄下來。

3. 如果從上一題的令人心動內外特質，挑出十個重要的並且排序，我挑出來的特質與排序是怎樣？為什麼？

4. 愛情類型的分類只是利於解說和理解，大多數的人是兼併多項類型的不同比例組合，如果總分是100%，你期待自己愛情六類型比例是如何？為什麼？

5. 承上一題，請分析你期待自己的愛情類型組合比例是受過去什麼人或事件影響？

【引導思考關鍵字】

吸引人的男女性外表與個性、能力　浪漫　友誼　遊戲　神經　理性利他奉獻　普同性與個別差異性

性別教育

主題討論5：性別印象與性別間友誼

【材料】

人生經驗、長輩的觀念傳遞吸收與檢視、偶像團體

【討論題目】

1. 對人事物有固定、簡化的看法，稱之刻板印象，請說說一般對同志的刻板印象是怎樣？其實真正的事實是怎樣？

2. 小時候到現在，你曾聽過長輩說：「男生要……才像男生，女生要……，才像女生」、「男生不可以……，女生不可以要……」、「你是男生，所以要……」、「你是女生，所以要……」的話有哪些？

3. 說說幾個有名氣的偶像團體成員他們的性別特質，有因為時代改變而有不同嗎？舉例說明。

4. 你覺得同性間的友情有什麼禁忌？異性間的友情有什麼禁忌？一旦做了，就會破壞友誼。

5. 你覺得愛情要不要友誼做基礎？愛情可以回頭變回友情嗎？

【引導思考關鍵字】

刻板印象　性別刻板印象　性傾向刻板印象　友誼的要素
愛情的要素

主題討論6：愛戀追求

【材料】

自我瞭解、觀察力、欣賞別人的能力、適度開放自己、正向思考

【討論題目】

1.要怎樣可以創造機會，找到志同道合，甚至相知相惜的人？

2.為什麼和一個人的交往要拉長觀察期或拉長異性群友期呢？

3.「變」是人際關係不變的定律，請分享你曾經有過的人際增溫的方法和降溫的方法？

4.和好朋友吵架，怎麼和好？和男女朋友吵架如何和好？

5.戀愛感情發展五階段中，你覺得哪個階段最難？不同階段要有怎樣的心理建設和心態的調整？

【引導思考關鍵字】

人際吸引的四大要素　光環效應　初始效應　人際發展階段
萌芽　發展　質疑　適應　承諾

主題討論7：感情經營

【材料】

　　自己的愛情類型量表結果、自己的溝通類型、愛的表達與接收、人際需求自我分析、PAC自我分析柱狀圖、四種生命態度、五種溝通類型自我分析

【討論題目】

1.班上或小組中調查一下，哪一種愛情類型主型的最多？有性別差異嗎？初戀的年齡是何時？有性別差異嗎？你相信一見鍾情嗎？有性別差異嗎？

2.你的溝通方式較傾向情感型溝通？還是任務型溝通？小組中有性別差異嗎？聽和自己不同類型的人在說話，是怎樣的感受或想法？

3.你是聽到對方說，還是看到對方做，或是被擁抱，或是感覺到對方的氣味，你比較覺得是被愛？

4.你常用什麼方式表達對對方的愛？用說的？做些體貼的動作或為對方做一些他需要幫忙的事情？還是擁抱對方？還是就陪在旁邊？來表達你的愛。

5.愛、歸屬與控制的人際需求，人人有所差異，嘗試討論：一個愛的需求5分，歸屬需求4分，控制需求3分的人，和一個愛的需求4分，歸屬需求2分，控制需求5分的人，如何找到平衡相處模式？

6.分享自己面對衝突的第一反應是哪一種？你覺得衝突不同階段可以彈性採用哪幾種不同面對衝突的方式？

7.如果愛情交往分五階段（萌芽期、發展期、質疑期、適應期、承諾期），請分別說出不同階段可以溝通或聊天的話題。

8.請依據PAC理論分析自己在和朋友溝通時，怎樣的狀態較多？可以選定和某單一個朋友的互動或一般平時朋友互動時的自己皆可。可以畫出五條柱狀圖來說明。

9.先分析一下自己的四種生命態度，和不同的人互動時，有沒有不同

的變化或不同比例的呈現？這樣的變化或不同比例呈現恰當嗎？然
後，輪流聽聽其他小組成員的回饋。

10.用薩提爾的溝通五種類型分析自己，自己在跟身邊重要的他人（父
　母、兄弟姊妹、老師、指導教授、同學、學長姐、朋友、好朋友、
　男女朋友）互動時，各呈現較多哪類型溝通？整體來說，自己多數
　傾向呈現的外在溝通形象是哪一類型？小組成員請給相處以來的眞
　誠回饋。

【引導思考關鍵字】

　浪漫愛　　友誼愛　　遊戲愛　　神經愛　　理性愛　　利他奉獻愛
　溝通方式差異　　離開　　表達　　忠誠　　忽略　　協調　　抗爭　　忍讓　　逃避
　嚴格的父母狀態　　滋潤的父母狀態　　成人狀態　　自由的兒童狀態
　順應的兒童狀態　　指責型　　討好型　　電腦型　　打岔型　　一致型

主題討論8：溝通實務

【材料】

生活經驗、溝通經驗、同理心步驟

【討論題目】

1. 對方又遲到了，已經第三次，你會怎麼溝通？溝通後，又再遲到，已經第十次了，要怎麼溝通？請小組成員合作演一齣透過良好溝通和自我檢討，改善遲到習慣的戲。並說明溝通要訣及自我檢討的內心戲。

2. 請用溝通的十二種高危險反應互相對話三分鐘，再用聆聽與同理心反映對話三分鐘，分享感受。

3. 男女朋友階段，哪些事情可能會吃醋？

4. 吵架不該翻的舊帳有哪些？

5. 性衝動要如何克制？

【引導思考關鍵字】

客觀描述情境　行為及事件　「我訊息」　提出意見或期待

徵詢討論辦法　積極傾聽　副語言　肢體語言

主題討論9：性別平等

【材料】

生活經驗、企業資訊、行業觀察、長輩經驗

【討論題目】

1. 我的身邊有「LGBTQ」嗎？相處的經驗是怎樣？

2. 你覺得身為「LGBTQ」的社會壓力和心理困擾是什麼？可以如何友善對待？

3. 七個有關性別平等和性別平等事件的法律，你覺得個人一定要知道的權益有哪些？

4. 你知道有哪些企業是較重視性別平等，讓男女有相同升遷機會、公司決策層級是有女性的嗎？

5. 你有發現過去是以男性或女性為主的行業，現在逐漸有不同性別的加入嗎？

【引導思考關鍵字】

多元性別　性別歧視　性別友善　性別職業隔離　玻璃天花板效應

主題討論10：性別關係與危機

【材料】

　　正確性知識、提供未成年懷孕的醫療、社政和心理資源、危險性別關係新聞事件

【討論題目】

1.如果好朋友或他的女朋友懷孕了，找你討論該怎麼辦？你可以怎樣幫忙？

2.如何預防約會強暴？約會最好避開哪些人或時間或地點？有哪些訊息是約會強暴警訊，應該提高警覺並避免發生？

3.萬一自己或好朋友發生約會強暴的事情，要怎麼處理？處理的步驟是什麼？

4.哪些情侶之間的吸引力和推力會發展出三角戀情？

5.假設自己是三角戀情中的一份子，中心主角、第二主角、第三主角，你會怎麼面對和處理三角戀情關係？為什麼？

6.有聽過朋友遇過恐怖情人的經驗嗎？發覺自己或好朋友是遇到恐怖情人了，要怎麼辦？

【引導思考關鍵字】

SAFE原則　STOP口訣　身體自主權　界線與警覺　關係推吸理論
恐怖情人十五特徵

主題討論11：性騷擾與性侵害

【材料】

　　生活經驗、《性騷擾防治法》、《性侵害犯罪防治法》、《刑法》第十六章、《性別教育平等法》、校園性平事件

【討論題目】

1. 你曾遇過或聽過怎樣的性騷擾事件嗎？是怎樣處理的？有更好的處理方法嗎？
2. 性騷擾迷思你中了幾個？這些迷思是怎麼來的？如果有人也說出自以為對卻是錯誤的想法，你會如何應對？
3. 如何預防和處理性騷擾事件？有怎樣的重點一定要做？
4. 性侵害和強暴是刑事罪，強暴犯常用的四種手法是什麼？該如何提高警覺或避免性侵害事件的發生？
5. 如果性侵害事件是在校園發生，那除了司法刑事案件的流程之外，學校可以做哪些事情幫助學生？

【引導思考關鍵字】

　　性騷擾定義　　性騷擾迷思與正確事實　　性騷擾預防與處理
　　強暴犯的手法　　性侵害的預防與處理　　校園性侵害處理

主題討論12：分手

【材料】

自己與他人生活經驗和體會、名人的分手事件

【討論題目】

1.聽過身邊的人分手嗎？分手的原因是什麼？跟調查結果相似嗎？

2.如果發生哪些事件或感情出現什麼問題，你會決定分手？

3.從「不容易分手關係的五大特性」和「影響關係穩定性十大因素」中，有給你怎樣的領悟和努力方向嗎？

4.在不同的情感關係情況下，可以採取不同的分手方式，你或別人有怎樣的經驗和看法？

5.分手後最需要調適的是情緒和生活的重心安排，如果你是當事人你會怎麼做？如果遇到好朋友、麻吉分手了，你可以做什麼幫助他走出分手陰影？

【引導思考關鍵字】

分手原因　分手高峰期　分手方式　分手性別差異　分手調適
不容易分手關係的五大特性　影響關係穩定性十大因素
分手的成長與學習　愛情贏家

主題討論13：其他

【說明】

　　這些題目也和性別關係主題相關，在討論完主要題目之後，也可以挑選以下題目討論。

【討論題目】

性別關係篇

1. 如何應用人際吸引的四個因素，開始建立同性朋友或異性朋友關係？

2. 請說一說生活經驗中的「月暈效應」或「光環效應」、「初始效應」？

3. 就你個人成長的經驗，請說一說你感受過哪些生理上和心理上的性別差異？

4. 就您個人的經驗，分析為什麼男生比較多「肩並肩」的友誼，女生比較多「面對面」的友誼？

5. 在現實生活中我們常會以人的外貌、談吐舉止和品行來決定是否交往。而在網路上，你會依據什麼樣的條件，來作為你選擇聊天、交談對象的依據？

6. 你對網友的初步定位為何？

愛情篇

1. 你現在是處於哪一個異性交友階段或愛情階段中？這個階段主要學習的是什麼？你覺得對你來說這階段主要的難題或疑惑是什麼？

2. 和小組同學一起討論「愛情過程中可能的變數」有哪些？如何面對這些變數或處理呢？

3. 你看到或聽過怎樣的現代網路延燒出的愛情危機或騙局？說出來作為相互的提醒和預防。

4. 請就如何邀請與拒絕的主題做實際練習，同組中分別以打電話、傳訊息、當面邀請的方式，各進行一次情境演練，並輪流當主角。

5. 當第一次到男女朋友家拜訪的時候，該注意些什麼事情？當第一次邀請男女朋友到家裡來時，該事先打點些什麼事情或跟家人溝通什麼？

6. 戀愛關係中，男女容易為哪些事情吃醋？容易翻哪些事的舊帳？你最不喜歡你的男女朋友吃怎樣的醋？翻哪一類的舊帳？

7. 吃醋和翻舊帳的感受如何？被吃醋和被翻舊帳的感受如何？

8. 請就愛情初期的幾個疑惑，發表你身邊所看到的或聽到的類似事情，和同組同學分享，並討論可能的處理方法。

9. 「小齊和女朋友琳達吵架，跑去打保齡球發洩情緒，安琪適時的給小齊一個甜美的微笑和打氣，後來小齊送安琪一個小禮物表示感謝，安琪表示陪她打保齡球之後她會收，兩人約定之後不久，琳達打電話來找小齊」，請你自行或小組一起創作編導「琳達與安琪故事」後續發展與結局。

溝通篇

1. 在溝通上「明明心中有所期盼，卻不明說」和「要求很多，一一說出來」，你覺得哪一個比較難處理？為什麼？你覺得這兩種情形可如何和對方溝通？

2. 記錄男女朋友之間的對話十分鐘，看看在溝通方式和內容上男女有無不同？

3. 戀愛當中，但是有孤單、寂寞的心情，要如何溝通和調適？

性別平等篇

1. 請以你是學生的立場，談一談你在生活中要如何「落實性別平等」？

2. 如果有同志跟你（異性戀）表白說：「我喜歡你」，你要如何回

應？

3.如果有異性戀者跟你（同志）表白說：「我喜歡你」，你要如何回
應？

4.你身邊或你知道的還有哪些性別職業隔離和突破玻璃天花板的例
子？

身體與性關係篇

1.有哪些方法可以排解婚前的性衝動，避免發生婚前的性關係？

2.身體跟著我們生老病死，身體記錄著我們許多生命成長的經驗，身
上的疤痕敘說著我們的生命故事，你身上的疤痕敘說的是怎樣的故
事？

3.如何在兩性交往的過程中，讓身體記錄下的是正向、愉快的、有自
主權的經驗與故事？

4.如果現在有朋友邀請支持反性騷擾和反性侵害，你會怎麼做？為什
麼？

5.在生活中，關於反性騷擾和反侵害，我們可以做些什麼事？

6.曾經聽過看過網路上騙情、騙錢又騙身的事嗎？這些事提供我們怎
樣的警覺和警惕？

7.如果不幸發生因網路交友引發的精神或身體或性的侵害，當事人可
以做些什麼事？旁邊的親人好友可以做些什麼事？

分手篇

1.自己或身邊你看到的、聽到的分手是怎樣的情況，分享你的觀察或
經驗，並說說你個人對該分手事件的看法？如果你是其中的男女主
角，要怎麼辦比較好？

2.你有沒有看過的小說、電影、電視劇中，情侶的分手方式是你覺得
還不錯的？情況是如何？為什麼？

3.分享一個你的生活觀察或經驗，自己的或身邊你看到的、聽到的，

分手的情況，並說說你個人對該分手事件的看法？如果你是其中的男女主角，要怎麼辦比較好？

4.你有沒有發現男生和女生在分手過程中的不同？你覺得可能原因是什麼？

5.從自己的或別人的分手故事中，你覺得分手最大的學習是什麼？

6.如果兩個人真的不合適，那麼分手的好處有哪些？

7.如果是因為外力而分手，例如父母反對或遠距離，有哪些積極克服的方法？

翻轉教室二：課堂活動

1. 本書將課堂活動集中，用意是方便老師及同學挑選有興趣活動延伸做深入自我探索和團體輔導，同儕之間透過課堂活動，相互有心理層面的交流，既可透過別人眼光更認識自我，又可促進友誼，可以更深刻、更生活化，促進對性別關係的人我瞭解。

2. 可彈性挑選其中課堂活動或修改成聯想到的相關活動皆可，發揮教學創意。

3. 課堂活動依章節順序呈現。

4. 每個課堂活動有「活動名稱」、「活動材料」、「活動說明」、「活動進行」以及提供「人我分享」題目。

5. 所有人我分享題目，教師皆可因應課程學習需求做改寫。

性別教育

課堂活動1：性別教育導論

活動名稱	1-1找自己
活動材料	名片卡、筆
活動說明	這個活動可以應用在任何需要「人際破冰」或「放下人際陌生與藩籬」的時機。
活動進行	1.請成員在名片卡的中間，寫上自己的名字，名字下方寫上自己習慣被叫的名字或綽號，名字上方寫上科系與年級。名字的後方寫1～6其中一個數字。 2.名片卡的四個角落，右上角寫上自己喜歡的活動或興趣，右下角寫上自己曾被別人誇獎的優點，左上角寫上自己討厭的事情，左下角寫上自己曾經覺得挫敗的事情。 3.拿起自己的名片卡，自由走動，自由跟別人交換名片，這時自己手上會拿到別人的名片。 4.一直交換，交換的同時看一下別人的名片內容，直到手上的名片換到原本自己的名片，坐回自己座位。
人我分享	1.等大家都坐回位置，依名字後方的數字，再分組，相同數字的人坐在一起成為一組，小組人多人少都沒關係。 2.小組成員輪流，每次從名片中分享一項資訊，從名片中間的資訊，再到四個角落的資訊。 3.過程可以彼此自由提問和分享類似經驗。

活動名稱	1-2性別聯想與比喻
活動材料	課本、此活動學習單、筆、黑板或電腦文書、粉筆
活動說明	這個活動可以應用在任何需要「人際破冰」或「放下人際陌生與藩籬」的時機。
活動進行	1.「性別」這個詞彙讓你聯想到哪些詞？「性別關係」可比喻成什麼？每個人心中的聯想和比喻各不同，這個活動可讓同學彼此有更多不同的視野和心理交流。 2.請放下「對」或「錯」的標準，以圖像、形容詞、成語、一段話、比喻的方式，天馬行空「畫」或「寫」出自己對於「性別」、「性別關係」的聯想或比喻。
人我分享	1.請以好奇、欣賞、不批評的態度聆聽。 2.小組成員4～6人，輪流分享自己的聯想內容。 3.其他成員專心聽，並給予回饋或提問。 4.最後以小組方式上台跟全班分享分類整理的結果。 5.小組分享的同時，可請書寫手或打字手在黑板或電腦上，一起把全班的比喻、聯想分類整理。 6.票選你所欣賞的比喻，高票前十名者，請接受全班的鼓勵。

學習單1-2　性別聯想與比喻

1.「性別」兩個字給我的聯想：＿＿＿＿＿＿＿＿＿＿＿＿＿＿＿＿＿＿＿

2.性別關係像（比喻）（畫或寫）＿＿＿＿＿＿＿＿＿＿＿＿＿＿＿＿＿＿

3.性別關係像（比喻）（畫或寫）＿＿＿＿＿＿＿＿＿＿＿＿＿＿＿＿＿＿

4.性別關係像（比喻）（畫或寫）＿＿＿＿＿＿＿＿＿＿＿＿＿＿＿＿＿＿

課堂活動2：性別關係理論

活動名稱	2-1常時年紀小
活動材料	小時候的性別關係記憶、比較過去與現在性別關係、筆、學習單2-1
活動說明	1.從出生就開始了性別關係，甚至在媽媽的肚子裡，就開始吸收性別關係，只是不復記憶。 2.回憶與整理記憶，是為了做統整和對經歷的事情有所領悟，與尋找走往更好的方向。
活動進行	1.請就從最小有記憶開始，寫下印象中的與父母關係、與兄弟姊妹關係、與同學關係，還有其中的感受。長大之後，關係有變化嗎？影響這些變化的因素是哪些？ 2.每個階段下關鍵字即可。
人我分享	1.從回憶和學習單上的關鍵字，隨著時間，關係變化有其規律可循嗎？ 2.你與同輩同性的關係（同性別兄弟姊妹、同性別同學、同性別朋友），有類似性嗎？ 3.你與同輩異性的關係（異性兄弟姊妹、異性同學、異性朋友），有類似性嗎？ 4.比較你與同輩同性的關係和與同輩異性的關係，有何不同嗎？ 5.輪流分享後，統整一下小組的情況，上台摘要分享。

學習單2-1　當時年紀小

	未上學前	幼稚園	國小	國中	高中	現在
與父親關係						
與母親關係						
與兄弟關係						
與姊妹關係						
與同性同學關係						
與異性同學關係						
與同性好朋友關係						
與異性好朋友關係						
與男女朋友關係						

活動名稱	2-2男女差異
活動材料	課本（第2章第二節）內容、學習單2-2、筆
活動說明	1.請在□中填上＞、＝或＜。 2.可以參考課本第2章第二節。
活動進行	填寫學習單2-1
人我分享	如果覺察對方的溝通特性，適度使用對方的溝通模式，會讓溝通更順利更合拍嗎？可以現場找小組同學，角色扮演，體驗看看。

學習單2-2　男女差異

生理差異	精神疾病	壓力	關係	溝通特性
胚胎期生存機率 男□女	焦慮與憂鬱 男□女	暴力、人際關係壓力 男□女	目的取向的話題 男□女	語言細微度 男□女
出生期生存機率 男□女	酒癮與藥癮 男□女	競爭和成就 男□女	個人性的話題 男□女	形容詞多 男□女
各年齡生存機率 男□女	智能障礙、自閉症、過動症 男□女	傾訴方式 男□女	主導者、決策者 男□女	疑問句附加問句 男□女
平均壽命 男□女	精神障礙者總人數 男□女	自我消化方式 男□女	照顧者、傾聽者 男□女	肯定句 男□女

課堂活動3：愛情理論

活動名稱	3-1愛情迷思探索
活動材料	學習單3-1、筆
活動說明	愛情的觀念和想法是透過不斷地討論、澄清和體驗之後，逐漸成熟和成形，同儕的力量很大，同儕也較能互相包容、接納，成熟過程必要的青澀，請放心大膽分享以下敘述句的看法。
活動進行	對於愛情，我們有時候會有一些存在內心，不知不覺反應在思考邏輯或行為上卻不自知，請看看學習單3-1上面五個敘述句。
人我分享	1.對於學習單上面五個敘述句，你相信嗎？如果相信，為什麼這樣相信呢？請寫下你的想法和理由。如果不相信，又為什麼不相信呢？請寫下你的想法和理由。 2.小組分享和討論對每一個敘述句的看法，將最後你的想法寫在學習單3-1的最右邊欄位裡。 3.你是不是有上述敘述類似的經驗或不同的經驗？ 4.本週回去找和你的異性同學、同性朋友或異性朋友或男朋友女朋友一起看這五個敘述句，分別說說彼此的看法與意見，別爭執，只是溝通與分享。當作瞭解彼此和分享愛情觀的話題，下週可回到小組，做再度分享交流。

學習單3-1　愛情迷思探索

愛情迷思	直覺的初步的想法	討論後的想法
1.如果沒有觸電的感覺就不是愛情。	□相信　□不相信 想法理由：	
2.世界上有一個完全適合我的人與我共譜戀曲。	□相信　□不相信 想法理由：	
3.愛，就是什麼都不必說，對方會瞭解的。	□相信　□不相信 想法理由：	
4.愛的力量可以克服一切。	□相信　□不相信 想法理由：	
5.愛，就是你濃我濃，鎮日廝守。	□相信　□不相信 想法理由：	

性別教育

活動名稱	3-2相處迷思探索
活動材料	學習單3-2、筆
活動說明	在戀愛相處的過程中，有時一些似是而非的想法，會不自覺的自動化運作，影響我們的行為和期待。克服迷思需要練習思辨和澄清，討論是最快達到澄清效果的方式。
活動進行	學習單共有17題，請於各題右方嘗試寫出你的省思和想法，然後和同學討論分享。
人我分享	可以兩種不同方式分享：(1)依照題號順序；(2)每個人挑一題，先討論分享，有時間再進行第二輪，每個人再挑一題。

學習單3-2　相處迷思探索

相處迷思	自己省思後的想法	與小組討論澄清後的想法
1.我必須在各方面都很好，對方才會喜歡我。		
2.男女朋友之間不應該有秘密沒向對方說。		
3.男女朋友應該做什麼事都一起行動。		
4.若是拒絕你（男女朋友）的請求，那我就對不起你，甚至會失去你。		
5.妳如果跟我要好，就不能跟其他異性有活絡的接觸，否則不忠。		
6.如果你愛我，你應該知道我的想法和感受。		
7.如果你愛我，你應該想辦法滿足我的需求，否則你就是不在乎我。		
8.如果你在乎我，你會記得我跟你說過的話。		
9.如果你在乎我們之間的感情，你應該記得我們之間特別的日子，並慶祝。		

相處迷思	自己省思後的想法	與小組討論澄清後的想法
10.如果你忘了我們之間特別的日子，那表示你不重視我，你不愛我。		
11.如果你愛我，你會常常陪著我。		
12.如果你愛我，你會常常要我陪著你。		
13.我要你陪，你卻想獨處，這表示你不愛我。		
14.如果讓你知道我真正的樣子，你　定不會喜歡我。		
15.如果我讓你親近我，你會發現我的秘密、恐懼，及究竟我有多差勁。於是你將不愛我，所以我必須與你保持距離。		
16.男女朋友應該所有的想法、行為都一樣，如果不一樣，表示我們不適合當男女朋友。		
17.男人不應該做一些不像男人的事，女人不應該做一些不像女人的事。		

課堂活動4：愛情自我瞭解

活動名稱	4-1愛情卡活動(一)
活動材料	每個人空白名片卡二十張、筆
活動說明	注意事項：卡片要留著，以後課程活動還會繼續用到。
活動進行	1.小組成員，在一張名片卡上寫上一個自己期待戀愛對象有的特質和兩人關係特性，例如： 願意下廚、善良、能溝通、共同興趣嗜好、長相中上、帥、好脾氣、聰明、有錢、溫柔體貼、孝順、善理財、無不良嗜好、身材中上、漂亮、情緒智商高、上進、願意做家事、讓我能夠瞭解他、有情趣、懂休閒、會運動、不拜金、不敗家…… 2.小組成員分享自己寫的項目。 3.把自己沒想到，但別人說出來後，自己也覺得重要的寫上。最少十個特質，最多二十個特質或關係特性。 4.自己從中選出前十，排序，看看自己和別人的有何相似和不同。
人我分享	1.成員輪流，先分享自己的前十和原因。 2.聽完別人的看法，請重新排序。再分享自己為什麼這樣排序維持的原因和調整的原因是什麼？

活動名稱	4-2愛情卡活動(二)
活動材料	上次寫的愛情卡、筆
活動說明	愛情關係與特質是要彼此看見珍惜和溝通的，釐清自己所重視的，想想自己有的特質，和揣度相處的感受，增加人我的關係與瞭解。
活動進行	1.排出上次的前十順序。 2.現在每個人要撕掉一張，然後分享少掉這個特質或關係特性，對愛情關係有何影響？ 3.現在每個人要再撕掉兩張，然後分享已經少掉三個特質或關係特性，對愛情關係有何影響？ 4.這七張當中，自己有的放左手邊，自己沒有的放右手邊。
人我分享	1.撕掉一張的感受。 2.撕掉第三張的感受。 3.先念一下左手邊的特質，然後分享和自己左手邊特質的人相處起來感受如何？同儕互相交流看法。 4.再念一下右手邊的特質，然後分享和自己右手邊特質的人相處起來感受如何？同儕互相交流看法。 5.如果要再挪掉兩張（不要撕掉），你會選哪兩個？為什麼？

課堂活動5：性別印象與性別友誼

活動名稱	5-1性別刻板觀念
活動材料	學習單5-1、筆
活動說明	性別刻板印象的來源很多，家庭、媒體、書本、社會文化傳統都是主要來源，這個活動從檢視家庭的性別刻板印象著手，能逐漸建立性別平等，彈性的性別觀念與態度。
活動進行	填寫學習單5-1
人我分享	1.我家有性別刻板觀念的有哪些？總題數？ 2.我自己受家庭影響的觀念是哪些？總題數？ 3.我曾因不想認同或依循哪個性別刻板觀念和家人起爭執衝突或覺得委屈？ 4.我第一個想改變的性別刻板觀念？我可以採取什麼行動？ 5.如果以後我當家長，孩子的性別觀念跟我不一樣，我要怎麼面對和處理？

學習單5-1　性別刻板觀念

常聽到的性別刻板觀念	我家的觀念 請塗■ 有／沒	我自己有受影響的觀念 請塗■ 有／沒
1.女孩子不用太會唸書，將來嫁個好老公就行了。	□／□	□／□
2.男生要努力工作，才能發展大事業。	□／□	□／□
3.女孩子讀文組比較適合。	□／□	□／□
4.男生讀理工比較有前途。	□／□	□／□
5.女生文科好、男生數理強。	□／□	□／□
6.男主外、女主內。	□／□	□／□
7.女生不應在工作上有太強的表現。	□／□	□／□
8.男生應全心衝刺事業。	□／□	□／□
9.女生太強，男生會怕。	□／□	□／□
10.女生不會做家事，會嫁不出去，男生不會做家事，沒關係。	□／□	□／□
11.養家是男人的責任。	□／□	□／□
12.女生事業再成功，還是要會做家事，男生事業成功，不會做家事沒關係。	□／□	□／□
13.男孩不要玩女孩玩具，太娘娘腔。	□／□	□／□
14.小男孩穿藍色系衣服，小女孩要穿粉色系衣服。	□／□	□／□
15.女生開車技術差，男生縫衣技術差。	□／□	□／□

活動名稱	5-2同性友誼中我重視什麼
活動材料	學習單5-2、自己生活經驗、別人生活經驗、筆
活動說明	1.下列各項對你的有多重要？請依你重視的程度給分1～10分。 2.可以全部給1分，也可以全部給10分，或依自己的重視度給不同分數。 3.為何給這個分數？請在各項目後面，簡要說明。 4.小組作統計，瞭解大家的看法趨勢。 5.作一下男生女生的比較，看看不同項目，有無性別差異。
活動進行	填寫學習單5-2
人我分享	1.請輪流分享自己的各項目給分，並分享想法或經驗。 2.聽聽不同的想法，擴展對不同友誼價值觀的瞭解。 3.挑出男女生有差異的項目，聽聽異性的想法和看法，多做詢問，增加對異性的瞭解。 4.如果同性友誼中少了你認為最重要的，會是什麼樣子？你會怎麼辦？ 5.說一說今天此活動小組分享的收穫。

學習單5-2　同性友誼中我重視什麼

項目	重要性	請說明簡要原因	男生女生比較
1.真誠			
2.尊重			
3.信任			
4.興趣相同			
5.個性合得來			
6.不計較			
7.背景相似			
8.可以說心事			
9.一起聊夢想			
10.一起做正事			

課堂活動6：愛戀追求

活動名稱	6-1我害怕親密關係嗎？
活動材料	學習單6-1、筆
活動說明	戀愛是一種親密關係的建立，人都渴望與人親近，但是成長的過程可能也多少受過一些人際疏離、排擠或背叛等事件，使原本的人際信任感受到威脅或傷害，使得後來要信任別人或建立親密關係成為一種又期待又怕受傷害的矛盾情結。
活動進行	填寫學習單6-1
人我分享	1.小組成員輪流分享自己對以上四項關於親密關係說法的態度、感受或經驗過的具體事件。 2.記錄下：(1)同理體曾不同態度的人的心情；(2)學習到的不同想法。 3.討論如何協助自己或別人跨越害怕親密關係的方法。

學習單6-1　我害怕親密關係嗎？

請勾選下列問題，問自己對下列說法的真正態度為何？

	總是	經常	普通	有時	很少
1.真的和人變親密是危險的。	☐	☐	☐	☐	☐
2.我害怕和別人變親密是因為我會受傷。	☐	☐	☐	☐	☐
3.我發現我很難相信別人。	☐	☐	☐	☐	☐
4.考慮一段關係的最重要事情是我會不會受傷。	☐	☐	☐	☐	☐

活動名稱	6-2愛情價值觀大拍賣
活動材料	A4白紙、筆、大海報紙、麥克筆
活動說明	愛情中對象的挑選也反映個人不同的價值觀。找朋友同學一起玩「愛情價值觀大拍賣」遊戲，在輕鬆的氣氛下做自我探索。人不要太多，以免分享的程度不深或不能放心的分享；人也不要太少，以免氣氛不夠熱絡。約找6～10位左右的朋友最合適，最好男女各半。
活動進行	步驟如下： 1.每個人拿一張紙一枝筆，各自在自己的紙上寫上自己在愛情中重視的，包括愛情關係和對方的特質。 2.各自將自己所寫的這些項目依自己認為的重要性由1～10排序。 3.準備一張大海報和一枝麥克筆，大家一起陸續將自認為重要的特質說出來，由一人負責寫在海報上。沒有要增加在海報上的人就喊Pass。至少讓每個人紙上所列的前五項的特質都能出現在大海報紙上。 4.每個人有一百萬，每樣特質底標是五萬。每次喊價競標最少要加一萬。 5.開始競標海報上的特質，喊三次無人競標，則由最高價者得標，並在該特質旁註明得標者姓名和價格。 6.一直進行到拍賣完畢。 7.在競標過程中，可多注意哪些人常和你一起競標相同特質？哪些人花了相當高的代價，才標到他想要的特質？哪些特質競標者特別多？
人我分享	1.拍賣完畢後，大家一起分享競標過程中什麼時候心情特別掙扎和激動。 2.標到哪些？哪些是原本想標但沒標到的？哪些是原本沒有想要，但跟著喊價不小心標到的？哪些價錢比自己預期高？哪些比自己預期低就標到了？ 3.如果有時間，可以在分享心情之後，來個交換、說服、釋出等重新盤整的活動。

課堂活動7：情感經營

活動名稱	7-1人際需求
活動材料	學習單7-1、筆、課本第7章第　節
活動說明	以量尺化的概念，五點量表（1分表示需求度很低，2分是中下程度，3分則居中，4分是中上程度，5分表示需求度很高）。
活動進行	填寫學習單7-1
人我分享	1.小組人數4～6人。 2.分享將自己的三種需求畫在這些分數的原因、理由。例如：並沒有很熱切想要和每個人建立親密關係，親密朋友兩個就夠了，所以給2分。 3.分享依據自己的人際需求，在戀愛中期待的兩人時間、獨處時間、朋友聚會時間的分配，並說明原因。

學習單7-1　人際需求

	5	4	3	2	1
1.愛（affection）：個人表達愛與接受愛的慾望。	☐	☐	☐	☐	☐
2.歸屬（inclusion）：希望存在並屬於團體的慾望。	☐	☐	☐	☐	☐
3.控制（control）：希望成功地影響周遭人事的慾望。	☐	☐	☐	☐	☐

活動名稱	7-2五種溝通型態
活動材料	本書第7章第二節、學習單7-2、筆
活動說明	「改變是有可能的，就算外在的改變有限，內在的改變還是可能的」這是維琴尼亞‧薩提爾（Virginia Satir）的理念。我們有許多選擇，特別是面對壓力做出適當的回應與溝通，而非對情況做直接及時反應。所以練習好的溝通型態是創造好的改變的方法之一。讓我們從溝通角度，來瞭解自己和改變自己。
活動進行	填寫學習單7-2
人我分享	1.想想自己這五種溝通類型所占的比重或自己五類型溝通的排序，自己表現出哪個類型的時候多，自己比較少出現哪個溝通類型。 2.我曾經和哪些人可以有一致型的溝通？那個經驗是發生在何時，感受如何？ 3.小組討論五種溝通類型，背後的不同心理需求是什麼？ 4.二人一組，練習做一致性的溝通。打開所有感官去接觸，觀察對方表情動作，聽對方所說重點，感受對方呼吸與心情，接觸情緒。先傾聽後表達，先同理對方情緒，然後說出對方溝通重點。

學習單7-2　薩提爾五種溝通型態

溝通型態	言語	情感	行為	內在經歷	生理效應	特性	我符合的程度（0～5分）
討好型溝通	·這都是我的錯 ·沒有你，我就也一文不值 ·我想讓你高興	·我很無助 ·懇求的聲音表情 ·軟弱的身體姿勢	·舉動過度和善 ·道歉、請求寬恕、諒解、哀求與讓步	·我一無是處 ·我毫無價值 ·我的價值建立在別人的接納和肯定	·胃痛 ·噁心 ·嘔吐 ·偏頭痛 ·便祕	·關心別人 ·敏感 ·忽略自我 ·比較神經質	
指責型溝通	·你永遠做不好任何事 ·你怎麼搞的？ ·都是你的錯	·我是老大 ·身體姿勢權力和強勢、僵直	·攻擊 ·獨裁 ·批判 ·吹毛求疵	·隔絕 ·我其實很孤單失敗	·肌肉緊張 ·背部問題 ·循環系統 ·高血壓 ·便祕 ·氣喘	·很自我肯定，但忽略他人 ·疑心	
超理智型溝通	·極度客觀 ·只關心事情合不合規定或正不正確 ·人一定要理智	·頑固疏離 ·不論代價人要保持冷靜沉著不慌不亂按步驟來 ·表情優越	·威權 ·舉動合理化 ·操縱的 ·一絲不苟	·我感到空虛與隔絕 ·我不能露出任何感覺	·淋巴腺或其他腺體的病症 ·心臟病 ·背痛	·很理智 ·不喜社交 ·忽略自我和他人	
打岔型溝通	·漫無主題 ·抓不到重點	·心不在焉 ·身體姿勢不停在動，不動就感到不自然	·常轉移注意力 ·插嘴、打擾	·沒有人真的在意 ·藉由打斷獲得注意	·中樞神經系統問題 ·胃部疾病 ·暈眩 ·糖尿病 ·偏頭痛 ·便祕	·有趣 ·自發 ·創造力 ·忽略自我、他人和情境	
一致型溝通	·帶有感受、思維、誠懇 ·開放而分享的 ·聆聽的、真實的語言與身體姿勢、聲調，和內在感受配合 ·語言也顯示對感受的覺察	·平和的、平靜的、腳踏實地的 ·與語言一致且流暢地表達	·有活力、有創造力、有生命力 ·自信、負責任 ·接納的、有愛心	·有能力的 ·欣賞自己 ·慶幸自己的獨特性 ·接納價值的平等 ·與生命力聯結 ·和諧的	·健康的	·兼顧自己、他人和情境 ·自我覺察 ·負責任的 ·開放的 ·統整、聯結、接觸 ·高自我價值	

課堂活動8：溝通實務

活動名稱	8-1親密與疏離～人我關係
活動材料	學習單8-1、整理與重要他人的相處經驗感受與想法
活動說明	人有人際親密需求，又有獨處需求，有時想要隸屬於人群，有時想遠離人群。想想生活中有哪些人對你有影響力？他們是誰？你和他們的關係如何？分析你和重要他人之間的特質與關係，可以知道自己為何想與他們親密？或想疏離他們。 中間是自己，周圍是重要他人，可以距離遠近和實線或虛線，代表關係遠近與關係厚實的程度。重要他人，男性可以用四角形，女性可以用圓形。或者用動物、植物、日常生活物品或食物代表重要他人的特性，例如：人很有威嚴，用獅子代表。某人很內向害羞，用含羞草代表。某人活潑好動，點子多，用猴子代表。某人刀子嘴豆腐心，就畫刀子和豆腐。
活動進行	填寫學習單8-1
人我分享	1.輪流分享自己所畫的內容和原因。 2.討論和不同特質的人相處的人心理狀態？你們之間是如何溝通的？ 3.與重要他人關係親近時，有哪些想法、感受、行為？ 4.與重要他人關係疏離時，有哪些想法、感受、行為？ 5.分析自己與身邊重要他人的溝通，有無什麼發現？

學習單8-1　人我關係圖

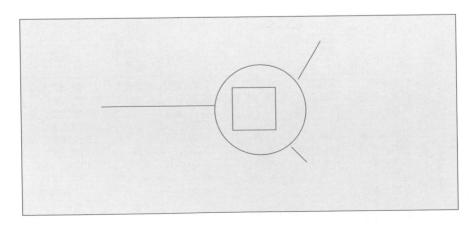

活動名稱	8-2 PAC理論基本練習
活動材料	課本第7章、第8章、學習單8-2
活動說明	先複習課本第8章PAC理論中的P、A、C狀態所指為何。
活動進行	填寫學習單8-2
人我分享	1.小組成員討論答案。 2.討論「如果我是聽的人，聽到男女朋友說以上六句話，各有怎樣不同的感受？」 3.兩人對話三分鐘，其他人當觀察者和記錄者，以PAC理論分析剛才三分鐘的對話。 4.有時間的話可以再一輪，換另外兩個人對話三分鐘。比較兩次對話，分析性別因素有沒有影響對話中PAC的出現頻率或次數。 5.這次小組分享的收穫。

學習單8-2　PAC理論基本練習

下面有六句話，請你猜猜看說話的人，真正的自我狀態是P（父母）或A（成人）或C（兒童）。答案寫在題目後面的括弧（　　　）中。

題目：

1.女生對男生說：「你看，叫你多穿件毛衣你就不肯，現在感冒了吧！看你以後還敢不敢逞強。」（　　　）

2.男生對女生說：「好了，好了，不要再哭了，有什麼事說出來，我幫妳想辦法解決。」（　　　）

3.男生對女生說：「妳看，我很厲害吧，投籃這麼準。」（　　　）

4.女生對男生說：「我們來商量一下，這個春假要怎麼安排假期活動。」（　　　）

5.女生對男生說：「每次告訴你，你都叫人家等一下，已經等很久了，你到底幫不幫人家嘛。」（　　　）

6.男生對女生說：「這件事很麻煩也很複雜，一下沒辦法說清楚，明天下午我再把事情詳細告訴妳。」（　　　）

性別教育

課堂活動9：性別平等

活動名稱	9-1性別框框大突圍
活動材料	學習單9-1、生活經驗、性別敏感度
活動說明	如果只是因為性別，而不是因為能力，社會因而失去某領域傑出的人才，是不是太可惜了？如果對「性別平權」有更多認識和覺察，能更具敏感度，對許許多多要發展非傳統性別特質和職業的個人來說，就會營造出一個很獲得支持的社會和心理環境，也會讓更多人在生命歷程和生涯發展上，創造出更多的空間、可能性和累積寶貴的經驗。
活動進行	現在小組一起練習突破性別框架，練習突圍，為自己也為別人共創更寬廣的生命空間。填寫學習單9-1。
人我分享	1.比較表中A與C框框中的類似與差異，小組一起探討為什麼會如此？ 2.比較表中B與D框框中的類似與差異，小組一起探討為什麼會如此？ 3.如果可以重新培養，你希望自己擁有哪些性別特質？為什麼？ 4.你和兼具陽剛與陰柔特質的人相處過嗎？他和你是怎樣的關係？相處的情形或溝通感受是怎樣？ 5.你會怎樣運用這些性別觀念，在將來的子女教養上面？

學習單9-1　性別框框大突圍

A、我們會說以下這些，來告訴一位13歲的男生要像個男人：	B、我們會說以下這些，來告訴一位13歲的女生要像個女人：
C、生活在一起的男性，希望他擁有的特質：	D、生活在一起的女性，希望她擁有的特質：

參考語（可擴充其他詞語，不須以此為限）：
強壯、不能哭、競爭、領導、果斷、衝動、冒險、好強、外向、積極、有自信、說話大聲、解決問題、不求人、權力、高社經地位、養家活口、不能害怕、不能像女人、好色的、溫柔、體貼、愛整潔、文靜、被動、有同情心、依賴、委婉、愛小動物、會撒嬌、會做許多較細膩的手工、講話輕聲細語、順從、小心眼、心機重、愛八卦。

活動名稱	9-2性別平權大學習
活動材料	學習單9-2、課本第1章、第2章、第5章、第9章
活動說明	性別無所不在，從小時候出生的那一刻到死亡的喪禮，都有因為性別的不同習俗與儀式。從生涯科系的抉擇到生活上的吃飯穿衣，都有性別的因素。性別的存在是讓我們更學習覺察、瞭解與尊重，並轉化為成熟與智慧。
活動進行	填寫學習單9-2
人我分享	1.小組分享討論以上十五題。 2.如果時間有限，可以任選其中幾題。 3.透過分享與討論，必定能幫助自己更有覺察、更具性別平權的觀點與態度。 4.最後輪流說一說，分享討論之後的感受和學習。

學習單9-2　性別平權大學習

1.小時候，你是怎樣分辨男生、女生的？

2.你有沒有錯認別人性別的尷尬經驗？

3.你認為小時候性別分類標準，可以增加些什麼，比較不會出現錯認性別的尷尬情況？

4.當一位身高160公分，體重45公斤的小姐，告訴你：「我太胖，正在減肥」，你覺得她面臨怎樣的問題？她的體重壓力來自哪些？

5.運動場上活動的是男生多還是女生多？小學、國中、高中、大學、社區的運動場上有無不同？可能的因素是什麼？

6.男生較常做的家事有哪些？女生較常做的家事有哪些？怎會如此？

7.你成長的過程中，父母或長輩對男女的教養方式有沒有什麼不一樣？

8.隨意想三本耳熟能詳且主角是男生的童話故事，它的主要故事情節是怎樣？

9.隨意想三本耳熟能詳且主角是女生的童話故事，它的主要故事情節是怎樣？

10.以上兩種男女主角的童話故事主題內容，有沒有發現性別的刻板印象或期待？

11.小時候男生多玩怎樣的遊戲？女生多玩怎樣的遊戲？哪些遊戲是「比力氣」的競爭性遊戲？哪些是「合作」遊戲？

12.根據你的經驗，一群人在聚會，男生發言時間長還是女生？上課問問題的男生多還是女生多？可能是什麼原因？

13.你聽過黃色笑話嗎？在場的男生多還是女生多？是誰講黃色笑話？男生的反應如何？女生的反應如何？你自己的感覺如何？

14.你有沒有聽過或知道哪些成功反擊性騷擾的例子或方法？

15.你知道哪些中外的同志名人嗎？他們有哪些優點或專業、強項、成就？他們出櫃的方式和態度如何？

課堂活動10：性別關係危機與處理

活動名稱	10-1一個女子與四個男人
活動材料	學習單10-1、課本第10章
活動說明	性別關係發展過程中，一些情況涉及道德、涉及價值觀、涉及性別尊重的觀念，涉及對愛情的想望所做的抉擇與犧牲，藉著以下故事，透過小組討論，能更釐清做抉擇時要考慮的面向與深度。
活動進行	一、故事 　　陳小姐是一位溫柔美麗的女子，她在大一時同時認識四個男生（A、B、C、D），而這四個男生竟都在追求著陳小姐，所謂「窈窕淑女，君子好逑」。但經過一段時間陳小姐覺得這樣的關係維持得好累，四個男生條件都很好，但總不能一隻腳踏數條船，於是她決定在四個男生中挑選一個為自己的終身伴侶。考慮的結果，她選了A，A雖然不是十分有錢，但卻是一個很懂得上進的年輕人，對自己的未來有一套完整的計畫，陳小姐好像也看到了自己充滿希望的未來，她只好向B、C、D說抱歉。過了多年，A先生果然十分爭氣在國內拿到了碩士，且準備到美留學，但金錢問題此刻困擾了A先生，A想先工作再繼續深造，陳小姐卻認為讀書是要一鼓作氣的，於是要A不要擔心錢的事，她來想辦法即可。陳小姐工作了幾年雖有積蓄，但還是不夠，她找到了B和D先生，這兩位她放棄但現在在商場上小有成就的朋友。B先生毅然決然的拒絕了，他不甘心去成就自己的情敵。D先生的反應呢？出乎陳小姐意料，他一口答應，但是有一條件「陳小姐得陪他一天。」陳小姐竟也答應了。當然A先生就順利出國，二年後，陳小姐到美國找A，要求先訂婚，A面有難色，因為學業未完成，且毫無事業基礎，總不能一直依靠陳小姐，但陳小姐一點也不介意，於是他們決定結婚，有情人終成眷屬。當A把要結婚的消息告訴C（C當時也在美國）時，C的心好酸，但又能如何呢？C打電話回台灣告訴B、D這件事，B不予置評，D卻曖昧的、甜甜的、甜甜的說：「不在乎了，我也曾擁有過陳小姐。」C一聽「不得了了」，在一偶然、「不小心」的情形下C告訴A這件事，A竟然和陳小姐取消了婚約，陳小姐落寞回台，禁不住別人的詢問與譏笑而數度進出精神醫院。 二、填寫學習單10-1
人我分享	1.小組討論，陳小姐有沒有更好的抉擇和做法？ 2.故事只進展到「陳小姐選擇了A，只好向B、C、D說抱歉」，請小組成員故事接龍，讓故事有不同的發展。 3.請說說你們自己故事接龍的故事中，你最欣賞哪一段？為什麼？

學習單10-1　一個女子與四個男人

一、請依厭惡程度來為這五人排序。

1.＿＿＿　2.＿＿＿　3.＿＿＿　4.＿＿＿　5.＿＿＿　（個人意見）

1.＿＿＿　2.＿＿＿　3.＿＿＿　4.＿＿＿　5.＿＿＿　（小組協商後意見）

二、請說說看對這五個人的看法：

A：＿＿＿＿＿＿＿＿＿＿＿＿＿＿＿＿＿＿＿＿＿＿＿＿＿

B：＿＿＿＿＿＿＿＿＿＿＿＿＿＿＿＿＿＿＿＿＿＿＿＿＿

C：＿＿＿＿＿＿＿＿＿＿＿＿＿＿＿＿＿＿＿＿＿＿＿＿＿

D：＿＿＿＿＿＿＿＿＿＿＿＿＿＿＿＿＿＿＿＿＿＿＿＿＿

陳小姐：＿＿＿＿＿＿＿＿＿＿＿＿＿＿＿＿＿＿＿＿＿＿＿

活動名稱	10-2你依然是你，而且我愛你
活動材料	10-2活動進行真實案例、類似的意外故事
活動說明	交往過程，有時遇到的困境不是兩人之間適合與否的問題，而是意外，嚴重的意外事故，讓愛情關係因意外事故出現危機。
活動進行	真實案例： 克里斯多夫‧李維（Christopher Reeve）是國際知名巨星，飾演過影片《超人》。在一次墜馬意外中，頭部直接撞擊地面，脊髓受到嚴重的傷害，中樞神經像骨牌一樣，迅速地瓦解。醒後，發現自己除了全身癱瘓外，還無法正常呼吸，排尿和排便也都失去了控制，也沒有性反應，頸部以下的動作，逐步受到摧毀。自己想：「何不乾脆死掉，這樣大家都省事。」於是，他告訴妻子：「也許該就這樣讓我走。」若是你是他的妻子，你現在要怎麼回答？你會怎麼回答？ 「若是她曾移開目光、語氣稍停，或有絲毫的猶豫，或為了某些崇高的理由要對我盡義務，我不知道自己是否承受得住，她卻說：『無論你做任何決定，我都會支持你，因為這是你的人生，所以你替自己做決定，但我要你知道，無論發生什麼事，我都會永遠陪在你身邊。』她強調：『你依然是你，而且我愛你。』這句話拯救了我。」
人我分享	1.若是你是他的妻子，你現在要怎麼回答？你會怎麼回答？ 2.角色交換，是太太墜馬情況也是如此嚴重，你是先生，你現在要怎麼辦？你會怎麼回答？ 3.如果不是婚姻關係，而是交往中的男女朋友，一樣是摔馬事件，你會做什麼反應和決定？ 4.假設是男女朋友因意外事故被燒燙傷，顏面傷殘了，但仍可工作，你會怎麼辦？要考慮哪些因素。 5.反之，是你自己發生燒燙傷，顏面傷殘的意外，你會怎麼處理你和男女朋友的關係？為什麼？

課堂活動11：性騷擾與性侵害

活動名稱	11-1性騷擾
活動材料	衛生福利部保護服務司／影音專區／性騷擾防治影片1～15（提供線上觀賞）、課本第11章第一節
活動說明	性騷擾的避免和自我保護，需要從教育、認知、法律常識面著手，請一起觀看材料影片後，討論出正確答案和實務面適合的做法。
活動進行	1.觀看性騷擾防治影音（衛生福利部保護服務司／影音專區／性騷擾防治影片1～15），挑其中幾個主題觀看即可。 2.討論下面題目。
人我分享	1.討論如果發生性騷擾事件，我應該採取哪些措施？ 2.如果我被性騷擾，我應該到哪裡提出性騷擾案件的申訴？ 3.提出性騷擾案件申訴及再申訴的期限有多久？（參考法條：《性騷擾防治法》第十三條、《性騷擾防治準則》第九條） 4.如何禁止性騷擾？ 5.如何避免性騷擾她人？

活動名稱	11-2性侵害
活動材料	衛生福利部保護服務司／影音專區／性侵害防治影片1～7（提供線上觀賞）、課本第11章第二節
活動說明	性侵害是性別教育議題中，最沉重的主題。性侵害是傷害很深，影響很遠的心理創傷，不管當事人或身邊相處的人，都需要很有耐心的面對心理復原的過程。所以，預防性侵害的發生，減低性侵害發生的可能性，是大家都要有的預防教育。而瞭解處理的程序，正確的處理問題和主張自己的權益，也是幫助當事人心理復原的重要因子。這問題，大家都不願意遇到，所以預防勝於治療，面對勝於逃避。
活動進行	1.觀看性侵害防治影音。（衛生福利部保護服務司／影音專區／性侵害防治影片1～7，可線上觀賞） 2.討論下面題目。
人我分享	1.如何減低性侵害發生的可能？ 2.不幸遭受性侵害時，該怎麼辦？ 3.性侵害被害人報案時已完成驗傷，此時訊問地點應設於何處？ 4.警察人員或檢察官訊問特殊身心障礙者或兒童，可否請相關專家或社工代為訊問？ 5.社區能否公告妨害性自主或性騷擾嫌犯姓名之資料以維護社區安全？

課堂活動12：分手

活動名稱	12-1分手故事接龍
活動材料	大家創意、紙、筆
活動說明	大家在談戀愛的時候，都期待感情可以長久，可是，「分手」幾乎是每一個人都需要修的感情功課。本活動期待集合大家的經驗與智慧面對分手，也是學習分手功課的好方法。
活動進行	1.分組：六個人左右一組，人數太多容易分心，人數太少不夠多元，建議以六個人左右一組最適合。 2.分手故事接龍：由一個人開始起頭，順時針方向輪，每個人都要輪到。一個人最少三句話，最多不可超過五句話。 3.故事開始：「仕佳和志遠交往　年，最近在鬧分手，因為佳佳覺得志遠不夠體貼，志遠覺得佳佳脾氣情緒變化大，難捉摸……」 4.請一個人摘要記錄故事接龍的情節過程。
人我分享	1.故事中的分手原因是什麼？ 2.雙方認知有無差異？ 3.分手故事過程有哪些危機或轉機？ 4.怎樣可以分手得更平和？ 5.你最有感觸的是哪一段？為什麼？ 6.提一個關於分手的問題，請教大家。

活動名稱	12-2愛情曲線圖
活動材料	學習單12-2、多種顏色筆
活動說明	請想一段自己曾經發生的愛情（包括暗戀、單戀皆可）。 1.以橫座標為時間軸，可以年紀或學業階段標註皆可。 2.以縱座標為情感好壞強度軸，由感情最好＋10分到感情最差－10分。 3.將過程中的情感好壞感受，順著時間軸畫出一條曲線圖。 4.在曲線上下起伏的轉折點，註明發生的事件和當時感受。
活動進行	填寫學習單12-2
人我分享	1.小組成員輪流分享讓感情起伏變化的事件與感受。 2.討論做哪些事情或發生哪些事，可以促進感情的加深和互相瞭解？ 3.討論做哪些事情或發生哪些事，會讓感情變負向或吵架或出現裂縫危機？ 4.整理小組成員遇到的情感中各種負向事件，討論正向面對和處理的方法。

學習單12-2　愛情曲線圖

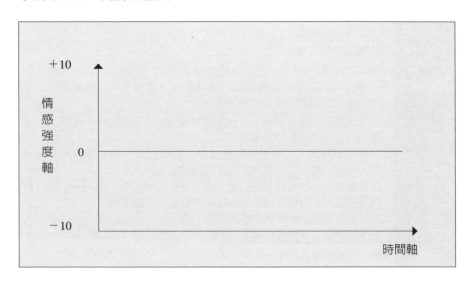

翻轉教室三：案例討論

1. 本版將案例集中，用意是方便老師及同學依據課堂主題作小組討論，性別相關知識透過小組討論可以更深刻、更生活化應用，促進對性別關係議題的多元思考與兼顧情理的處理能力。
2. 可彈性挑選有興趣「案例」作討論。
3. 每個案例後面有「專家小語」，提供專家建議與思考的方向。
4. 案例依愛情交往歷程與章節順序呈現。
5. 所有案例皆經過改寫，如有雷同純屬巧合。

案例討論1：大一的愛情學分

【對應章節】第2章〈性別關係理論〉

　　光輝是大一新生，他早嚮往大學生的自在和自由，更希望在大學時期可以交一位女朋友，甚至多交幾位也無妨，希望其中之一還可以成為自己的終身伴侶。於是他在科系迎新、社團迎新、寢室聯誼、校際聯誼及各種不同群組聊天軟體中，不斷地表現自己，希望別人（尤其是異性），能注意到他，並且他也非常把握機會和異性聊天，聊得來的都還積極約出來，有時一起去看電影，有時到風景名勝走走，也花了不少費用。可是一個半月下來，就快期中考，時間都花在找女朋友上面，他沒有如計畫和預期地交到一位女朋友，學業也沒時間、沒心思去研讀，當然沒什麼收穫，戀愛和學業兩項都落空，讓他心裡很沮喪，也有空虛的感覺。他開始懷疑自己，開始沒自信，覺得一定是自己不夠好，否則這麼努力表現自己的才華，又這麼努力經營異性關係，為什麼結果還是沒有女朋友，為什麼還是沒有女生喜歡他，為什麼還是沒有女生願意接受他的表白，除了自己不夠好之外，怎會如此？

【小組分享討論】

　　1.光輝還沒有女朋友的多種可能原因？

　　2.光輝該如何調適心情？

　　3.如果你是光輝的朋友或死黨，你會給他怎樣的鼓勵、安慰和建議？

　　4.分享自己對大學生期間交男女朋友的看法。

【專家小語】

　　愛情吸引的過程，可以比喻成漏斗型的篩子，有好幾層，有些人留在第一層，有人進入第二層，有更少的人進入第三層，極少數的人進入第四層，最後有一個人先進入第五層。彼此都有一個漏斗型的篩子，要雙方剛好進入第五層的都是彼此，才會進入一對一的情侶關係。有的人漏斗孔洞太大，有的人漏斗速度比較慢，就會需要等待和尊重的基本態度與禮儀。快，不一定好；適合，才最重要。

　　交往，也是瞭解在關係中的自己，「急性子、有成效」是不是光輝的個性特質呢？關係是兩個人的事，再怎麼努力都只有50%。不像課業，自己可掌握度是比較高的。

　　所以，可以先想想自己想要怎樣「更好的自己」？觀察身邊的學長、同學，哪些優點是自己想學習的？多聽不同觀點和意見，交流想法。讓自己更沉穩、更成熟、更陽光、積極、樂觀，具吸引人的人際特質和涵養。

案例討論2：菁英被比下去

【對應章節】第3章〈愛情理論〉

　　映慈最近一個月心情既憂鬱又生氣，心情就寫在臉上，室友、同學、社團夥伴幾乎都有人問她：「妳怎麼了？」她剛開始不知道要不要說，自尊心正在受傷與作祟，因為覺得說出來會有「自己被比下去」的感覺，可是不說卻又真的好難受，也不知道這樣憋在心裡，這種心情何時才會過去，於是她跟幾個好朋友說了這件事：

　　映慈在暑假參加了一個領袖菁英營，認識了一位英語系國家的交換學生。映慈的英文還不錯，加上一直以來就喜歡外國朋友，尤其喜歡藍眼睛白皮膚的男生，於是和他有許多的交談。菁英營結束後，兩人也約出來聊天、看電影、逛街去郊外等。她知道對方來台灣一年就要回去，但是她想著現在通訊軟體發達，跨國戀情的難度不像以前那麼高；她想著自己可以利用寒暑假去找他或他來台灣，她想著自己大學畢業也可以去他的國家唸書或自己明年也申請交換學生……，想很多。可是，他告訴映慈，其實他也和另一位菁英營的女同學朵臻交往，他比較能和朵臻多聊，因為朵臻對事情很有看法，也很瞭解她自己，清楚自己要什麼，和他的愛情價值觀類似……，是他比較喜歡的類型。

　　映慈想起了那位女同學，她長得比自己漂亮，英文比自己好，看起來很有自信，就讀的學校比自己好……，映慈好難過，對一向自信的映慈來說，「自己被比下去」的感覺好糟喔！她一方面不想接受事實，一方面很想知道什麼叫「對事情很有看法，很瞭解她自己，清楚自己要什麼」，還有，她怎麼從來沒想到或沒機會和他聊什麼「愛情價值觀」的東西，愈想心裡就愈憂鬱和生氣……

【小組分享討論】

　　1.你對這個情況，有何看法？

　　2.如果你是映慈的好朋友，你要如何安慰、鼓勵她？

　　3.怎樣叫做「對事情很有看法，很瞭解她自己，清楚自己要什麼」？

4.什麼叫「愛情價值觀」，交往中的兩人有哪些方法來溝通與分享彼
　此的愛情價值觀？

【專家小語】

　　菁英，表示功課好、能力好，但不等同愛情也就會像讀書或培養能力
般順遂。菁英可能是大家目光的焦點，是同儕中閃亮的明星，沒錯，但愛
情的要素不是功課好、能力好，愛情的要素是親密、激情和承諾。

　　愛情要有心與心的交流（親密），要有相互的內外在吸引力（激
情），要有共同規劃未來的共識信念（承諾）。

　　因此，重點不在競爭對手多漂亮、英文多好、看起來多有自信，而是
映慈自己想了很多，但並沒有跟對方對此有所交流，雙方並不同步。

　　和有意交往的對象出門聊天，不是風花雪月，吃喝玩樂，開心就好，
在過程中也要適度分享自己並瞭解對方對所看電影裡的人物，或生活中發
生事件的看法、感受，適當時機聊一聊自己在愛情與生活當中比較看重什
麼（就是「愛情價值觀」），也可以說說自己對未來的夢想、規劃，聽聽
對方的意見看法，也詢問對方一樣的問題，就達到交流與瞭解的目的。

案例討論3：愛情期中考

【對應章節】第4章〈愛情自我瞭解〉

　　荷雅人就像她的名字一樣，如荷花般優雅清新，家裡也像她的名字一樣是有錢（台語）人。衣食無虞長大，也學了許多才藝，身上散發單純與優雅的氣質。

　　大明則是一位彬彬有禮、溫文儒雅的大男孩，唸的是理工，喜歡文學也愛好運動。

　　荷雅和大明在同學的眼裡是一對進行式中的情侶，一起上課，一起吃飯，一起上圖書館，一起去看電影，一起消磨假日時光。

　　這半年，兩個人卻漸漸不如剛交往的前半年這麼有話聊，好像該說的、該聊的，都已經說完、聊光了，在一起已不如之前這麼甜蜜和珍惜，比較像習慣成自然的模式。

　　對於這樣不靜自然的互動情況，荷雅和大明各自心裡都有著一個疑問：「這樣對兩人的關係發展到底是好現象，還是壞現象呢？」

　　他們很想先找好朋友來分享這樣的感受和討論一下這個疑惑，然後再來和對方一起面對。如果你是荷雅、大明的好朋友，你會怎麼做？你會提供怎樣的建議或分析這樣的現象？

【小組分享討論】

　　1.以愛情關係發展的階段，他們在哪一階段呢？

　　2.小組成員輪流說說「如果我是荷雅或大明的好朋友，我會怎麼做？」

　　3.我會詢問或多瞭解荷雅和大明關係的哪些資訊？我會提供怎樣的建議？

　　4.我是如何分析這樣的現象？

　　5.小組討論下來，我的收穫和學習有哪些？

【專家小語】

　　愛情發展一般來說有五個階段，萌芽期、發展期、質疑期、適應期、

承諾期。愛情發展是波浪式的成長，每個階段結束都有往上或往下的動力方向，影響向上或向下的因素包括：是否對關係的變化有敏感度、願意覺察問題，然後坦誠溝通、討論如何處理問題和改善的方法。如果以上因素是正向，關係會邁入下一個階段，如果是負向，可能會停滯不前或感情變疏離。

　　如果朋友的愛情正處於質疑期，可以傾聽他覺得還希望留在關係和懷疑雙方是否適合的原因，讓他覺得心情被瞭解，或許聊天的過程能協助他整理得更清楚，方便他在和對方溝通時，能更清晰呈現問題和說出期待解決的方向。

案例討論4：愛情的現實條件

【對應章節】第6章〈愛戀追求〉

念大學的志希回南部老家過年，看見小堂弟在跟鄰居小朋友玩耍，嘴裡大聲開心的唸著：「身高不是距離，年齡不是問題，學歷不用在意，性別沒有關係⋯⋯」。

他在想：其實真的是距離，是問題，要在意，也有關係吧！過去這二年半的大學生活，讓他嚐盡了兩性之間的各種現實條件對愛情考驗的酸甜苦辣。

他學著探索自己，瞭解自己的特質、愛情觀、愛情類型、吸收愛情的理論、知道愛情的要素和發展歷程，可是他還是在現實生活的愛情中跌跤！

他大一時，追一個漂亮高挑的同班同學，沒成功，因為太多人追，女同學說「我暫時還不想定下來」。大二時，他追一個大二的學姊，學姊長得嬌小可愛、個性又好，也沒成功，學姊告訴他：「我喜歡年紀大一些，成熟穩重的男生」。中間，他也在網路上認識一些學校附近正在念高職的小女生，見面幾次，卻發現生活圈很不一樣，很多話題只能他說她聽，或她說他聽，熱絡不起來，沒有所謂「心的交流」，他不想玩玩，因為他知道自己不是遊戲愛類型的男生。也有同志對自己表示好感，他雖錯愕，但也儘量平靜心情和用尊重的態度向對方明確表明自己喜歡的是女生。

志希很想告訴小堂弟：「身高是距離，年齡是問題，學歷要在意，性別有關係」。可是又覺得這樣太簡化，不是大學生程度的兩性關係觀點。

【小組分享討論】

1.我對「身高不是距離」所牽涉到的戀愛對象間「外表」上差異，看法是如何？我在現實生活中所見所聞的經驗是如何？

2.我對「年齡不是問題」所牽涉到的戀愛對象間「成熟」上差異，看法是如何？我在現實生活中所見所聞的經驗是如何？

3.我對「學歷不用在意」所牽涉到的戀愛對象間「思考」上差異，看

　　法是如何？我在現實生活中所見所聞的經驗是如何？

4.我對「性別不是問題」所牽涉到的戀愛對象間「性別」上差異，看法是如何？我在現實生活中所見所聞的經驗是如何？

5.除了以上四項現實條件之外，還有哪些現實條件也是常出現的？

6.說出本案例小組討論，我的收穫和感謝。

【專家小語】

　　外表、年齡和學歷，不是愛情的決定因素，但其更深度的意義和重要性則是要考量的。外表的深度意義是外表同時顯現一個人的氣質，和年齡有較直接相關的是個性的成熟度、處事的態度，學歷更深度的意義是思考的廣度和價值觀。這幾個因素的彼此接近和相似，的確會讓雙方關係經營較順利、溝通較順暢。

　　至於性傾向則是無法勉強的，尊重、友善、不歧視、不排擠，是基本態度。

　　其他現實條件，可能還有經濟收入、工作以及家庭背景。要思考這些現實條件對自己的影響度有多少，都還是回到這些現實因素，想想它們所牽涉到的生活運作、意涵以及對彼此關係和情緒的影響程度。

案例討論5：感情挑戰與經營

【對應章節】第7章〈感情經營〉

　　靜書和華泰交往四年，情投意合，感情穩定，兩個人都將研究所畢業，面臨了當兵、就業以及將來在何處定居等問題。

　　華泰選擇研發替代役，避免掉男生比女生晚就業的尷尬問題。只是要去哪家公司以及靜書要在哪裡找工作等等，成了兩個人最近一直在討論的問題，希望能有暫時的答案，卻發現各有堅持。

　　靜書希望回台中找工作，至少在結婚前能多陪伴空巢期的父母，她念的是財務管理研究所，想到銀行工作，到台中找工作機會，應該還算不難。

　　華泰念化學材料研究所，家住高雄，是隔代教養，有一個很疼他的阿嬤，已經75歲，他想至少研發替代役這段時間可以回高雄，住家裡，陪陪一路扶養他長大的阿嬤。

　　兩個人都因為家庭因素而有所堅持，都想為家裡盡一份責任或義務，都是孝順的好子女，想的也都有道理，可是又害怕現代化社會工作的忙碌加上空間遠距離，會讓兩個人穩定的感情發生危機與變化。交往已經四年，生活作息幾乎都在一起，突然生活空間要完全分開，也讓兩個人都很焦慮。彼此很捨不得的時候，就想乾脆都不回去，兩個人都在台北或新竹找工作算了。但是他們知道，這是違背家人的期待，他們到底該怎麼辦呢？

【小組分享討論】

　　1.靜書和華泰可以怎麼辦？小組一起想出至少三種辦法。

　　2.如果你是靜書，也有固定男友，爸媽希望你回家鄉工作，你會怎麼辦？

　　3.如果你是靜書，但是才剛開始和男友交往，爸媽希望你回家鄉工作，你會怎麼辦？

　　4.如果你是華泰，面對已經老邁的阿嬤殷殷期待你回鄉工作，你會怎

麼辦？

5.如果你是華泰，阿嬤告訴你說：「沒關係，年輕人的前途重要，我一個人留在南部沒關係」，你會怎麼辦？

【專家小語】

這是一種心理學上所謂的「雙趨衝突」（Approach-Approach conflict），是個體對兩個並存的目標都期望達到，但限於情勢，必須有所取捨，不能兼得而生的心理上難以取捨的心理困境。想要和情人在一起，又想要回鄉工作就近照顧家人，二者都是自己想要的，卻不能同時得到，即是雙趨衝突。

限於情勢，必須有所取捨，但也同時也可以討論，找出替代或彌補的方法。折衷的建議是：兩人都先找台中和高雄兩地的工作或替代役，理想的工作在哪裡就先暫時居住在哪裡，然後再用現代化的工具彌補，例如高鐵、視訊，彌補距離或相處時間的不足。結果一，兩人都在台中，那就說好，假日多回高雄。結果二，兩人都在高雄，那就假日多回台中。結果三，一人一地，那就假日多碰面，平日多視訊。

案例討論6：兩「性」溝通

【對應章節】第8章〈溝通實務〉

　　至中和清芳交往半年多，至中覺得兩性交往的過程中許多事情男生要主動，於是，當初是他主動去牽清芳的手，清芳沒拒絕；當初是他主動去擁抱清芳，清芳當時雖然掙扎了一下，但是還是讓至中擁她入懷；後來牽手、擁抱是常事。那天晚上停電，清芳正好在至中租的住處看電視，停電，什麼也不能做，兩人只好藉著手電筒玩影子的遊戲，又玩猜拳的遊戲，玩到沒什麼好玩，至中開始逗弄清芳，搔她癢，清芳也反過來搔至中癢，至中又摸清芳身體，清芳直說：「不要啦！別鬧了！」可是，至中越覺得好玩，沒有停下來，一直到衣服被脫去了一件，清芳才意識到危險情境已經形成，就說：「不要這樣，我不喜歡！不要！」，發現至中並沒有停下來，還繼續玩，清芳就更大聲地說：「我不喜歡！我不要！請你停止！」這時，……

【小組分享討論】

　　1.請小組玩「故事接龍」，將故事完成，至少輪二圈。

　　2.請整理小組接龍故事中，有哪些的危機和轉機？

　　3.討論小組接龍故事中的危機，可以如何處理？

　　4.颱風天或停電的夜晚，情侶可以做哪些事情來避開容易發生性關係的情境？

　　5.討論與分享「情侶間該如何溝通關於身體接觸和性關係」？

　　6.角色扮演：一對情侶，溝通身體接觸和界線，最後要達成共識。

【專家小語】

　　首先，身體的接觸是愛情過程的激情成分之一，身體的接觸也是展現互動態度與模式之一。身體的接觸可以增加激情，但也須遵守人際互動的準則。至中主動，清芳被動，是過去兩人在身體接觸上的模式，多次之後形成一種固定模式，卻忽略了交往過程本來就是兩人都可以主動，也都可以被動，兩人都可以是邀請的角色，也都可以有拒絕的權利，這樣溝通的

模式和彈性較多元，不會被慣性的溝通模式所拘束。

　　其次，人際互動，包括語言與身體的接觸，都要有一個正確的認知：這次答應就是答應這一次，不代表下次的邀約就一定「會」或「要」答應。答應去看電影就只是看電影，不代表也「會」或「要」答應繼續去之後的續攤。適度的尊重是必要的，適度的拒絕是可以的。

案例討論7：性別與個人特質

【對應章節】第9章〈性別平等〉

　　敏哲是國二的學生，他的標準動作是蓮花指，聲音比一般男孩細，他的書包放著食譜，立志長大後要往餐飲業發展。因為他的聲音和動作比較女性化，所以常被說「你這個娘娘腔！」、「你不要那麼娘，好不好！」、「噁心！」、「死人妖」。甚至有時還被「看不過去」的同學圍毆，更讓他更害怕的是被拉去廁所脫褲「驗明正身」。

　　敏哲的媽媽很擔心，一方面擔心他的安全和校園生活的快樂，一方面擔心他是不是真的有問題。

【小組分享討論】

1. 敏哲是不是真的有問題？如果有，問題在哪裡？如果沒有，為什麼？
2. 如果你是敏哲，你的感受是如何？想法是怎樣？你最需要什麼？
3. 對別人的「娘娘腔！」、「你不要那麼娘」、「噁心！」、「死人妖」等批評和譏笑，要怎麼面對較好？
4. 如果你是敏哲的哥哥姐姐，你可以做些什麼？
5. 如果你也是國三，是敏哲的同學，你可以怎麼做？
6. 如果你是敏哲的父母，你要怎麼做？
7. 如果你是敏哲的老師，你可以做些什麼？
8. 如果你是老闆，你要不要僱用類似敏哲這樣特質的人？你的理由什麼？

【專家小語】

　　性別特質，天生自然，應予以尊重。對性別特質各種行為、言語與態度上的歧視都是不被允許的。以同理心的角度，想想如果自己是當事人，是多麼希望別人的自然接納，是多麼擔心害怕別人的歧視與霸凌。當事人除了要學習保護自己的言語與行動，周圍的人也都應學習保護他、尊重他。

　　不管在學校、家庭或就業職場，都應保護和尊重他們，如同一般人的權利。《性別平等教育法》對性別特質予以貶抑、攻擊或威脅者，屬性霸凌之一，可以相關規定處理。《就業服務法》第五條有明文規定：雇主不能因受雇者之性別、種族、宗教、性傾向等十六項身分為由，有所歧視，也訂有三十萬以上一百五十萬以下罰款。

案例討論8：螢幕後的人

【對應章節】第10章〈性別關係危機與處理〉；第11章〈性騷擾與性
　　　　　　侵害〉

　　君君在網路聊天室認識一位和自己年紀差不多的男孩，對方也還是大
學生，在幾次聊天之後，發現對方有許多和自己類似的觀點和想法，感覺
不錯，越來越信任，於是聊了一些學校生活、學業、社團的事情，也聊了
一些和性有關的話題，對方知道君君個性單純，在學校功課不錯，老師緣
也很好，社團也是有聲有色，是所謂老師同學心目中的「好學生」。

　　他約君君出來見面，君君覺得還是就當網路上的朋友就好，不想見
面，但是對方卻威脅說，「有把性相關的對話存下來，如果不出來見面，
要把對話放到學校的網路上。」君君很愛惜名譽，非常擔心自己在學校的
形象受損，就答應出來見面。

　　見面之後，對方非常開心，也跟君君道歉，不該這樣威脅她，告訴君
君要在她面前把之前關於性的對話存檔刪掉，要君君當見證，於是一起到
了對方的住處，開啓了電腦，卻轉身將君君壓在床上，強行發生性關係。

【小組分享討論】

　　1.如果你是君君，遇到類似的威脅，該怎麼辦？

　　2.如果你是君君的好朋友，你可以怎麼辦？

　　3.怎樣反制威脅？

　　4.性侵害事件發生了，君君需要克服的心理障礙有哪些？

　　5.有哪些社會資源可以幫助君君？

【專家小語】

　　提高警覺，本就不該在網路上跟人聊「性」的話題，主動聊的人是不
尊重對方，那就是危機警訊，遇到此情況，就應馬上退出和刪除、封鎖對
方，杜絕後續的發生，不管對方其他方面有多優秀。

　　遇到對方的威脅，把對話截圖下來，交給教官、警察，請他們協助處
理。教官可以轉請學校管理網版的管理者作預防和處理，警察可以協助調

查和遏止。不要擔心自己的名譽，你是被害人，資料是要被保密的，相關人員都有專業保密的責任。

　　去對方住所，又是危機警訊，對方有主場優勢，又是無他人的密閉空間，危險再現。

　　心理上的陰影比身體的傷害需要更長的時間和心理專業的協助。可請學校諮商中心協助，如果不想在學校諮商，也可以請各縣市家庭暴力暨性侵害防治中心轉介到一般的心理諮商所，較爲隱私。面對問題，就會有解。

個案討論9：失去的美好

【對應章節】第12章〈分手〉

　　采月與志豪大二在社團認識，采月喜歡志豪，她覺得志豪外型帥、脾氣好、又有才藝。相處了兩個月後，采月向志豪表達好感，志豪雖對采月沒有特殊的感覺，但覺得可以試試看，於是兩個人成了男女朋友。

　　采月常常覺得是自己倒追志豪的，自己的條件也不差，長得也不錯，這同時，因為也有學長追采月，她會常常跟志豪鬧脾氣，要志豪重新追她，志豪覺得自己相處期間有享受到兩人在一起那種有伴的感覺和快樂，加上自己原本的好脾氣，於是也就順著采月的要求。

　　這種彌補式的追求過了半年，成為兩人相處模式之後，志豪常覺得老是在討好采月，學長有送小禮物，他也要送小禮物，學長沒時間載她，志豪一定要有時間去載她。志豪因此很沮喪，提過兩個人是不是就算了，不要在一起了，他好累。采月哭著說，她是很喜歡他的，要不然早就答應學長的追求了，加上志豪又捨不得失去兩個人在一起那種有伴的感覺，於是又再一起了。但是，這次志豪提的分手，采月覺得自己又被拒絕一次，志豪也覺得兩人相處的模式一直沒有改善，戀愛的快樂愉悅愈來愈少，可是，他又覺得自己已經慢慢對采月有感情了，只是不喜歡這樣的相處模式。

　　三個月後，采月鄭重地跟志豪提分手，她決定接受學長的追求，因為和學長在一起沒有壓力，不用擔心學長會不喜歡她，和學長在一起比較自在，不用覺得自己沒有內涵或配不上他，加上學長這將近一年來都沒放棄追她，也沒有逼她要做決定，她喜歡這種感覺，於是最後決定要和志豪分手。

【小組分享討論】

　　1.讀完這段故事，你的第一個感覺和想法是什麼？

　　2.你猜想采月是怎樣的人（包括個性、感情觀、性別平權觀、維繫情　　感的方法⋯⋯）？

3.你猜想志豪是怎樣的人（包括個性、感情觀、性別平權觀、維繫情感的方法……）？

4.如果你是其中的主角（采月、志豪、學長）之一，你會在哪些時候有相同的做法？哪些時候有不同的做法？

【專家小語】

　　感情的事情，誰追誰都是可以的，不要在傳統觀念和自我需求中掙扎擺盪，自己不安，也給別人帶來痛苦。也不要因為別人喜歡你，就答應要試試看，對對方也有好感或情愫的時候，才是時機。在此之前仍建議先當朋友吧。

　　要經營感情，千萬不能拿別人來當比較對象或比照辦理，會讓對方覺得不被尊重，要撇開比較的觀念，兩個人要真誠討論，對感情互動的期待和方式，怎樣可以讓兩個人兼顧到自我空間和情感的增溫，時間如何安排，感情存續中面對其他的追求者，彼此要有怎樣的一致態度。

　　進入愛情之前，對自己也要有一定程度的自我瞭解和自信，以及自我成長的目標，這樣才不會在愛情中患得患失，彼此有鼓勵與動力，和夢想與實踐的過程分享。

翻轉教室四：心理量表

1.本書將心理量表集中，用意是方便老師及同學快速找到各種相關量表。

2.可挑選有興趣的心理量表，依據以下步驟進行：(1)指導語；(2)題本施測；(3)計分；(4)看量表的解說；(5)提問與釋疑；(6)討論分享。

3.可依據心理量表主題延伸出小組討論，討論和主題相關的生活經驗觀察與體會。如此，可以更深刻促進對自己的瞭解和對別人的理解。

4.量表標註所呼應的本書章節。

5.每個心理量表有「指導語」、「題本」、「計分方法」、「解說」、「提問與釋疑」和「討論分享」。

6.所有量表皆可因應課程學習需求使用。

【目錄】

愛與喜歡量表（中文版）

【呼應章節】第3章第二節「愛與喜歡的研究」

【指導語】

　　「喜歡」與「愛情」你分辨得出來嗎？不管你是否戀愛，試著依照自己的情況或想法勾選下列符合自己目前戀愛狀況或對戀愛憧憬的項目。（可複選）

【題本】

☐ (1)他情緒低落的時候，我覺得很重要的職責就是使他快樂起來。

☐ (2)在所有的事件上我都可以信賴他。

☐ (3)我覺得要忽略他的過失是一件很容易的事情。

☐ (4)我願意為他做所有的事情。

☐ (5)對他，有一點占有慾。

☐ (6)若不能和他在一起，我覺得非常的不幸。

☐ (7)我孤寂時，首先想到的就是要去找他。

☐ (8)他幸福與否是我很關心的事。

☐ (9)我願意寬恕他所做的任何事。

☐ (10)我覺得他得到幸福是我的責任。

☐ (11)當和他在一起時，我發現我什麼事都不做，只是用眼睛看著他。

☐ (12)若我也能讓他百分之百的信賴，我覺得十分快樂。

☐ (13)沒有他，我覺得難以生活下去。

☐ (14)當和他在一起時，我發覺好像兩人都想做相同的事情。

☐ (15)我認為他非常好。

☐ (16)我願意推薦他去做為人所尊敬的事。

☐ (17)以我看來，他特別成熟。

☐ (18)我對他有高度的信心。

☐ (19)我覺得什麼人和他相處，大部分都有很好的印象。

□ (20)我覺得他和我很相似。

□ (21)我願意在班上或團體中，做什麼事都投他一票。

□ (22)我覺得他是許多人中，容易讓別人尊敬的一個。

□ (23)我認為他是十二萬分聰明的。

□ (24)我覺得他在我所有認識的人中，是非常討人喜歡的。

□ (25)他是我很想學的那種人。

□ (26)我覺得他非常容易贏得別人的好感。

【計分方法】

計算1～13項，勾選的總題數。＿＿題＝＿＿分。

計算14～26項，勾選的總題數。＿＿題＝＿＿分。

【解說】

結果分析你的勾選項目，若分數集中在1～13項者，表示你對他的感情以「愛情」成分居多，而若分數多集中在14～26項者，表示你對他的感情以「喜歡」成分居多。（參考自嶺東商專主編，教育部訓委會發行）

如果你的答案大部分是「是」，那麼，你可能真的在愛情的路上起步走了。

資料來源：譯自Rubin (1973). *Liking and Loving*, p.216.

【提問與釋疑】

魯賓（1973）設計一種紙筆測驗，來測量所謂的愛情（love），可說是研究愛情的初步，此測驗已普遍為人所接受，認為是有效的問卷。

愛情量表與喜歡量表都各包含三個成分：

愛情的三個成分是：(1)關懷（caring）；(2)依附（attachment）；(3)親密（intimacy）。

喜歡的三個成分是：(1)對對方有利的評價（admiration）；(2)尊敬（respect）；(3)覺得與對方相似（similarity）。

魯賓發現，兩人若是在愛情量表上得分高，則兩人相互注視的時間較

長，次數較多，也表示他們正在戀愛和將來會結婚，並且測量的六個月後他們仍然在一起。

【討論分享】

1. 分享自己的計分結果。

2. 分享曾經愛與喜歡中游移的經驗。

3. 關懷的言語和行為有哪些？

4. 依附是對一個人情緒上和身體接觸上的牽動和連結，最早出現在親子關係中，請說說你觀察到的親子互動哪些行為是依附行為？

5. 親密是心與心之間的交流親近，分享哪些話題或對待的態度，會讓你有心與心交流的感受？

愛與喜歡量表（英文版）

【呼應章節】第3章第二節「愛與喜歡的研究」

Rubin's Love Scale and Rubin's Liking Scale

Love Scale

【指導語】

　　Subjects are asked to answer the following questions concerning their attitudes towards the loved one.

【題本】

1. If [loved one] were feeling badly, my first duty would be to cheer him/her up.

2. I feel that I can confide in [loved one] about virtually everything.

3. I find it easy to ignore [loved one]'s faults.

4. I would do almost anything for [loved one].

5. I feel very possessive toward [loved one].

6. If I could never be with [loved one], I would feel miserable.

7. If I were lonely, my first thought would be to seek [loved one] out.

8. One of my primary concerns is [loved one]'s welfare.

9. I would forgive [loved one] for practically anything.

10. I feel responsible for [loved one]'s well being.

11. When I am with [loved one], I spend a good deal of time just looking at him/her.

12. I would greatly enjoy being confided in by [loved one].

13. It would be hard for me to get along without [loved one].

Like Scale

【指導語】

Subjects are asked to answer the flowing questions regarding a close friend.

【題本】

1. When I am with [friend], we are almost always in the same mood.

2. I think that [friend] is unusually well adjusted.

3. I would highly recommend [friend] for a responsible job.

4. In my opinion, [friend] is an exceptionally mature person.

5. I have great confidence in [friend]'s good judgment.

6. Most people would react very favorably to [friend] after a brief acquaintance.

7. I think that [friend] and I are quite similar to each other.

8. I would vote for [friend] in a class or group election.

9. I think that [friend] is one of those people who quickly wins respect.

10. I feel that [friend] is an extremely intelligent person.

11. [Friend] is one of the most likeable people I know.

12. [Friend] is the sort of person whom I myself would like to be.

13. It seems to me that it is very easy for [friend] to gain admiration.

Answers are on a 9-point Likert scale from "Not True" to "Definitely True" for each scale.

Reference: Rubin, Z. (1970). Measurement of romantic love. *Journal of Personality and Scoail Psychology*, 16, 265-273.

【筆者備註】

1. 此英文版每題以九點量表計分,和中文版目標作用不同。

2. 中文版是以同一個對象,同時做愛的量表與喜歡量表,來釐清自己到底是喜歡他,還是愛他。

3.英文版Love Scale是釐清對某個特定的人的愛有多深，可以做多個所
　愛的對象之間的比較。

4.英文版Like Scale是釐清對某個特定的人的喜歡程度，可以做多個喜
　歡的對象之間的比較。

5.您也可以同一個對象爲主，同時做Love Scale和Like Scale，比較一下
　愛與喜歡的分數。

6.可依個人需要選擇想要的做答方式：(1) Yes／No（是／否）；(2)
　9-point Likert scale（九點量表，1～9分）。

性別教育

愛情觀測儀

【呼應章節】第4章第一節「愛情迷思與觀測」

【指導語】

「我開始在戀愛了嗎？」當我們和一個人有好感，常常想見面，可是感受又不那麼明確，會問自己：「我是不是已經陷入情網？我在談戀愛了嗎？」，可是有時自己也搞不清楚，到底只是喜歡他還是愛他？

這可能是許許多多在愛情路上正要起步走的人，共同的困擾與疑惑，也是許許多多過來人共有的經驗。一起來看看您是否有以下這些情況，來作為是否墜入愛河的參考。

【題本】

　　是　否

1.□　□　這件事是否奇妙地就發生了？

2.□　□　當別人不經意提到他的名字，是否會不自覺的就心跳加速和臉紅？

3.□　□　當你們不在一起時，是否六神無主做不了事，只是想著他呢？

4.□　□　電話鈴響，是否心中第一個念頭就認為那一定是他捎來訊息呢？

5.□　□　當你心情不好時，是否盼望他飛奔而來，在你身邊安慰你呢？

6.□　□　如果有人為他認真做一件事時，是否會感到吃味呢？

7.□　□　與他共處時，是否大部分時間都看著他？

8.□　□　他是否可算是你心目中最完美的人呢？

9.□　□　在他面前是否會急著表現最好的一面呢？

10.□　□　和他在一起，是否會覺得其他人是多餘的呢？

【計分方法】

計算勾選「是」的總題數。＿＿題＝＿＿分。

計算勾選「否」的總題數。＿＿題＝　　分。

【解說】

「是」多於「否」，那就是墜入戀愛了，這些情緒感受剛進入戀愛的初期階段，俗稱「熱戀期」。

【提問與釋疑】

愛情有五階段，上述情緒是剛墜入戀愛的第一階段會有的明顯感受。後續還有經營期、質疑期、接納期、承諾期。經營、質疑、接納二個階段，會循環好幾次或交換順序。

可能在質疑階段時期，又有外在吸引力，或外界壓力，內在更大的推力等因素，冒出來，就分手。或者經過多次循環之後進入承諾期，相對穩定，但不表示永遠不會再回頭進入質疑期。總結論是，關係是動態變化的本性，關係是需要持續經營維護的。

【討論分享】

1.題本中的十項，您曾經經歷過其中幾項的感受？當時的情況如何？現在回想，有怎樣的經驗價值，對愛情是有幫助的？

2.熱戀期你還經歷過不同於題本十項之外的情況嗎？那是怎樣情形感受？可以用學到的愛情知識如何理解、描述或分析？

3.你所期待的愛情起步，是怎樣的相互關係？或互動方式？為什麼？

愛情風貌量表

【呼應章節】第4章第二節「愛情風格類型」

【指導語】

本量表將協助您分辨自己愛情所屬類型。

說明：以下有三十個敘述句，請依您過去或現在的戀愛經驗，勾選出與您情況相符的答案。若是您無戀愛的經驗，請勾選出您認為自己可能會如此的答案。

【題本】

總：總是如此　常：常常如此　少：很少如此　不：幾乎從不如此

總 常 少 不

□ □ □ □ 1.隨著長期的相處，愛便自然而然的發生了。

□ □ □ □ 2.當你第一次見到情人時，他外在的形態便強烈的吸引住你。

□ □ □ □ 3.你會妒忌且想占有對方，常不明究理的生氣。

□ □ □ □ 4.只要他喜歡，再大的委屈辛苦，你也願意承受。

□ □ □ □ 5.條件越相近的兩人，婚後獲得幸福的程度會越高。

□ □ □ □ 6.你喜歡戀愛，但不喜歡被約束。

□ □ □ □ 7.你覺得彼此要有足夠的瞭解和信賴，才能愛得長久。

□ □ □ □ 8.愛是一種強烈而無法控制的情緒。

□ □ □ □ 9.當你一陷入情網，便渴望天天見到對方。

□ □ □ □ 10.你相信真誠的、不求回報的付出，一定會感動對方。

□ □ □ □ 11.生活是很實際的，所以沒有麵包的愛情，不會令人感到快樂。

□ □ □ □ 12.當情人不在身邊時，會很快愛上周圍的某個對象。

□ □ □ □ 13.你能與情人坦誠討論自己的心裡感受。

□ □ □ □ 14.你會為他的一言一行，神魂顛倒，如痴如醉。

□ □ □ □ 15.你很想控制愛情關係的發展，但總是失敗。

☐ ☐ ☐ ☐ 16.只要他覺得幸福快樂，就算離我而去，我也可以接受。

☐ ☐ ☐ ☐ 17.你會與所愛的人一起討論未來，計劃未來。

☐ ☐ ☐ ☐ 18.真愛不太容易發生，過於專情，常會伴隨著傷害。

☐ ☐ ☐ ☐ 19.就算跟情人分手，我仍然可以維持朋友的關係。

☐ ☐ ☐ ☐ 20.我覺得愛情是生活中最重要的一部分。

☐ ☐ ☐ ☐ 21.常常需要他對我表示更多的愛與肯定。

☐ ☐ ☐ ☐ 22.在戀愛時，你會準備奉獻出自己的全部。

☐ ☐ ☐ ☐ 23.你會分析彼此的愛情關係，並在心中衡量它的分量。

☐ ☐ ☐ ☐ 24.當愛情新鮮感消失，覺得無聊時，便要尋求新的刺激。

☐ ☐ ☐ ☐ 25.當兩人意見不同時，也能彼此支持、尊重對方發展自我的權利。

☐ ☐ ☐ ☐ 26.與情人身體、感官上的接觸，對你十分重要。

☐ ☐ ☐ ☐ 27.我無法想像沒有他的日子該怎麼過。

☐ ☐ ☐ ☐ 28.當我戀愛時，我不會介意對方的所作所為，反正我就是愛他。

☐ ☐ ☐ ☐ 29.戀愛或結婚的目的，應該是為了成就個人更大的幸福。

☐ ☐ ☐ ☐ 30.你可以自如的控制與對方見面、接觸的次數。

【計分方法】

　　總是如此：4分，常常如此：3分，很少如此：2分，幾乎從不如此：1分。

　　把各題的分數，依下列組合加起來即可。

　　題目1＋7＋13＋19＋25＝伴侶愛（友誼愛）

　　題目2＋8＋14＋20＋26＝浪漫愛（情慾愛）

　　題目3＋9＋15＋21＋27＝神經愛（狂愛）

　　題目4＋10＋16＋22＋28＝奉獻愛（犧牲愛）

　　題目5＋11＋17＋23＋29＝現實愛（理性愛）

　　題目6＋12＋18＋24＋30＝見人愛（遊戲愛）

　　分數會落在最高分20分～最低分5分之間。

【解說】

1. 主型：16～20分。副型：11～15分。不具此愛情類型傾向：10分（含）以下。

2. 每個人出來的結果各有自己的樣貌，如同人的長相有其獨特性和可分辨性。

3. 有人可能有好幾個主型，有人一個主型搭配多個副型，有人沒有主型，有人都是副型。

4. 主型：主要類型，表示您具有這個愛情類型的特質明顯。

5. 副型：表示其次，雖具此愛情特質，但不是很強烈。如果都是副型，表示對愛情的期待或看法還未成型或定型，還在發展當中，或者您的個性特質較保守，讓您在勾選時多集中在中間選項。

6. 六大愛情主型特質可以參考課本第4章第二節「愛情風格類型」。

【提問與釋疑】

李約翰（1977）調查訪問自認已經進入愛情穩定狀態的大學生，經分析後，認為愛情有三原愛，即「情慾／肉體愛」（eros）、「遊戲愛」（ludus）和「伴侶愛」（storge）。這三個字的英文來自希臘文和拉丁文，肉體愛，主要是指肉體、身材、外貌等生理的強烈吸引力；遊戲愛，主要是指無法滿足和專一於某一伴侶，喜歡刺激多變化的玩耍式愛情；伴侶愛，是指透過長期的相處陪伴，創造出穩定、自在、舒服、互相支持的關係。這「三原愛」有如顏色中的三原色（primary color），可以調成不同類型的愛，其中較常見的六種愛情類型：友誼愛、情慾愛、神經愛、理性愛、奉獻愛、遊戲愛。

【討論分享】

1. 分享自己的愛情類型與愛情關係生活感受。成員回饋聽完的感受或提問。

2. 自己期待自己理想的愛情類型組合是哪三個？為什麼？

3. 討論三原愛「情慾／肉體愛」（eros）、「遊戲愛」（ludus）和「伴

侶愛」（storge），是怎麼調和出六種常見愛情類型？

4.回家作業：回去邀請自己的男女朋友或好朋友，也做做看愛情風貌
　量表，看結果和自己猜測的一樣或不一樣，可作為情侶或好朋友之
　間愛情溝通的材料。

異性互動自在度檢核表

【呼應章節】第6章第一節「愛情交往的基本概念」

【指導語】

　　以下有六個有關你與異性溝通的敘述，請根據每個敘述依適合你的程度，在下列選項打「√」：1非常符合；2符合；3不確定；4不符合；5非常不符合，答案並沒有對或錯，只是在幫助瞭解你自己的真實情況，請憑你的第一印象作答。

【題本】

　　1 2 3 4 5
　　□ □ □ □ □ 1.和陌生的異性談話，我覺得害羞。
　　□ □ □ □ □ 2.和異性談話時，我害怕表達自己的見解。
　　□ □ □ □ □ 3.和喜歡的異性談話時，我會緊張不安。
　　□ □ □ □ □ 4.和異性談話時，我很難輕鬆自在。
　　□ □ □ □ □ 5.和異性談話，我會擔心自己說錯話。
　　□ □ □ □ □ 6.和我喜歡的異性談話時，我會擔心自己的言行舉止，
　　　　　　　　　是否會吸引對方注意。

【計分方法】

　　非常符合1分；符合2分；不確定3分；不符合4分；非常不符合5分。
　　加總的分數＝＿＿＿分（6～30分）

【解說】

　　上述六個題目主要在測量你在「與異性互動」情境中自在的程度。
　　每題得分愈低者，表示愈易緊張、不自在；愈高者，表示與異性互動時愈輕鬆自在。

【提問與釋疑】

　　國內教育學者王政彥認為，有的人面對自己喜歡在意的異性時，會雙頰泛紅，心跳加速，緊張得不知如何開口，為什麼會這樣呢？主要的原因是：他想贏得對方的好感。為了要讓他留下美好的印象，因此在互動的過程中，自己不斷地注意自己的用字遣詞、一舉一動、一顰一笑，過度的修飾使自己愈發緊張，容易出錯，開始擔心是否會給對方留下不好的印象，因而陷在不安惶恐中。如果在互動過程中採取較多的主動，則更會背上「被對方拒絕會很難堪」的心理壓力；如果是女孩子主動，則還要承受「倒追」的社會心理壓力，要不緊張也難！平常心以對，可能是最有效的克服方法，不要自作多情的過早認定，相遇只是因緣際會的結果。

【討論分享】

　　1.怎樣的情況會害羞？怎樣克服害羞？

　　2.為什麼會害怕表達見解？如何處理害怕表達意見的困擾？

　　3.和欣賞的對象講話會緊張時，可以怎麼辦？

　　4.怎樣可以放輕鬆談話？

　　5.和心儀對象交談，卻說錯話時，該怎麼辦？

　　6.分享：我喜歡和怎樣特質的人說話、交談？

溝通型態量表（PAC量表）

【呼應章節】第7章第二節「溝通理論」

【指導語】

　　這是幫助我們分析自己在人際溝通時的人格特質與溝通型態。讀完每個敘述句，在符合您的狀態打勾「√」即可。

【題本】

題號	題目	2（很符合）	1（普通）	0（不符合）
1	打斷他人的談話，迫不及待的抒發己見。			
2	偶爾會嚴酷的批評，攻擊他人。			
3	必定嚴守約會時間，很有時間觀念。			
4	懷抱理想，努力的想要實現夢想。			
5	重視社會的規則、倫理、道德。			
6	強烈的要求他人要有責任感，討厭做事散漫的人。			
7	對於小瑕疵也不放過，絕不打馬虎眼。			
8	對於部屬或晚輩要求嚴格，熱心教育他們。			
9	在要求自己的權利之前，必定盡到自己的義務。			
10	經常說出：「……應該……」、「……非……不可」的話。			
CP總分合計				
11	很能體諒他人。			
12	在人際關係上，頗重視人情。			
13	發現對方優點時，會稱讚他。			
14	受人之託時，不會覺得厭煩。			
15	喜歡照顧孩子和他人。			
16	可以融會貫通所有的事物。			
17	能夠寬待部屬和同事的失敗。			
18	能夠聽進別人的話，與他人發出共鳴。			
19	喜歡做菜、洗衣、打掃等家事。			
20	樂意參加社會服務工作。			
NP總分合計				

題號	題目	2（很符合）	1（普通）	0（不符合）
21	先衡量自己的利害得失後才採取行動。			
22	與人對談時，很少會訴諸感情。			
23	仔細分析事情，慎重考慮後再下決定。			
24	聽取正、反面的意見，以作為參考。			
25	凡事皆以事實的依據做判定。			
26	不是情緒化的人，請求理論。			
27	決定事情時，絕不拖延時間，行動快速。			
28	做事爽快，有效率。			
29	冷靜的預測未來情況後再行動。			
30	身體不適時，絕不勉強。			
A總分合計				
31	非常任性，隨心所欲。			
32	對任何事情都有強烈的好奇心。			
33	對於娛樂、食物的追求，都以滿足自己為標的。			
34	有話就說，毫不客氣。			
35	想得到的東西若不到手，絕不罷休。			
36	經常使用「啊，好棒！」、「咦？」等感歎詞。			
37	常以直覺判定事物。			
38	興致一來就埋首苦幹，廢寢忘食。			
39	常對自己生氣。			
40	看電影會隨著劇情流淚。			
FC總分合計				
41	自己心中所想的事情不會告訴別人。			
42	希望自己討人喜歡。			
43	對什麼事都很消極、退避三舍。			
44	通常都是與別人妥協，而非強迫別人接受自己的意見、做法。			
45	非常在乎別人的臉色、表情以及對自己的評價。			
46	常能咬緊牙關度過艱苦時期。			
47	努力達到別人對自己的期望。			
48	把自己的感情深埋心中，不輕易表現出來。			
49	內心有很強烈的自卑感。			
50	很想擺脫自己定型的自我形象。			
AC總分合計				

【計分方法】

把1～10題的分數加總，就是CP總分合計。

把11～20題的分數加總，就是NP總分合計。

把21～30題的分數加總，就是A總分合計。

把31～40題的分數加總，就是FC總分合計。

把41～50題的分數加總，就是AC總分合計。

【解說】

根據PAC理論的五種溝通類型

	父母 （Parent）		成人 （Adult）	小孩 （Child）	
類型 Ad	當我們還小時，父母給予的訊息和規範，在我們長大後仍如腦中的錄音帶般的給我們一些指示。		如同電腦一般，依現實計算可行性、判斷、選擇。	如果過去的經驗，我們心中留有一個過去幼時的自己，有其感覺、思考、行為及反應。	
	嚴格型 （CP）	照顧型 （NP）	成人 （A）	自由型 （FC）	順從型 （AC）
特性	批判、權力、堅持、原則、秩序、團結、要求、設立標準等	溫暖、照顧、關心、原諒、允許、呵護、溫柔、忠告、保護等	理性、邏輯、問題解決、不受情感左右	愛、恨、天真、喜樂、創意、自在、任性等	服從、在乎他人、羞愧、害怕、微笑、討好、規矩等

【提問與釋疑】

交流分析有兩個重要的理論跟溝通非常有關係：

(一)自我狀態（ego state）理論，又稱PAC理論，P是父母狀態（Parent），A是成人狀態（Adult），C是兒童狀態（Child）。父母狀態的自我又可以分為：(1)嚴格批判的父母（Critical Parent, CP）；(2)溫暖滋潤的父母（Nurturing Parent, NP）。兒童狀態的自我也分為兩種：(1)自由兒童（Free Child, FC）；(2)順應兒童（Adapted Child, AC）。

(二)心理地位態度，有四種：「我不好—你好」、「我不好—你不好」、「我好—你不好」、「我好—你好」。這交流分析的這兩個理論

（PAC理論與四種心理地位）非常有助於分析溝通時的自我狀態及覺察人際互動的心理狀態，並作為改變的依據。

　　PAC理論對人際溝通最大的幫助，在於協助我們有明確的五種類型瞭解自己溝通型態，以及五種溝通型態所出現的特性，若想要調整自己溝通類型，叮以依據每類型中的十個題目，依據每一項目作改變。

【討論分享】

　　1.分享自己在溝通五類型的分別得分、排序。

　　2.想想自己重要他人（爸爸、媽媽、兄、弟、姊、妹、好朋友、男女朋友、重要長輩親戚）的溝通型態。

　　3.分析自己的溝通型態和自己重要他人之間的相似與差異。

　　4.分享與CP型分數較高的人如何相處？

　　5.分享與NP型分數較高的人如何相處？

　　6.分享與A型分數較高的人如何相處？

　　7.分享與FC型分數較高的人如何相處？

　　8.分享與AC型分數較高的人如何相處？

非理性信念檢核表

【呼應章節】第**8**章第二節「感情中常見問題的溝通」

【指導語】

　　我們心裡痛苦或跟親近的人發生溝通上的落差，有時跟自己心裡「沒自我覺察到的非理性信念」有一定程度的關係。

　　現在，請你對以下十二題進行勾選，檢視一下自己的想法，每一題請不要想太久，就你平時的狀況回答即可。

【題本】

	經常	偶爾	不會
1.我認為每個人都應該喜歡我	☐	☐	☐
2.我一定要有成就，否則就是一個沒有用的人	☐	☐	☐
3.我覺得生活應該是快樂的，不能有痛苦存在	☐	☐	☐
4.我覺得做壞事的人一定要受到懲罰	☐	☐	☐
5.我一定沒辦法讓自己快樂，因為心情是會受環境影響的	☐	☐	☐
6.即使可怕的事情還沒發生，我一定還是會擔心	☐	☐	☐
7.我覺得逃避問題比面對問題容易	☐	☐	☐
8.我相信過去不愉快的事情會影響我一輩子	☐	☐	☐
9.我遇到問題時，一定要找到最完美的處理方法	☐	☐	☐
10.我一定要別人的協助，才能把事情完成	☐	☐	☐
11.我的朋友傷心時，我不應該有愉快的心情	☐	☐	☐
12.我不用靠別人，也一定能過得很好	☐	☐	☐

【計分方法】

　　「經常」1分，「偶爾」2分，「不會」3分。

　　加總：

　　「經常」＿＿分＋「偶爾」＿＿分＋「不會」＿＿分＝＿＿分

【解說】

　　得分20分以下：「典型受非理性想法困擾的人」，建議您：對人對事不要太執著在「一定」、「應該」上面喔！

　　得分21～30分：建議您：「一日三省吾身」是好事，但不要太要求一定要怎樣。

　　得分31分以上：蠻好的，有彈性的思維和處事態度，跟別人分享你的面對壓力思考模式和保持心情的方法吧！

【提問與釋疑】

　　Ellis Albert（1913-2007）是理性情緒治療法的創始人，是接受精神分析訓練，而後又強烈反對精神分析論的人。他是完全脫離精神分析的體系，而自立門戶的第一人。因不滿精神分析論的過分被動消極，乃將當時流行的行為療法加上認知的理念，試圖以認知學習的歷程，幫助受輔者自行以理性的方式消除不良習慣。Ellis Albert強調理性在治療上的重要性，在1955年第一次稱其療法為理性心理治療法，後來因受現象主義與人本心理學的影響，在1962年正式將旗幟療法稱之為理情治療法（Rational-Emotive Therapy），簡稱RET（修改自張春興，1989）。

　　Ellis Albert的基本理念乃基於一種假設：人的一切情緒困擾或行為失常，其主要原因是受情緒作用所矇蔽；個人在知覺與態度上不能對事態認識清楚，不能以理性的方式處理問題。因此，他以指導的方式，讓受輔者意識到自己的非理性想法，對其行為予以解析，使其情緒性反應得以理性化，以後再面對生活問題時，即可以理性思考代替情緒性反應，從而避免進入情緒的痛苦（張春興，1989）。

【討論分享】

　　1.分享自己的分數，和得知分數之後的感受與想法。

　　2.我是哪幾題得到1分？和過去怎樣的生活經驗可能有關？

　　3.回想自己的非理性信念，在溝通上有發生怎樣的心理嗎？例如：「我女朋友跟我說：『你很討厭……』，她後面說什麼我都很不爽，我就

沒辦法聽她把話說完，因為我很想要大家都喜歡我，我可能沒想到那是她不好的口頭禪。」

4.我勾選經常（1分）的非理性信念，可以改成怎樣較彈性的信念？例如：我一定要有成就，否則就是一個沒有用的人。可以改成：我發揮我的特質和專業，把手上的工作盡力做好，也是有成就。

5.回家作業：邀請你身邊的重要他人，也做一下「非理性信念檢核表」。兩人分享覺察到自己的非理性信念的感受和可以互相提醒的方法。

台灣親密暴力危險評估量表（TIPVDA）

【呼應章節】第10章第一節「性關係危機與處理」、第二節「三角戀
　　　　　　情危機與處理」

【指導語】

　　本表目的：木評估表的目的是想要瞭解親密暴力事件的危險情形，幫
助工作者瞭解被害人的危險處境，加以協助；也可以提醒被害者對於自己
的處境提高警覺，避免受到進一步的傷害。

　　填寫方式：請工作夥伴於接觸到親密關係暴力案件被害人時，詢問被
害人下列問題，並在每題右邊的有或沒有的框內打勾（√）。

　　（下面各題之「他」是指被書人的親密伴侶，包括配偶、前配偶、同
居伴侶或前同居伴侶）

　　※你覺得自己受暴時間已持續多久？　　年　　月。

【題本】

評估項目	沒有	有
1.他曾對你有無法呼吸之暴力行為。（如：□勒／掐脖子、□悶臉部、□按頭入水、□開瓦斯、□其他＿＿＿＿等）	□	□
2.他對小孩有身體暴力行為（非指一般管教行為）。（假如你未有子女，請在此打勾□）	□	□
3.你懷孕的時候他曾經動手毆打過你。（假如你未曾懷孕，請在此打勾□）	□	□
4.他會拿刀或槍，或是其他武器、危險物品（如酒瓶、鐵器、棍棒、硫酸、汽油等）威脅恐嚇你。	□	□
5.他曾揚言或威脅要殺掉你。	□	□
6.他有無說過像：「要分手、要離婚或要聲請保護令……就一起死」，或是「要死就一起死」等話。	□	□
7.他曾對你有跟蹤、監視或惡性打擾等行為（包括唆使他人）。（假如你無法確定，請在此打勾□）	□	□
8.他曾故意傷害你的性器官（如踢、打、搥或用異物傷害下體、胸部或肛門）或對你性虐待。	□	□

評估項目	沒有	有
9.他目前每天或幾乎每天喝酒喝到醉（「幾乎每天」指一週四天及以上）。若是，續填下面兩小題： 　(1) □有 □無 □若沒喝酒就睡不著或手發抖。 　(2) □有 □無 □醒來就喝酒。	□	□
10.他曾經對他認識的人（指家人以外的人，如朋友、鄰居、同事等）施以身體暴力。	□	□
11.他目前有經濟壓力的困境（如破產、公司倒閉、欠卡債、龐大債務、失業等）。	□	□
12.他是否曾經因為你向外求援（如向警察報案、社工求助、到醫院驗傷或聲請保護令等）而有激烈的反應（如言語恐嚇或暴力行為）。	□	□
13.他最近懷疑或認為你們之間有第三者介入感情方面的問題。	□	□
14.你相信他有可能殺掉你。	□	□
15.過去一年中，他對你施暴的情形是否愈打愈嚴重。	□	□
被害人對於目前危險處境的看法（0代表無安全顧慮，10代表非常危險）請被害人在0～10級中圈選： 0　1　2　3　4　5　6　7　8　9　10 不怎麼危險　有些危險　頗危險　非常危險	上列答有題數合計	

【計分方法】

　　評估表第一部分共計十五題之題目，勾選「有」者計1分、答「沒有」者不記分，累加後即爲總分。

【解説】

　　依據研究結果將上述總分歸類：

　　0～5分爲「潛在危險組」，約占55%。

　　6～7分爲「注意危險組」，約占20%。

　　8～15分爲「高度危險組」，約占25%。

【提問與釋疑】

　　相較於其他暴力行為，親密關係暴力之再犯率相對來的高，約有25～59%之再施暴比率（Dutton, 1995）。

　　國外使用的危險評估量表（Danger Assessment, DA）因有文化差異，在台灣使用只有中度預測力。

　　台灣有發展一份本土親密關係暴力致命危險評估工具，提供第一線實務工作者於處理案件時運用，作為判斷被害人危險處境之參考，是為「台灣婚姻暴力暨親密關係暴力危險評估表」（Taiwan Intimate Partner Violence Danger Assessment, TIPVDA）（王珮玲，2013）。

【討論分享】

　　1.題目1、4、5、6題，是屬危險致命題。請討論並說出致命的行為。

　　2.題目9、11、12、13題，是屬危險情境題。請討論並說出危險情境。

　　3.題目2、3、10題，是屬危險擴充題。請討論並說出親密暴力危險所擴及的人。

　　4.題目15題，是屬危險漸進題。請討論並說出可能越來越危險的親密暴力行為。

　　5.討論經過以上四題，可以如何分析親密暴力，以提高警覺。

　　6.討論遇到親密暴力或一般暴力行為，要採取怎樣的自我保護和行動？學校有哪些單位是可以提供協助的？社會上有哪些單位和資源可以使用？

創傷後壓力症候群（PTSD）檢核表

【呼應章節】第11章第二節「性侵害」

【指導語(一)】

　　您可以利用以下的簡易檢核問卷，瞭解身邊的人是否有創傷後壓力症候群。

　　有相似情況，請於框內打勾（✓）。

【題本(一)】

　　翻譯自美國國家心理健康機構（National Institute of Mental Health, NIMH）：

□ 1.有時候，他會突然覺得以前發生的那件可怕的事又發生了。

□ 2.關於那件事的惡夢或記憶時常出現在他腦海裡。

□ 3.他會刻意避免去一些會讓他想到那件事的地方。

□ 4.他有時候會沒有預警的變得非常沮喪。

□ 5.他現在很難信任別人或是跟別人靠近。

□ 6.他變得很容易生氣。

□ 7.他會因為別人死掉而自己活著感到罪惡。

□ 8.他很難入睡而且肌肉很緊繃。

【計分方法】

　　檢核表共計八題之題目，勾選（✓）者，計1分，累加後即為總分。

【解說】

1.分數越高表示創傷後壓力症候群越嚴重，分數4分以上，請找心理諮
　商專業人員協助。

2.分數4分以下，請持續關心當事人與觀察其症候群的變化。

【指導語(二)】

　1.說明：主要是一個人對於外來事件的一種心理生物學的反應，像是車禍、地震、被搶劫或性侵害等重大壓力事件都會使人產生PTSD。這些壓力必須是極度且相當突然的，並會造成強而有力的主觀反應，當事人經驗到強烈害怕、無助、驚恐。

　2.您可以利用以下的簡易自填式問卷，自我篩檢是否有創傷後壓力症候群。

【題本(二)】

　下列現象是一般人在遭遇創傷事件後，經常會出現的反應。

　請依自己主觀感受情況，請於框內打勾（√）。

　一、再經驗創傷事件　　　　　　　　　　　　輕□□□□□嚴重
　　　不斷地回想痛苦的記憶、情境再現（flashbacks）、夢見創傷事件或其他的恐怖事件、當回想到創傷事件時易引發過大的情緒和生理反應。

　二、逃避　　　　　　　　　　　　　　　　　輕□□□□□嚴重
　　　逃避與創傷事件有關的活動、地點、思想、感覺。

　三、情緒麻木　　　　　　　　　　　　　　　輕□□□□□嚴重
　　　對事物失去興趣、對人產生疏離感、情緒反應侷限。

　四、警覺性增加　　　　　　　　　　　　　　輕□□□□□嚴重
　　　睡眠困難、易被激怒、專注困難、過度警覺、驚嚇反應強烈。

　五、社交及職業功能受損　　　　　　　　　　輕□□□□□嚴重
　　　以上四種情況影響到人際關係和工作成效。

【計分方法】

　1.從輕到嚴重分別是1～5分。依勾選（√）位置計分。

　2.累加後即為總分。

【解說】

1.分數越高表示創傷後壓力症候群越嚴重，分數15分以上，以及只有一項是5分，都請找諮商心理師以及身心科醫師協助。

2.分數10～14分，找諮商心理師談一談，並做適合自己的正向抒壓方式。

3.5～9分，請找信任且無壓力的人談一談，找正向建設性的抒壓方法。

4.1～4分，適度自我正向抒壓，並須持續自我觀察症候群的變化。

【提問與釋疑】

親身經歷或親身目擊，或大量暴露在創傷事件細節，都會產生創傷壓力症候群。

筆者依據創傷後壓力症候群的重要指標，改編成「創傷後壓力症候群檢核表」，方便一般大眾作自我篩檢，但精確的情況仍須經由精神科醫師做診斷。

心理創傷很多種，從天災（大地震、大樓倒塌、土石流、水災）到意外事件（隨機殺人、殺童事件、飛機失事、車禍、燒燙傷事件、輻射外洩），到成長過程不當的受虐、遺棄、約會暴力、家庭暴力、性侵害等等都會造成創傷後壓力症候群。

本檢核表只是依據症狀粗淺的自我檢核，各種不同心理創傷有其專業診斷，仍應必須尋求精神與心理專業人員之協助。

【討論分享】

1.從小到大，經歷過哪些共同重要的社會心理創傷事件？

2.當時自己的心情，隨時間如何變化？用了哪些壓力調適的方法？

3.從新聞和各式媒體，看見當事人是如何復原？

4.暴露在創傷事件細節中（例如救難人員、反覆看創傷事件新聞影片的人）的人，也會有心理創傷，可以如何處理？

5.你知道當有創傷壓力症候群嚴重時，可以去找哪些單位或專業人員協助呢？

創傷後壓力反應（PTSS-10）自我檢測量表

【呼應章節】第11章第二節「性侵害」

【指導語】

　　您可以利用以下的簡易自填式問卷，自我篩檢是否有創傷後壓力反應。

【題本】

PTSS-10自我檢測量表

題目	是	否
1.您有睡眠困難嗎？		
2.您會感到憂鬱（如傷心、難過）嗎？		
3.您對突然的聲音或未預期的動作會感到驚嚇嗎？		
4.您變得較容易生氣嗎？		
5.當回到突發事件的地方，會不會感到害怕？		
6.您的情緒會不會經常容易波動？		
7.您會感到身體易緊張嗎？		
8.您會感到不願跟其他人談話嗎？		
9.您會出現與意外事件相關的噩夢嗎？		
10.您會有良心不安，對自己責難或感到愧疚嗎？		

資料來源：台北市政府衛生局。

【計分方法】

　　共計十題之題目，勾選「是」者計1分、答「否」者不記分，累加後即為總分。

【解說】

　　十個題目中有五題以上答案為「是」時，即總分為5分以上，請向學校諮商輔導中心或社區心理衛生中心或心理諮商所諮詢協助。

【提問與釋疑】

　　一般人可能會有的創傷反應：

1.想法：腦中重複出現重大創傷事件的情景，難以抑制。
2.情感：麻木、退縮、煩躁、容易生氣或憤怒，情緒沮喪憂鬱、哭泣、愧疚、自責、對未來感到無望。
3.行為：可能藉助菸、咖啡、酒等以減輕心理或身體不適的症狀。
4.身體不適：如暈眩、頭痛、發抖、噁心、手腳冰冷、胸悶、月經失調、沒有胃口等。

【討論分享】

1.「心身症」是因為心理壓力造成身體上的不適和病痛，初期查不到生理上的異常，但長期則會真的變成有生理上的疾病，請查資料並討論長期壓力大會形成哪些身體疾病呢？
2.哪些興趣、嗜好是正向的，且有助抒解壓力？
3.如果要找身邊的人談談自己的心理壓力，你和他的關係要如何？那個人要具備怎樣的特質？
4.請條列出至少三人，是自己需要幫助時，一定可以找他協助的人。
5.討論走過創傷與壓力的人，會有怎樣的心理成長或人生觀的調整。

參考文獻

一、中文部分

丁興祥、李美枝、陳皎眉（1988）。《社會心理學》。台北：空中大學。

刁筱華譯（1999）。R. J. Sternberg原著。《愛，是一個故事》。台北：遠流。

中央警官學校犯罪防治系（1993）。《約會強暴預防手冊》。現代婦女基金會出版。

王珮玲（2013）。〈台灣親密關係暴力危險評估表之建構〉。反性別暴力資源網。內政部委託研究報告。

王雅各（1997）。《愛情學分All Pass》。台北：張老師文化。

王雅各（1998）。〈學校氛圍中的性別現象〉。《兩性平等教育季刊》，第3期，頁49-58。

王瑞琪、江漢聲主編（1997）。《青春解性不留白——高中職性教育》。台北：性林文化。

王慶福（2000）。〈當男孩愛上女孩：人際依附風格類型搭配、愛情關係與關係適應之研究〉。《中華輔導學報》，第8期，頁177-201。

王慶福、王郁茗（2003）。〈性別、性別角色取向、愛情觀與愛情關係的分析研究〉。《中山醫學雜誌》，第14期，頁71-82。

王震武（2001）。《心理學》。台北：學富。

王燦槐（2000）。〈強暴迷思〉。內政部與中國輔導學會全國巡迴工作坊講義。

立法院全球法律資訊網，http://glin.ly.gov.tw/web/index.do

朱海燕（2016）。〈不同立場大學生戀愛分手歸因比較〉。《心理技術與應用》，第3期，頁154-159。

余德慧（1993）。〈愛情贏家的性格和策略〉。《中國人的愛情觀》。台北：張老師文化。

利翠珊、蕭英玲（2008）。〈華人婚姻品質的維繫：衝突與忍讓的中介效

果〉。《本土心理學研究》，第29期，頁77-116。

吳秀碧（1993）。「兩性交往議題現象與輔導」。北區大專院校輔導教師研習講義。

吳和懋（2002）。黃光國指導。《華人社會中人際衝突之勸說》。台灣大學碩士論文。

吳就君譯（1993）。Virginia Satir原著。《與人接觸》。台北：張老師文化。

吳嘉瑜（1996）。《衝突原因、處理方式對愛情關係的影響——以焦慮依附型大學生為例》。國立彰化師範大學輔導學系碩士論文。

李美枝（1991）。《性別角色面面觀》（第三版）。台北：聯經。

沈慧聲譯（1998）。Joseph A. DeViot原著。《人際傳播》。台北：揚智文化。

沈瓊桃（2013）。〈大專青年的約會暴力經驗與因應策略初探〉。《中華心理衛生學刊》，第26卷第1期，2013/03/01，頁1-31。

性教育教學資源網，http://sexedu.moe.edu.tw/html/

林彥妤、郭利百加等譯（1991）。V. J. Derlega & L. H. Janda原著。《心理衛生》。台北：桂冠。

林燕卿（1994）。〈認識性騷擾〉。《杏林天地》，第3卷第11期，頁2-5。

邱天助、潘維剛（1992）。《台北市高中職女生對性騷擾態度之調查研究》。台北市現代婦女基金會。

俞德慧（1993）。〈中國人心底的故事〉。顧瑜君等合著，《中國人的婚戀觀》。台北：張老師文化。

柯淑敏（1994）。《分手經驗的個人意義——一種故事的觀點》。輔仁大學碩士論文。

柯淑敏（1996）。〈親密關係分手的研究〉。《學生輔導通訊》，第43期，頁108-115。

柯淑敏（1997）。〈思念總在分手後——為感情話下完美的句點〉。《青春解性不留白——高中職性教育》。台北：性林文化。

柯淑敏（2000）。《兩性關係學》。台北：揚智文化。

洪志美譯（1987）。T. A. Harris原著。《人際溝通分析》。台北：桂冠。

洪志美譯（1994）。T. A. Harris原著。《我好你也好》。台北：遠流。

洪素珍（1996）。〈避開約會強暴〉。《浪漫新主義》。東吳大學。

洪蘭譯（2010）。Martin Seligman原著。《改變：生物精神醫學與心理治療
　　　如何有效協助自我成長》。台北：遠流。

孫丕琳譯（1994）。《心理學導論》。台北：桂冠。

孫蒨如（1997）。〈你到底想說什麼——淺談兩性溝通〉。《學生輔導》
　　　（雙月刊），第48期，頁82-87。

晏涵文（1992）。《生命與心理的結合》。台北：張老師文化。

財團法人現代婦女基金會。《工作場所性騷擾預防手冊》。

財團法人現代婦女基金會。《反性侵害安全須知》。

財團法人現代婦女基金會。《家庭暴力預防自助手冊》。

國立清華大學性別歧視與性侵犯防治與處理小組，《如何防治性侵害》。

國立清華大學性別歧視與性侵犯防治與處理小組，《如何防範性騷擾》。

張妤玥、陸洛（2007）。〈愛情中對方衝突管理方式與自身關係滿意度之關
　　　聯〉。《中華心理衛生學刊》，第2卷第20期，頁155-178。

張珏（1999）。〈性教育／兩性教育／性別教育／兩性平等教育〉。《兩性
　　　平等教育季刊》，第7期，頁17-23。

張思嘉（2001）。〈婚姻早期的適應過程：新婚夫妻之質性研究〉。《本土
　　　心理學研究》，第16期，頁91-133。

張錦麗（2013）。台灣親密關係暴力危險評估概念篇，https://www.youtube.
　　　com/watch?v=829TjuLgSiY

清大小紅帽工作群（1993）。《校園反性騷擾行動手冊》。台北：張老師文
　　　化。

現代婦女基金會、台北市政府社會局（1997）。《性侵害完全保護手冊》。

郭麗安（1998）。〈心理學家眼中的男人友誼〉。《學生輔導通訊》，第28
　　　期，頁4-9。

陳月靜（2001）。〈大學生愛情關係分手的研究〉。《通識教育年刊》，第3
　　　期，頁29-42。

陳淑惠（1999）。〈精神疾病與平權意識的聯想〉。《兩性平等教育季

刊》，第6期，頁45-49。

陳皎眉（1997）。〈玻璃圈內的世界〉。《學生輔導》（雙月刊），第48期，頁18-25。

陳皎眉（1997）。《兩性教育與輔導》。諮商實務有聲圖書(二)。台北：心理出版社。

陳皎眉（1999）。〈婚姻中的兩性關係〉。《兩性平等教育季刊》，第6期，頁17-23。

陳皎眉（2004）。《人際關係與人際溝通》。台北：雙葉書廊。

陳億貞譯（2005）。鄭朝明校訂。R. J. Sternberg原著。《普通心理學》。台北：雙葉。

曾端真、曾玲珉譯（1996）。R. F. Verderber & K. S. Verderber原著。《人際關係與溝通》。台北：揚智文化。

馮嘉玉（2014）。〈什麼是性別多元〉。《性教育通訊》，第11卷第13期，頁2-3。

黃正鵠、楊瑞珠（1998）。《青少年對「性騷擾」的態度與看法》。教育部輔導工作六年計畫研究報告。

黃光國譯（1988）。Alfred Adler原著。《自卑與超越》。台北：志文。

黃軍義（1995）。《強姦犯罪之訪談研究　相關成因概念模型之建立》。台北：法務部。

黃軍義、簡誼萍（2012）。〈違反女性意願性交及性侵害兒童量表的建立與初探〉。《亞洲家庭暴力與性侵害期刊》（*Asian Journal of Domestic Violence and Sexual Offense*），第8卷第2期，頁55-90。

黃惠惠（1998）。《邁向成熟》。台北：張老師文化。

黃慧真譯（1989）。S. W. Olds & D. E. Papalia原著。《發展心理學》。台北：桂冠。

與恐怖情人說bye bye YouTube影片WellCast。

劉惠琴（1991）。《從心理學看女人》。台北：張老師文化。

劉惠琴（1993）。〈親密關係的衝突化解歷程〉。《婦女與兩性學刊》，第4期，頁243-259。

劉惠琴（1994）。〈分手經驗的捨與得〉。《撥開浮雲見皓空》，頁155-162。東吳大學學生輔導中心。

蔣韜譯（2000）。《導讀榮格》。台北：立緒。

衛生福利部反性別暴力資源網，〈約會暴力～恐怖情人不要來〉，http://tagv.mohw.gov.tw/TAGV12_16_1. aspx

衛生福利部保護服務司網頁，性騷擾防治，http://www.mohw.gov.tw/cht/DOPS/DM1. aspx?f_list_no=146

衛生福利部保護服務司網頁，家庭暴力防治，http://www.mohw.gov.tw/cht/DOPS/DM1. aspx?f_list_no=143

鄭照順（2011）。〈大學生戀愛心理與分手諮商之研究〉。《高苑學報》，第17卷第2期。

賴明珠譯（2008）。河合隼雄原著。《大人的友情》。台北：大卜文化。

嶺東商專主編（1995）。《愛的路上起步走》。教育部訓委會發行。

聯合國人類發展報告（2014）。《促進人類持續進步：降低脆弱性，增強抗逆力》。性別發展指數（GDI），頁176-179。

謝小芩（1993）。〈要尊嚴，不要性騷擾〉。《校園反性騷擾行動手冊》。台北：張老師文化。

謝小芩（1999）。〈釐清觀念，起而行動〉。《兩性平等教育季刊》，第7期，頁14-16。

藍蕾譯（1988）。Carl Gustav Jung原著。《摘面具的人》。台北：北辰出版社。

魏慧娟（1998）。〈兩性平等教育的教材教法與情境策略〉。《兩性平等教育季刊》，第3期，頁39-48。

羅燦煐（2014）。〈變調的約會：青少年約會強暴之防治〉。性別平等教學資源。

二、英文部分

Altman, I., & Taylor, D. (1973). *Social Penetration: The Development of Interpersonal Relationships*. NewYork: Holt, Rinehart and Winston.

Altman, I., & Taylor, D. (1987). Communication in interpersonal relationships: Social penetration process. In M. E. Roloff and G. R. Miller (Eds.), *Interpersonal Processes: New Directions in Communication Research*, pp. 257-277. Newbury Park, CA: Sage. (2014)

Anisworth, M. D. S. (1989). Attachment beyond infancy. *American Psychologists, 34*(4), 932-937.

Aries, E. J., & Johnson, F. L. (1983). Close friendships in adulthood: Conversational content between same-sex friends. *Sex Roles, Volume 9*, Issue 12, December 1983, 1183-1196.

Berkowitz, J. (2014). Infographic: This is How Your Relationship will likely End. www.fastcocreat.com/30

Bohner, G., Siebler, F., & Schmelcher, J. (2006). Social norms and the likelihood of raping: Perceived rape myth acceptance of others affects men's rape proclivity. *Personality and Social Psychology, 32*(3), 286-297.

Brehm, S. S. (1992). *Intimate Relationships*. McGraw-Hill.

Burgess, E. W., & Wallin, P. (1953). Review work: Engagement and marriage. *American Sociological Review, V. 18*, No. 6, 698-700.

Chapleau, K. M., & Oswald, D. L. (2010). Power, sex, and rape myth acceptance: Testing two models of rape proclivity. *Journal of Sex Research, 47*(1), 66-78.

Collins, N. L. (1996). Working model of attachment: implications for explanation, emotion and behavior. *Journal of Personality and Social Psychology, 71*(4), 810-832.

Collins, N. L., & Read, S. J. (1990). Adult attachment, working models, and relationship quality in dating couples. *Journal of Personality and Social Psychology, 58*, 644-663.

Davis, K. E. (1985). Near and dear: Friendship and love compared. *Psychology Today, 19*(2), 22-30.

DiDonato, T. (2016). Be a better support system when a friend has a breakup. *Psychology Today*, blog (2016. 1.27).

Dutton, D. G. (1995). The gender paradigm in domestic violence: Research and theory. *Aggression and Violent Behavior, 10*, 680-714.

Feeney, J. A., & Noller, P. (1990). Attachment style as predictor of adult romantic relationships. *Journal of Personality and Social Psychology, 58*, 281-291.

Fincham, F. D., Paleari, F. G., & Regalia, C. (2002). Forgiveness in marriage: The role of relationship quality, attributions, and empathy. *Personal Relationships, 9*, 27-37.

Fischer & Oliker (1983). *Handbook of Communication and Aging Research*. Ed. by Jon F. Nussbaum & Justine Coupland (2004). p. 284.

Fletcher, G. J. O. (2002). *The New Science of Intimate Relationships*. Malden, MA, US: Blackwell Publishers.

Frattaroli, J. (2006). Experimental disclosure and its moderators: A meta-analysis. *Psychological Bulletin, 132*(6), 823-865.

Hays, R. B. (1989). The day-to-day functioning of close versus casual friendships. *Journal of Social and Personal Relationships, 6*, 21-37.

Hazan, C., & Shaver, P. R. (1987). Romantic love conceptualized as an attachment process. *Journal of Personality and Social Psychology, 52*(5), 511-524.

Hazan, C., & Shaver, P. R. (1990). Love and work: An attachment theoretical perspective. *Journal of Personality and Social Psychology, 59*, 270-280.

Hendrick, C., & Hendrick, S. S. (2000). *Close Relationships: A Sourcebook*. Sage Publications.

Heppner, Marry (1999). Rape prevention intervention.中國輔導學會1999年輔導學術年會。

Hernandez, P., Gangsei, D., & Engstrom D. (2007). Vicarious resilience: A new concept in work with those who survive trauma. *Family Process, 46*(2), 229-241.

Hernandez, P., Killian, K., Engstrom, D., & Gangsei, D. (2015). Vicarious resilience, vicarious trauma, and awareness of equity in trauma work. *Journal of Humanistic Psychology, 55*(2), 153-172.

Hill, C. T., Rubin, Z., & Peplau, L. A. (1976). Breakups before marriage: The end of 103 affairs. *Journal of Social Issues. V. 32*, Issue 1, 147-168.

Kay, F., & Hagan, J. (1995). *Gender in Practice: A Study of Lawyers' Lives*. Oxford University Press.

Kenny, M. E., & Rice, K. G. (1995). Attachment to parents and adjustment in late adolescent college students: Current status, applications, and future considerations. *The Counseling Psychologist, 23*(3), 433-456.

Kobat, R. G., & Sceery, A. (1988). Attachment in late adolescence: Working models, affect regulation, and representations of self and others. *Child Development, 59*, 135-146.

Levinson, D. J. (1978). *The Seasons of A Man's Life*. NY: Ballantin Books.

Lewandowski, G. W., Jr. (2009). Promoting positive emotions following relationship dissolution through writing. *The Journal of Positive Psychology, 4*(1), 21-31.

Lonsway, L. F., & Fitzgerald, L. F. (1994). Rape myths: In review. *Psychology of Women Quarterly. V. 18,* Issue 2, 133-164.

McCann, I. L., & Pearlman, L. A. (1990). *Psychological Trauma and the Adult Survivor: Theory, Therapy and Transformation* (No. 21). Psychology Press.

Norman Goodman (1993). *Marriage and the Family*. Harper Collins Publishers, Inc.

Ostroff, C., & Atwater, L. E. (2003). Does whom you work with matter? Effects of referent group gender and age composition on managers' compensation. *Journal of Applied Psychology. V. 88*, No. 4, 725-740.

Paleari, F. G., Regalia, C., & Fincham, F. (2005). Marital quality, forgiveness, empathy, and rumination: A longitudinal analysis. *Personality and Social Psychology Bulletin*, 368-379.

Pasupathi, M., Carstensen, L. L., Levenson, R. W., & Gottman, J. M. (1999). Responsive listening in long-married couples: A psycholinguistic perspective. *Journal of Nonverbal Behavior, V. 23*, Issue 2, June 1999, 173-193.

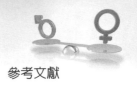

Pleck, J. (1975). The influence of gender and social role on the interpretation of facial expressions. *Sex Roles, 51*, 187-196.

Rahim, M. A. (1983a). Measurement of organizational conflict. *Journal of General Psychology, 109*, 189-199.

Rahim, M. A. (1983b). A measure of styles of handling interpersonal conflict. *Academy of Management Journal, 26*, 368-376.

Rahim, M. A. (1985). *Managing conflict in organization. Construction Conflict Management and Resolution*, pp. 370-378. Routledge.

Reskin, B. F., & Roos, P. A. (1990). *Job Queues, Gender Queues: Explaining Women's Inroads into Male Occupations.* Temple University Press.

Richardson, D. (1983), The dilemma of essentiality in homosexual theory. *Journal of Homosexuality, 9*, 79-90.

Rosenthal (1976). *Gender Differences in Human Cognition*. Paula J. Caplan, Mary Crawford, Janet Shibley Hyde, John T. E. Richardson. Oxford University Press, p. 14.

Rubin, Zick (1973). *Liking and Loving*. NY: Holt, Rinehart and Winston, Inc.

Rusbult, C. E., & Zembrodt, I. M. (1983). Responses to dissatisfaction in romantic involvements: A multidimensional scaling analysis. *Journal of Experimental Social Psychology, 19*, 274-293.

Rusbult, C. E., Morrow, G. D., & Johnson, D. J. (1987). Self-esteem and problem solving behavior in close relationships. *British Journal of Social Psychology, V. 26*, Issue 4, December 1987, 293-303.

Rusbult, C. E., Zembrodt, I. M., & Gunn, L. K. (1982). Exit, voice, loyalty, and neglect: Responses to dissatisfaction in romantic involvements. *Journal of Personality and Social Psychology, 43*, 1230-1242.

Saavedra, Chapman, & Rogge (2010). Clarifying links between attachment and relationship quality: Hostile conflict and mindfulness as moderators. *Journal of Family Psychology, 24*(4), 380-390.

Shaver, P. R., & Hazan, C. (1988). A biased overview of the study of love. *Journal* of *Personality and Social Psychology, 55*, 473-501.

Simpson, J. A. (1987). Influence of attachment styles on romantic relationships. *Journal of Personality and Social Psychology. 59*(5), 971-980.

Sprecher, S., & Metts, S. (1989). Development of the "Romantic Beliefs Scale" and examination of the effects of gender and gender-role orientation. *Journal of Social and Personal Relationships, 6*, 387-411.

Sternberg, R. J. (1986). A triangular theory of love. *Psychological Review, 93*, 119-135.

Talamas, S. N., Mavor, K. I., & Perrett, D. I. (2016). Blinded by Beauty: Attractiveness Bias and Accurate Perceptions of Academic Performance. www. journals.plos.org/plosone/artical/journal.pone.0148284

Tashiro, T., & Frazier, P. (2003). I'll never be in a relationship like that again: Personal growth following romantic relationship breakups. *Personal Relationships, 10*(1), 113-128.

Thomas J. O. (2004). *Science of Love: The Wisdom of Well-Being*. Philadelphia: Templeton Foundation Press.

Treiman, D. J., & Hartmann, H. I. (1981). *Women, Work, and Wages: Equal Pay for Jobs of Equal Value*. National Academy Press. Washington, D.C.

Vaughan, D. (1986). *Uncoupling: Turning Points in Intimate Relationships*. New York: Oxford University Press.

Wickwire, K. S., & Kruper, J. C. (1996). The glass ceiling effect: An approach to assessment. *Consulting Psychology Journal: Practice an Research, 48*(1), 32-39.

Wikipedia. Non-verbal communication-wikipedia. https://en.m.wikipedia. org>wiki>

Wood & Inman (1993). *The SAGE Handbook of Family Communication*. Ch 7. Intimacy and Family Communication, p. 111.

通識教育叢書

性別教育

作　　　者／柯淑敏
出 版 者／揚智文化事業股份有限公司
發 行 人／葉忠賢
總 編 輯／閻富萍
特約執編／鄭美珠
地　　　址／22204 新北市深坑區北深路三段 260 號 8 樓
電　　　話／(02)8662-6826
傳　　　真／(02)2664-7633
網　　　址／http://www.ycrc.com.tw
　E-mail ／ service@ycrc.com.tw
　I S B N ／ 978-986-298-242-6
初版一刷／2016 年 10 月
定　　　價／新台幣 420 元

國家圖書館出版品預行編目資料

性別教育 / 柯淑敏著. -- 初版. -- 新北市 ：
揚智文化, 2016.10
　　面；　公分. -- (通識教育叢書)

　ISBN　978-986-298-242-6（平裝）

　1.性別教育

544.7　　　　　　　　　　　　　105017999